曹溪一滴校註

〔明〕徹庸周理 —— 編

趙娟 —— 校註

中國社會科學出版社

圖書在版編目（CIP）數據

曹溪一滴校註／（明）徹庸周理編；趙娟校註. —北京：中國社會科學出版社，2024.5
ISBN 978–7–5227–3706–5

Ⅰ. ①曹⋯　Ⅱ. ①徹⋯　②趙⋯　Ⅲ. ①禪宗—文集　Ⅳ. ①B946.5–53

中國國家版本館 CIP 數據核字（2024）第 110763 號

出 版 人	趙劍英
責任編輯	韓國茹
責任校對	張愛華
責任印製	張雪嬌

出	版	中國社會科學出版社
社	址	北京鼓樓西大街甲 158 號
郵	編	100720
網	址	http://www.csspw.cn
發 行 部		010–84083685
門 市 部		010–84029450
經	銷	新華書店及其他書店

印刷裝訂	北京市十月印刷有限公司
版　　次	2024 年 5 月第 1 版
印　　次	2024 年 5 月第 1 次印刷
開　　本	710×1000　1/16
印　　張	18.25
插　　頁	2
字　　數	261 千字
定　　價	89.00 元

凡購買中國社會科學出版社圖書，如有質量問題請與本社營銷中心聯繫調換
電話：010–84083683
版權所有　侵權必究

序　言

　　禪是東方文化的一個奇跡。當印度思想與中國思想會合，禪就誕生了。當老子的思想與佛陀的思想會合，人類意識的花朵獲得了前所未有的繁榮，覺醒變成一種群體的現象，這在整個人類歷史上是非常稀有的。

　　老子的思想是不嚴肅的，他以一種遊戲的心情看待人生。因此在佛教傳來以前，人們對真理的探索也是不嚴肅的。除了非常個別的隱逸之士棲心於道，修行從來都沒有變成一種全社會的風潮。但佛陀的思想是非常嚴肅的，他把人生視爲一個亟待擺脫的負擔，因此鼓舞了無數人邁上擺脫俗世痛苦的旅程。當這兩種同樣包含人類最高智慧，而人生態度卻截然不同的思想會合在一起，所新生的禪繼承了兩者的優點，形成了禪所特有的魅力。

　　禪對真理的追求是嚴肅的，但同時，禪對人生的態度是遊戲一般的。真正的禪者不相信外在的戒律，除非那個戒律來自他的內心，否則他有十足的勇氣去親自體驗，用自己的眼睛一睹究竟。禪者不是佛學理論家，也不是生活的旁觀者。禪的唯一信念就是親身體驗，並且決不接受任何形式的權威。當然真正的禪者也絲毫無意去挑戰權威，因爲在他看來，權威作爲一種實際中的現象，它或許是對的，或許是錯的，但無論如何對解決我自己的煩惱、我自己的生命難題，它們毫無用處。將整個人生的全部精力投入到發現自己裡面的真理，了悟生死的迷惑，發現真正的自由——再也沒有比這更偉大的承擔了！所以一位禪者根本無暇去關注外界或他人。所有的經驗都是發生在自己意識範圍之內的現象，所以禪者永遠都不會失去信心和勇氣。他將永遠保持樂觀，因爲他已經對自己的人生負起了全部責任。他不僅不會抱怨外部環境或指責他人，在他清晰的認識裡，外在或他人是不存在的。所謂的外在或他人僅僅是出現在自己意識中的一些概念，而禪的修行就是練習不與概念認同。

概念包括名字與形相兩個部分。名字與形相結合，形成了種種現象。通過眼睛、鼻子、耳朵、嘴巴和皮膚向外感知所得的叫做外在現象。而把從裡面直接感知到的思想或情緒叫做內在現象。外在現象與內在現象似乎有所不同，但都是純淨意識的對象。純淨意識是我們現代的詞語，指的是沒有思想污染的意識、純淨的識性。現在既然一切現象都是對象，那麼這是誰的對象呢？若能在這個問題上反轉直觀，發現這個能知能覺的源頭，就是禪的頓悟。

禪只可能頓悟。要麼意識順流而出，經驗你我他、山河大地等。要麼意識逆轉自證，超越思想、語言、人事物等一切現象。一切現象都生生滅滅，唯有這個源頭不生不滅，所以參禪就是返本還源之道，就是了生脫死之道。生死煩惱是你的所見所聞，而不是你。身體是你的所驅所感，也不是你。思想和情緒是你的所知所覺，也不是你。你是什麼？不可以用語言或文字揣測，因為語言或文字是你的所知所覺，是你所認識的對象。它們可以用來指代其他現象，但不能夠指代作為認識源頭的你。到這個點上，所有的字詞都是幾乎等值的，都是無效的，都是障礙。所謂超佛越祖、呵佛罵祖，並非故作奇怪，更非大逆不道，而是禪者最本分的步履。試問，放下思想或語言，哪還有什麼佛祖？又哪還有什麼生死涅槃、地獄天堂？所以，只是向無念處默契本源，自己享受無邊快樂；於無言處磨破嘴皮，報祖師恩情，報父母恩情，報眾生恩情。

這一部《曹溪一滴》便是古代聖賢留下的塵垢秕糠，也是祖師的苦口婆心。若逢到有緣人，解一字半句，下死工夫，終究覷破皮囊，放無量光，則說者、錄者、編者、刻者、點者、校者，功不唐捐，讀者始知法界無不是恩。

今去古雖遠，然人心不別，值禪風漸暖，肇叢林更新，載籍宜先導。幸有時賢趙娟同道，勇挑重擔，披荊斬棘，歷經數載辛勤，才使此一滴重落人寰，不僅潤澤當世，還將利益子孫後代。

付梓之際，賦《古庭贊》祝賀。《贊》曰：

> 文質彬彬老古錐，剖骨露髓解急危。
> 火宅欲倒成何樂，見彼無常發願歸。
> 行腳直趣如來地，坐斷猶將法鼓擂。
> 山雲水石遺文在，叢林何日更芳菲。

王 顥

二〇二一年十月二十三日

目　　錄

校註凡例 …………………………………………………… 1
導讀 ………………………………………………………… 1
曹溪一滴緣起 ……………………………………………… 1
引曹溪一滴 ………………………………………………… 1
第一卷　禪宗應化諸聖賢崖略 …………………………… 1
　　禪宗 …………………………………………………… 1
　　應化 …………………………………………………… 9
第二卷　古庭禪師《山雲水石集・卷之一》…………… 13
　　古庭語錄輯略序 ……………………………………… 13
　　古庭祖師語錄叙 ……………………………………… 17
　　古庭祖師語錄序 ……………………………………… 18
　　古庭輯略序 …………………………………………… 19
　　行腳 …………………………………………………… 20
　　法語 …………………………………………………… 26
　　爲四衆説戒 …………………………………………… 42
　　心要 …………………………………………………… 44
　　三昧玄章 ……………………………………………… 46
　　警徒 …………………………………………………… 48
　　訓徒 …………………………………………………… 49
第三卷　古庭禪師《山雲水石集・卷之二》…………… 51
　　説 ……………………………………………………… 51

1

第四卷　古庭禪師《山雲水石集·卷之三》……76
論 …… 76
書 …… 78
跋 …… 80
拈頌 …… 82

第五卷　古庭禪師《山雲水石集·卷之四》……106
偈贊 …… 106
歌 …… 110
詩 …… 113

第六卷　大巍禪師《竹室集》……140
大巍禪師《竹室集》序 …… 140
示衆 …… 143
拈古 …… 151
頌古 …… 156
行脚 …… 162
诗 …… 163

第七卷　朗目和尚《浮山法句》……175
浮渡山大華嚴寺中興尊宿朗目禪師塔銘併序 …… 175
夢禪語 …… 181
浮山九帶序 …… 183
柬劉晉川司空 …… 184
柬黃慎軒太史 …… 185
答蘊璞法師 …… 186
開心法語 …… 187
诗 …… 189
輯佚 …… 194

第八卷　徹庸和尚《谷響集》……195
妙峯山開山善知識徹庸禪師小傳 …… 195
《谷響集》序 …… 196

法語 …………………………………………………………… 198
　　讚 ……………………………………………………………… 201
　　偈頌 …………………………………………………………… 203
　　書 ……………………………………………………………… 209
　　淨土偈 ………………………………………………………… 210
　　詩 ……………………………………………………………… 220
　　祝延 …………………………………………………………… 225
　　輯佚 …………………………………………………………… 230
第九卷　雲山夢語摘要 ………………………………………… 231
　　夢語引 ………………………………………………………… 231
　　雲山夢語摘要　上 …………………………………………… 233
　　雲山夢語摘要　下 …………………………………………… 245

附錄 ………………………………………………………………… 261
　　皖城浮山大華嚴寺中興住山朗目禪師智公傳 …………… 261

參考文獻 …………………………………………………………… 264

後記 ………………………………………………………………… 265

校註凡例

一、本書以東京大學總合圖書館所藏《萬曆版大藏經（嘉興藏/徑山藏）》第 146 帙所收明刻本爲底本。原書第二至第五卷當刻於崇禎六年（1633），最後於崇禎九年（1636）方刻成全帙。

二、本書未見全書異刻本或抄本。個別作者佚文散見於《鷄足山志》和《鷄足山志補》等書，皆予以錄校。

三、本書第一、六、七、八、九卷有今人簡體橫排本，訛謬紛舛，收在釋印嚴主編的《妙峰山志》內。其分卷和順序受藍吉富教授主編之《禪宗全書》影響，將第九卷附於第一卷之後，並且缺第二至第五卷。其原因可能是中國所見《嘉興藏》中此書總目錄散失。

四、刻本中存在正體與異體字同時使用的情況，如"妄"與"妾"、"死"與"死"、"個"與"箇"、"兔"與"兎"、"峰"与"峯"；也存在正體與俗體同時使用的情況，如"夢"與"梦"。爲保持古籍原貌，刻本所用異體字、俗體字一律不做改動。對罕見異體字予以註釋。

五、刻本中存在"叚"與"段"、"毋"與"母"、"著"與"着"、"做"與"作"、"獅"與"師"通用的情況，特此予以說明，書中不再一一校註。

六、對於刻本中脫字補齊情況及錯訛之處，若有確切修改依據的，正文中予以校正並於校註中註釋說明；若據文意推測而來的，則正文保留原貌，校註中予以說明。

七、對生僻的古地名、人名、字詞和典故等酌情註釋。

八、輯佚文字附於相關作品之後。

1

九、刻本中涉及明朝皇室的地方常空兩格或另起一行，涉及藩王之處空一格，以示敬意，爲符合今人之閱讀習慣，此格式不再保留。

十、爲方便閱讀，對部分較長的篇目予以分段處理。

十一、刻本中同一標題的幾首詩歌中，第一首往往未註明"其一"，現統一體例在第一首詩前加"其一"。

十二、刻本中的詩歌類型有時用"五言絶""七言絶"，統一改爲完整表述"五言絶句""七言絶句"。

導　　讀

　　佛教文學是中國文學不可或缺的重要組成部分，其研究對於文學史之探索與推進意義非凡。明清時期大一統的中央王權統治，使得地處西南邊疆的雲南和中原文化產生了前所未有的交流碰撞，爲雲南文化乃至文學發展注入了新的生機與活力，其中詩僧文學成就尤爲突出。明清時期雲南詩僧雲集、佳作迭出，其中代表性詩僧主要有古庭、大巍、朗目、徹庸、蒼雪、擔當禪師等。明末徹庸禪師所編撰的《曹溪一滴》彙集了明代及以前的禪師小傳及在雲南佛教史上具有較大影響力的禪師的詩作、偈語等，對於研究雲南佛教史和詩僧文學均具有十分重要的意義。正如陶珽在《谷響集》序中所言："所幸產我徹公……結集《曹溪一滴》，與諸方換却眼睛，為前人重開生面，功亦偉矣，法莫尚焉。"由於目前學界對《曹溪一滴》的關注甚少，迄今尚未見到此書全本，研究成果也較爲薄弱，故而本書對散見於《嘉興藏》等各大書籍中的《曹溪一滴》相關內容進行整理、結集，盡可能使其恢復原貌，並通過點校、註釋，在古聖先賢與當代學人之間架起一座溝通的橋樑。

一　《曹溪一滴》的編撰者徹庸禪師

　　《曹溪一滴》的編撰者是堪稱"雲南禪宗泰斗"的明末高僧徹庸周理禪師，他開啟了古滇禪宗的興盛局面，同時影響了雲南禪宗二百餘年，其獨特的藝術創作在雲南佛教文學中亦獨樹一幟。徹庸周理的一生充滿了傳奇色彩。

　　徹庸周理禪師（1591—1641），明雲南縣（今大理賓川海稍村）人，俗姓杜，生於萬曆十九年（1591），九歲喪父，十一歲入雞足山禮大覺寺遍周上人（也稱可全禪師），賜法名周理，別號"徹融"，因徹融儒佛兼通，對《華嚴經》《中庸》多真知灼見，乃接受進士陶珽意見，易"融"爲"庸"，改號"徹庸"。十八歲，遇紫柏真可弟子密藏道開遊雞足，行至姚城（今楚雄姚安縣）向其請益，得其印可。二十九歲時，與徒無住洪如隱居楚雄牟定化佛山白雲窩，師徒二人時時印證。天啟六年（1626），徹庸禪師攜徒無住洪如於大姚"老尖山"（妙峰山）興建德雲禪寺。寺院建成後，逐漸成爲雲南曹洞宗傳佈中心。崇禎七年（1634），在居士陶珽的邀請下，偕弟子無住洪如南遊浙江太白山天童寺謁密雲和尚，得其佩印爲臨濟宗第三十五世，後請藏歸滇，開壇佈道，教化世人。故而自徹庸起，雲南禪宗進入曹洞、臨濟二宗並舉的時期。崇禎辛巳（1641）冬示寂，春秋五十一，僧臘三十九。臨終遺偈曰："生亦如此，死亦如此，夢幻空華，隨順常如此。"

關於徹庸周理的生平有不少文獻依據，清代大錯和尚《雞足山志》、高奣映《雞足山志》、釋圓鼎《滇釋紀》、陳垣《明季滇黔佛教考》（卷一）中均有記載。其中釋圓鼎《滇釋紀》卷二對其生平的記載較爲詳實：

> 周理禪師，初號徹融，雲南縣蕎甸杜氏子。家世力農，不習儒業。生於萬曆十九年（1591）某月日。生時見白氣出屋，鄉人異之。啼泣不止，時有二僧登門，賜名慧九，啼止之。九歲喪父，十一入雞足山大覺寺禮徧周爲師。於是夕，周夢有大蓮花生於殿庭，覺而師至，周異之，乃爲祝髮。……每作務時，便即入定，常爲執事所呵。後往姚城參密藏大師，遂有省發。遇不退陶公等於青蓮寺，談及《華嚴》與《中庸》義，師多所發明，爲眾所欽，陶公乃易融爲庸也。……崇禎甲戌（1634），偕徒洪如參叩諸方，並於南都請藏。時密雲和尚説法天童，師往參。童一見便問："萬里到此，卻費多少草鞋錢？"師曰："某甲乘船而來。"又問："來此作甚麼？"師曰："有事借問得否？"童曰："你在甚麼處？"曰："和尚還見麼？"童擬

取杖，師便喝。童打，師接杖一送，童曰："你作甚麼？"師曰："和尚要杖便送還。"童喜，遂許入室，則氣吞諸方，咸稱："吾道南矣！"欲留之，不可，遂歸。滇南自古庭後二百餘年，祖燈再續者，實賴師焉。弘法妙峯，著有《曹溪一滴》《谷響集》《夢語摘要》及《語錄》等行世。

徹庸周理一生精研佛經，才華橫溢，善書法會詩文，著述豐厚，著有《雲山夢語摘要》《谷響集》，編撰有《曹溪一滴》等流傳於世，總計達十萬八千餘字，在雲南僧人當中頗爲罕見。徹庸禪師在滇南乃至雲南佛教史上具有重要的地位，清代文士高奣映在《雞足山志》中將其尊爲滇西佛教祖師，有"滇南自古庭後，二百餘年，祖燈再焰，實賴斯人"的高度評價。喻謙也在《周理傳》中說："古庭而後，二百餘年，祖燈再續，實賴斯人！"（《新續高僧傳》卷三十八）

二 《曹溪一滴》的流傳及版本

《曹溪一滴》原刻本現已遺失，其內容散見於《嘉興藏》各卷當中。目前僅見《妙峰山志》[①] 中收錄了《曹溪一滴》的殘本，且錯漏甚多。另外，《雞足山志》[②]《鸡足山志点校》[③]《雞足山志補》[④] 中選錄了此書的少量內容。遺憾的是，迄今尚未見到《曹溪一滴》的完整版單行本和校注本。

關於《曹溪一滴》的成書緣起和過程，陶珽在《曹溪一滴緣起》中說：徹庸禪師因發心"欲爲吾滇從前大善知識出些子氣"，從而選取在雲南佛教史上具有舉足輕重地位的禪師之著作，如古庭禪師《山雲水石集》、大巍禪師《竹室集》和朗目和尚《浮山法句》，再廣搜方志碑史，

---

① 釋印嚴主編：《妙峰山志》，雲南人民出版社2008年版。
② 賓川縣誌編纂委員會編：《雞足山志》，雲南人民出版社1991年版。
③ （清）高奣映著，侯沖、段曉林點校：《雞足山志點校》，中國書籍出版社2005年版。
④ 趙藩、李根源輯：《鷄足山志補》，民國二年（1913）鉛印本，雲南省圖書館藏。

民間口碑，將滇南諸高僧各爲小傳，匯爲一編，陶珽居士爲其題名"曹溪一滴"。故而，最初的《曹溪一滴》實爲徹庸禪師親自編撰的明代及其以前的雲南高僧傳。而收入明代《嘉興藏》的《曹溪一滴》則在此基礎之上又收錄了徹庸禪師的《谷響集》和《雲山夢語摘要》。因此，完整的《曹溪一滴》共分五個部分：第一部分爲《禪宗應化諸聖賢崖略》，收在《曹溪一滴》卷一，集錄了明代及其以前的雲南高僧小傳。第二部分爲古庭禪師的《山雲水石集》，收入《曹溪一滴》時改名爲《古庭禪師語錄輯略》，這是全書的重中之重，所占篇幅最多，收在《曹溪一滴》卷二至卷五。第三部分爲古庭之高足大巍禪師所著《竹室集》，收在《曹溪一滴》卷六，集錄大巍的示眾、拈古、頌古、詩偈等內容。第四部分爲朗目和尚所著《浮山法句》摘要，收在《曹溪一滴》卷七，集錄朗目和尚的浮山九帶序、書、偈頌等內容。第五部分爲徹庸禪師所著《谷響集》《雲山夢語摘要》。《谷響集》收在《曹溪一滴》卷八，集錄了徹庸禪師的法語、偈頌、詩文等。《雲山夢語摘要》上下兩卷收在《曹溪一滴》卷九，包括《緣起章》《唯識章》《意生章》《問答章》四個部分，卷末附錄徹庸所撰《紀業》。

上述可知，作爲雲南佛教史上的一部重要典籍，《曹溪一滴》囊括了雲南歷史上尤其是明清時期著名禪師的各種不同體裁的作品，具有重要的文獻價值和學術價值。

三 《曹溪一滴》收錄的四位禪師及其著作簡介

《曹溪一滴》重點收錄的代表性禪師及其著作有：古庭禪師的《山雲水石集》，大巍禪師的《竹室集》，朗目和尚的《浮山法句》，徹庸禪師的《谷響集》《雲山夢語摘要》。

古庭禪師（1414—1493），明雲南昆明人，浮山派第九代主持。據《滇釋紀》及《雲南通志》記載，古庭七歲出家，十歲入昆明五華寺禮此宗（慈宗）和尚，法名善賢，十九歲復禮白巖（柏岩），易爲善堅。古庭在外參學經二十餘年，先後往參無際、白巖、蘿擁老人等幾位高僧。

尤其是下苦功參究無際所示"萬法歸一，一歸何處"話頭，最終得到無際的印證，賜號"古庭"，並傳法嗣與他，成爲臨濟宗二十三世。天順間（1457—1464）在浮山復興大華嚴寺；暮年返滇建歸化禪林，使得"滇南禪風由此復振"；弘治六年（1493）於昆明坐化，臨終有偈曰："來從華藏海中來，文殊普賢；去從華藏海中去，觀音勢至。①"主要著作有《山雲水石集》，收入《曹溪一滴》時更名爲《古庭禪師語錄輯略》。其著作體現出華嚴與禪宗思想相互融匯的特徵。古庭禪師是明代中前期雲南佛教史上的一代高僧，乃臨濟宗第二十三世法嗣弟子，對於重振雲南臨濟宗風起到了極爲重要的作用。目前僅見碩士學位論文《明代雲南高僧古庭禪師研究》②，從生平考證、思想探討和歷史影響三個方面對古庭禪師進行研究。

大巍禪師（生卒年不詳），明雲南昆明人，法名淨倫，古庭法嗣，浮山派第十代主持。先後在安徽省樅陽縣浮山寺、山西五臺山顯通寺修行，在浮山寫有《山居吟》詩集。其所著《竹室集》流傳於世，集錄大巍的示眾、拈古、頌古、詩偈等內容。迄今尚未見到對大巍禪師進行研究的相關成果。

朗目禪師（1555—1605），明雲南曲靖人，法諱本智，初號慧光，後黃道月舍人更其號爲朗目。十二歲時，即往依父親白齋和尚於曲靖朗目山出家，以師徒身份，聞熏發起華嚴法界，爲終生從事華嚴修行打下基礎。朗目十九歲受具，常以生死大事爲懷，切志向上。白齋離世後，朗目遍歷名山，參訪知識，足跡半天下，氣吞諸方八九矣。後經天目蘭風的啟發與栽培，朗目最終悟到了"見佛了生死"的境界，放光出入，獲得了"聚林白眉"的稱號。萬曆甲午（1594），朗目受邀到安徽浮山金谷，主持重新修復浮山華嚴寺，被認爲是古庭再造，被尊爲"中興尊宿"。萬曆乙巳（1605），慈聖皇太后在北京南郊廬溝橋建法會，下旨讓

---

① 不同文獻關於古庭辭世偈的記載文字上略有差異，《古庭禪師語錄輯略》中吳應賓所作《序》爲"觀音勢至"；在《曹溪一滴》第一章《禪宗應化諸聖賢崖略》中則爲"彌勒釋迦"。
② 楊子人：《明代雲南高僧古庭禪師研究》，雲南大學 2009 年碩士學位論文。

朗目參加。朗目到北京住在廣慈寺，十二月二十四日在寺裡講《楞嚴經》，講到經中"至同分別業二種妄見處"時，忽然身體不適，下座向大家說："緣盡矣。"於是跏趺而逝，享年五十歲，僧臘四十歲。史載朗目"居桐城金穀岩跪誦《華嚴經》三十年"，其在佛教界的成就與影響是恢復了浮山華嚴寺，因此朗目的佛學特色應該以華嚴爲主，但從佛教的宗派傳承來看，他又師從禪宗宗匠天目蘭風，傳承臨濟宗，因而體現出華嚴與禪宗相互融匯的思想，同時還體現出禪淨合一的時代特徵。其著作《浮山法句》是朗目寫給他人的書信，談及佛法的道理與修行知識，此外還集錄了朗目所作的七言與五言詩若干首。對朗目禪師的研究僅有《浮山華嚴寺朗目本智禪師評傳》①，從朗目禪師的生平、思想、弟子及對雲南佛教的影響等方面進行了較爲全面的探討。

徹庸禪師的代表性著作主要有《谷響集》和《雲山夢語摘要》，兩者集中反映了徹庸的佛學思想和實踐，體現了他的佛學修養與禪修境界，爲研究徹庸周理禪師的重要資料。

其詩集《谷響集》輯錄了徹庸禪師的法語、偈頌、詩文等，蘊含著打破二元對立、離分別思量、不離日用等禪學感悟的精髓，體現了無事是貴人、水月兩相忘的境界。"谷響"之名，取自永明大師《宗鏡錄》。其百卷之末有偈云："化人問幻士，谷響答泉聲，欲達吾宗旨，泥牛水上行。"徹庸此處的喻意爲《谷響集》所作如空谷回響，隨聲而應。《谷響集》中的禪偈、詩文所體現的主要內容有：一是通過日常生活表達禪境，如詩文《補衲》《翻經》《靜坐》《睡起》《夜坐水邊》《采芝歌》；二是通過對外在事物進行描繪、比況等手法，托物言志，如《觀蟻》《蒼蠅》《螃蟹》《螢蟲》；三是通過詩文直接説教，表現佛理，如《戒殺》《獵者獲鳥》《與徒行腳》《行住坐臥偈》《福慧箴》；四是與衆居士問答往來，啟教後人，如《答陶不退居士閲華嚴合論並敘》《中秋寄陶紫閬居士》《與趙直指諱芯孟》《答戈給諫諱允禮》《與陶工部琪》；五是部分禪偈，

---

① 黄夏年：《浮山華嚴寺朗目本智禪師評傳》，《江淮論壇》2008年第2期。

如《淨土偈》《雲山發願文》《楞嚴咒》。

《雲山夢語摘要》是徹庸禪師從夢的現象出發對宇宙人生之真諦進行的深入思考，論述了心夢關係、法身無夢、夢生於識、生死一夢、夢即佛法等重要觀點，融攝了華嚴、唯識、法華、禪宗以及儒學等思想。此書包括《緣起章》《唯識章》《意生章》《問答章》四個部分，卷末附錄其所撰《紀業》。上卷《緣起章》《唯識章》《意生章》中論述了心夢關係、法身無夢、夢即覺、夢生於識、生死一夢、世間如夢、夢即佛法等重要觀點。下卷《問答章》中通過一問一答、自問自答的方式，再次強調了上卷的主要觀點和世人容易誤解的地方。此問實乃徹公代世人所問，此答實乃徹庸禪師在開解弟子，化導眾生。《紀業》則通過夢的形式記錄了徹公修行中的一些經歷和見聞，深入淺出。

總之，《曹溪一滴》不僅在佛教義理上開方家之慧眼，在宗教實踐上亦是後學悟道之津閥，在雲南佛教史上具有里程碑式的重要意義。它不僅是一部殊勝的宗教文獻，對於研究明代及以前的雲南佛教歷史具有重要的文獻價值，同時也是一部獨特的文學著作，其所輯錄的古庭、大巍、朗目、徹庸禪師的詩作、偈語、拈頌等，具有較高的文學價值和思想價值，有助於人們瞭解明代雲南佛教文學的發展。然而迄今為止，尚未見到《曹溪一滴》的完整版單行本和校註本，因此，對《曹溪一滴》加以整理、校註，力圖恢復其原貌，以裨益於宗教人士和學界同行，這是我們出版此書的初衷所在。

曹溪一滴緣起①

岁甲寅，從家不退先生②、徹公和尚禮盤龍、古庭兩肉身大士於昆明池上、晉寧山中。既知盤龍得法中峰因緣，而古庭出世事僅存斷簡。聞有《山雲水石遺集》，爲黃慎軒太史選訂、朗目和尚校刻，散佚不傳，愴悅③者數年。迨辛酉，得之友人架子上，不啻夜光寶也。甲子，偕計遊明聖湖，謀之石梁④、不退兩兄，芟蕪⑤點定，梓於武林。見者得未曾有，謂我明楚石⑥以來一人。

昨年，徹公與家不退南來，如善財五十三叅，語余曰："吾欲爲吾滇從前大善知識出些子氣。"余唯唯否否。乃取所攜《竹室集》《浮山法句》，摘其要者附焉。一爲得法古庭高足大巍所著，一爲朗目和尚所著，皆浮山派也。余題之曰"曹溪一滴"。

徹公謂余：吾滇故稱佛國，迦葉抱金襴袈裟入定華首，待彌勒下生補佛處，今鷄山是。《法苑珠林》載四天王答唐律師、益州三塔等，並有

---

① 【校】《鷄足山志·卷之十·序引》中此標題作《〈曹溪一滴〉序》。
② 不退先生：即陶珽（1573—1635），明雲南姚安人。字葛閭，號不退，又號稚圭，自稱天臺居士。著有《閬園集》，編纂《續說郛》，主持刊刻《徑山藏》。
③ 愴悅（chuàng huǎng）：失意貌。
④ 石梁：即陶奭齡（1571—1640），字君奭，一字公望，號石梁，又號小柴桑老。王陽明之三傳弟子，與其兄陶望齡並稱"二陶"。
⑤ 芟蕪（shān wú）：鏟除雜草。
⑥ 楚石：即楚石梵琦（1296—1370），元末明初禪僧，明州（今浙江省寧波市）象山人，俗姓朱，字楚石。宣揚禪宗，被尊爲"明初第一流宗師"。作爲詩僧，梵琦曾撰淨土詩百餘首，著有《楚石集》《楚石梵琦禪師語錄》《西齋淨土詩》等。後人評其詩"僧中龍象，筆有慧刃"。

1

神異。《白古記》載，三皇之後，西天摩竭陀國阿育王第八子蒙①苴頌居大理爲王。三塔見存，傳聞國初地震，縫開復合。益州即今大理郡是。大藏有《華嚴懸②談會玄記》，爲蒼山再光寺③比丘普瑞集，即妙觀④禪師是。此一滴水從鷲嶺來，從曹溪來，須向威音王那畔求之始得。遂集《禪宗應化諸聖賢崖略》，冠之篇端。

余曰："公閱《五燈》，有王荆公入大相國寺，見諸方看經次，問曰：'佛未出世時，看甚麼經？'衆無語。吳山端云：'相公，周孔未出世時，讀甚麼書？然則曹溪未出世時，這一滴水落在甚麼處？'"徹公喝一喝。予曰："木馬嘶風春意鬧，泥牛嘯⑤月百花香。"

徹公法諱周理，吾郡妙峯開山主。家不退諱珽，今任關中憲副。石梁諱奭齡，濟寧州守。余不侫珙⑥，今南水部郎，無學居士也。

　　　　　　　　　　　　崇禎九年丙子歲春三月上澣⑦

---

①　蒙：同"蒙"。
②　【校】《鷄足山志補》中"懸"作"玄"。
③　【校】《鷄足山志·卷之十·序引》中"寺"作"禪師"。
④　【校】《鷄足山志補》中"觀"作"光"。
⑤　【校】《鷄足山志補》中"嘯"作"獻"。
⑥　珙：即陶珙，明雲南姚安人，陶珽之弟。字紫闐，號仲璞，又號無學居士。官南水部，出守寶慶。心慕空宗，後爲龍湖弟子。著有《寄園集》。
⑦　上澣：上旬。

引曹溪一滴

　　此滴雖源曹溪，而自西、自東、自南、自北，華夷靈蠢，瓦礫秕糠，無不同具。如魚種不同，同喫一水，只爭知味與不知味耳。開口便啖，不費氣力爲知；吞之噎之，有物在喉非知。美如甘露，徧體融和爲知；一節不靈，症候仍在非知。這滴便足，不必別飲爲知；飲着這箇，又想那箇非知。不離我口，即見衆口爲知；知有我口，分別衆口非知。愈雋愈永，舉無似處爲知；揣摩滋味，羨彼曹溪非知。飲了一滴，溺出百千萬滴爲知；自謂已飲，溺不出一滴非知。祇園①、尼丘②、函谷③三老子，吾知味之父母也；過去見在諸賢者，吾知味之兄弟也；未來諸賢者，吾知味之子孫也。夫豈惟知味者哉，即一切不知味者，皆吾之眷屬也！吾滇知味，如蒙苴頌、妙觀、盤龍、古庭、大巍、朗目諸禪師，近如妙峯徹公禪師，不退、無學兩居士及無住上人，皆接曹溪嫡派。可見人人能飲，處處曹溪。次而傳之，期滴滴相承而已。不肖允禮，不知味者數十年，忽被徹公一喝，頓覺所謂知味不知味者如是。徹公爲之點頭，因書於首以俟後之知味者。

　　　　　　　　　　賜進士第光祿寺寺丞前南京吏科給事中
　　　　　　　　　　古滇戈允禮（履卿父）識

---

①　祇園：位於古印度舍衛城，釋迦牟尼時代的兩大精舍之一，釋迦牟尼在此住了約二十五年講經説法。後泛指佛寺，此代指釋迦牟尼佛。

②　尼丘：山名，據《史記·孔子世家》記載："紇與顏氏女野合而生孔子，禱於尼丘得孔子。"後以尼丘爲孔子別稱。

③　函谷：即老子西出之函谷關，位於今河南省靈寶市，相傳老子受關令尹喜之托在此著《道德經》。此代指老子。

第一卷　禪宗應化諸聖賢崖略①

妙峯山後學沙門周理　編
滇南無學居士陶珽　閱

禪　宗

　　唐聖師李成眉賢者，中天竺人也。受般若多羅之後，長慶間遊化至大理國，大弘祖道。昭成王禮爲師，爲建崇聖寺，基方七里，塔高三百餘尺。後王嵯巔問曰："三尊佛那尊大？"師應聲曰："中尊是我。"王不契，以師爲狂，流於緬。未幾滅度，塚間常有光明，復生靈芝大如傘蓋。有盜者盜其骨，商人貨之，乃金鎖骨也。王聞其事，取骨爲中尊臟腹。誌云："師乃西天三祖商那和修②後身也。"

　　唐大理崇聖買順禪師，葉榆人也，幼志不群，常慕空宗。從李成眉賢者雉染，屢有省發。賢者語師曰："佛心宗傳震旦數世矣，汝可往秉承。"於是走大方③，見天皇④悟和尚，問："如何是玄妙義？"悟曰："莫道我解佛法好。"曰："爭奈學人疑滯何？"悟曰："何不問老僧？"曰："即今問了也。"悟曰："去是汝棲泊處。"師不覺點頭。悟曰："汝徹

---

①　崖略：大略，梗概。《莊子·知北遊》曰："夫道窅然難言哉，將爲汝言其崖略。"
②　商那和修：商那和修尊者，摩突羅國人，又稱舍那婆斯，與末田底迦爲阿難兩大弟子，西天付法藏二十八祖中第三祖。
③　走大方：即遊方，指僧人、道士爲修行問道或化緣而雲遊四方。
④　皇：同"皇"。

矣！"師遽以手作掩悟口勢。悟曰："西南佛法自子行矣！"是時，百丈南泉諸大宗師法席頗盛。師徧歷恭承，咸蒙印可。六祖之道傳雲南自師爲始。

唐禪陀子，西域人也，初隨李賢者至大理。賢欲建寺，命師西天畫祇園精舍圖。師朝去暮回，以圖呈賢者，者曰："還將得靈鷲山圖來麼？"曰："將得來。"者曰："在甚麼處？"子遶賢者一匝而出。

唐尐①島師，有神通，侍李賢者至大理，與買順、禪陀子爲友。是時南詔奉佛，賢者徒衆千人，惟買順與師深契焉。及賢者入緬，師侍行歸寂。師開永昌龍泉寺，後入交趾②，大行教化，不知所終。

晉弘修大師，即文經帝禪位爲僧也，神聖文武帝之子，姓叚氏，名思英③。爲太子時，隨父王入僧寺，問寺僧曰："佛是何方人？"曰："西天。"問："西天在何處？"曰："佛生處。"曰："這裏聻④？"曰："佛住處。"便微笑。無意於世，請爲僧。帝不許，遂即位。未幾，讓位與叔思良，雉染焉。

（附錄：按《南詔史》載，叚氏王雲南三百五十年，歷二十二帝，其中禪位爲僧者七人，曰文經、曰秉義、曰孝德、曰保定、曰文安、曰宣仁、曰正康。第六代昭明帝有述《傳燈錄》，續雲南得道者，作一書，予未之見。）

宋水目山淨妙德澄禪師，滇池人也。因讀《楞嚴》至"見猶離見，見不能及"處，有省。後見黃龍南禪師，因問："農家自有同風事，如何是同風事？"師良久。澄曰："恁麼則起動和尚去也。"師曰："靈利人難

---

① 尐：同"些"。
② 交趾：又名"交阯"，中國古代地名。來源於《禮·王制》："南方曰蠻，雕題交趾。"是古代中原人描述西南少數民族風俗的詞。秦朝設交趾郡，爲今越南北部。漢武帝時爲其所置十三刺史部之一，轄境相當於今廣東、廣西大部和越南的北部、中部。東漢時改爲交州。越南於10世紀三十年代獨立建國後，宋亦稱其國爲交趾。
③ 思英：叚思英（916—967），大理第二位皇帝，944—945年在位，年號文經，史稱文經帝。在位僅一年，就因權位之爭被廢爲僧，之後在崇聖寺出家修行。
④ 聻（nǐ）：句末語氣詞，相當於"呢""哩"。

得。"澄禮拜，遂辭歸雲南，開水目山，南詔爲建梵刹。謚爲淨妙禪師。

宋東山普濟慶光禪師，姚安人也。因問淨妙禪師宗門中事。師云："道甚麼？"光擬開口，師便起身入方丈。光大悟，初開妙光寺，卓錫湧泉，次同淨妙禪師開水目山。及師領衆，六詔諸王咸往問法。入滅於東山，塔於水目，段氏謚爲普濟慶光禪師。

宋水目山皎淵月禪師，姓高氏，大理國段氏國公也。問濟禪師如何免得生死。濟曰："把將生死來。"公擬議，師以扇打棹①一下。公有省，後祝髮②爲僧，住水目。臨終書偈，云："諸法因緣生，我說是因緣，因緣盡故滅，我作如是說。"擲筆而化，塔于本山。

宋水目山阿標頭陀，洱海人也。問皎淵禪師《心經》"無智亦無得"。師曰："你但恁麼叅去，看是什道理？"時南詔段氏建寺，師爲工匠都養，日則奔走勞苦，夜則繫髻寺梁，遂獲靈通。嘗挈筐入市貨物，雖去二百里者，食頃便至。人竊窺之，但見閉戶默坐，置筐於前，諸物自盈。見者喧於衆，標遂立化。繫髻金鈎，至今存焉。

宋蒼山再光寺妙觀普瑞禪師，榆城北鄉人也。童時，日記萬言，因讀《華嚴》至"若有如是如是思惟，則有如是如是顯現"處，豁開心地，後見皎淵月禪師印可。南詔爲造再光寺，請師居焉。師嘗夢與清涼、賢首華嚴諸祖共語，遂撰《華嚴會玄記》四十卷流通於世。師雖印心於南宗，而恒闡華嚴爲業。於水目山開講，感金甲神人現身；再光寺敷演，陸地忽生蓮花。如是瑞應，不可殫述。誌謂師乃文殊後身也。

元蒼山念庵圓護③禪師，大理人也。因讀《證道歌》契入，段氏稱爲弘辨大師。遊大方，見中峰本和尚。師初號無念。峰以"羅什捧鉢，永嘉無念無生之旨④"扣之。師曰："我之無念異乎其所聞，什師過在絕念

---

① 棹（zhuō）：同"桌"。
② 祝髮：斷髮、削髮出家爲僧尼。
③ 【校】刻本原爲"獲"，據《天目中峰和尚廣錄》及後文"《廣錄》稱爲護藏主焉"，"獲"系"護"之誤。
④ 旨：同"旨"。

不起，永嘉過在任念自起，二皆有念也。我無念者，心體靈之，湛寂不動，如鏡鑑像，如燈顯物，未嘗毫髮隱也，惟洞徹法源者頗測。未易與纏情縛識者語也。"峰深肯之，爲作《無念字説》，並授三聚淨戒而歸。《廣錄》稱爲護藏主焉。師夢神授書法，凡書字時右腕洞如水晶，人號爲玉腕禪師。所著有《磨鏡法》，並手書《證道歌》蹟盛行於世。

元太華無照玄鑑首座，莫詳姓氏，與念庵禪師爲友。初爲座主，善講經論，名著諸方，未測教外別傳之旨。徧遊天下，廣涉兩宗之門。初見高峰妙禪師爲首座，峯示寂，師再見中峰本和尚，復爲第一座。峯有云："雲南鑑講主，越萬八千里路來兩淛①，自相見至相別，恰三年。一日尋我客中，夜話湖山間。因舉宗門下數段陳爛葛藤，不覺齩②斷拇指。臨別忽忽③，不欲徵④其罪犯，且放過一着。"有"積劫塵勞忽吹盡，黑龍潭下五更風"之句。師歸滇，爲梁王所重，開太華山，大弘祖道。門弟子數百，得師心印者五人。及滅度，王親至葬所。全身奉塔於本山，有《行紀碑》存焉。

（附錄：中峰和尚聞師示寂，遣侍者徃⑤祭之。祭文云："佛祖之道未易墜兮，吾無照遠踰一萬八千里江山以來茲；佛祖之道失所望兮，吾無照負五十七春秋而云歸。生耶，死耶，果離合兮？非智眼而莫窺；祖意，教意，果同異兮？惟神心其了知。謂無照於吾道有所悟兮，真機歷掌，其誰敢欺？謂無照於吾道無所悟兮，大方極目，云胡不迷？笑德山之焚疏鈔兮，何取捨之紛馳；鄧良遂之歸罷講兮，徒此是而彼非。惟吾無照總不然兮，即名言與實相互融交涉而無虧。出入兩宗大匠之門兮，孰不歎美而稱奇？屈指八載之相從兮，靡有間其毫釐。我閱人之既多兮，如無照者，非惟今少，於古亦稀。我

---

① 淛：同"浙"。
② 齩：同"咬"。
③ 忽忽：即"匆匆"。
④ 徵：追究；責問。
⑤ 徃：同"往"。

不哀無照之亡兮，哀祖道之既墜，而今而後孰與扶顛而持危？對鑪薰於今夕兮，與山川草木同懷絕世之悲也！"）

元雞足德存普通禪師，趙州人也。童稚出家，遍遊講席，講演大小乘。因問中峰和尚："於三乘十二分教明得，與祖師意是同是別？"峰曰："你舉教意來看。"師曰："擬舉即差。""恁麼則汝講的經論聾？"師擬議，峰便喝，師不覺汗下，因茲服膺。峰爲陞座，示法語有"糸玄上上人，須識巧方便"之句。後結庵山中。一日，聞僧云："水自石邊流出冷，風從花裏過來香。"恍然開觧①。

元太華智福講主與蒼山道元爲友，二師雖弘經論，而常慕南宗。遊五臺，聞鑑首座印心於中峰，往叅之。峰一見便問："座主何處人？"曰："雲南。""講甚經論？"曰："《法華》。""如何是佛法不現前？"曰："即今現前了也。"曰："現前底事如何？"曰："不可以聲求色見。"曰："座主大似會講經論。"師曰："某甲到這裏一辭措不及。"峰於是示法語而歸，並題庵名"即心"，蓋取大梅見馬祖"即心即佛"義也。福，楚雄人；元，永昌人，俱隱山不出，有《即心庵歌》，載《中峰廣錄》。

明洱水道庵居士，久叅古庭和尚"萬法歸一"。築室於水目九峰之間②，因聞水聲大悟。再見古庭和尚，庭一見便曰："可喜居士這囘③穩坐家邦也。"居士曰："某甲自來不出外。"師曰："家中事若何？"士曰："倒却四壁。"師肯之，士禮拜，師有"鐵壁銀山都放倒，叮嚀珍重莫狐疑"之句寄之。年七十，臨終說偈云："貫用龜毛，頻拈兔角。今日分明，趙州畧彴④。"（此段在大巍之前）

元盤龍蓮峰崇照禪師，晉寧人也，姓段。年十八禮雲峯和尚祝髮，峰示與"狗子佛性"話。每以七日斷絕思想疑之。一日聞伐木聲，忽大悟。遂遊大方，見空菴等一十八元善知識，最後見中峯本和尚印可。回

---

① 觧：同"解"。
② 【校】刻本原爲"問"，據《妙峰山志》及文意，"問"系"間"之誤。
③ 囘：同"回"。
④ 畧彴：小木橋。

滇建盤龍寺居焉。元至正二十一年八月望詔衆，書偈云："三界與三途，何佛祖不遊？不破則便有，能破則便無。老僧有吞吐不下，門徒不肯用心修。切忌切忌。"跏趺而逝，身體溫軟，七日如生，有彩虹貫天者三日，至今肉身見在。所建有六梵剎，最崇麗焉。

（附錄：《南詔史》載，梁王宮中有怪，左右啟王，請師治之。師祝畢，怪息。王喜禮謝，留宮中。夜分，潛至榻前問國事。師但歎息不言。王曰："興敗乃天意，師言何礙？"曰："二十年後，國亡矣！"至期大明兵下，果應其言。黑井有毒龍興，水溢鹽井，損民居。師建寺，書咒，沉水，害息。寧州虎噬人，師噀①水，限速去。次日果去。自是二地感師德，每歲納貢耕牛、引鹽，永爲常例。）

明感通無極禪師，大理人。因叅雲門拈世尊因緣悟入。洪武十六年，以白駒山茶進上，上臨軒受之，時駒忽嘶一聲，茶亦發一花。上異之，加歎彌久，敕賜建寺，並御製詩一十八章而歸。與金陵金碧峰、千巖諸師友善，咸有詩贈焉。

明古庭善堅禪師，姓丁氏，永樂甲午二月二十二日子時生於滇城南廓，其夜紅光盈室，異香彌戶。七歲乞出家，十歲入五華寺，禮此宗和尚爲師，易名善賢。十九年復禮白巖和尚，改名善堅。自是坐習不輟，師異之，勉持觀音號。宣德二年，巡按御史張公善相謂其師曰："此子非凡間人。年三十後，當佩祖印，爾老僧輩亦當加額。"後走金陵，謁無際②和尚，示"萬法歸一"話叅之。忽一日，看《圓覺經》，至身心俱幻處，劃然自釋。遂云："離此身心，誰當其幻？"返杭州戒壇，受具足戒。正統十年往金臺，叅無際和尚證明大事。和尚大喜，曰："吾法自子大興於世。賜號古庭，將袈裟拂子付與汝作臨濟正法眼，先師慧命無令斷絕。珍重，珍重！"師暮年返滇，建歸化禪林。以弘治六年癸丑七月二十日未時，集衆說偈云："來從華藏海中來，文殊普賢；去從華藏海中

---

① 噀（xùn）：含在口中而噴出。
② 【校】刻本原爲"無隱"，據《古庭禪師語錄輯略·行腳》中的自述，"無隱"系"無際"之誤。

去，彌勒釋迦。"豎拂子云："古今諸佛諸祖都在這裏，不來不去。咄！"放拂子，瞑目而逝。至今肉身如生。所著有《山雲水石集》行於世。

明大巍淨倫禪師，雲南昆明人，姓康氏，生宣德丁未。正統丁巳年，甫十一入學。庚申出家，受業本府太華無極泰和尚。戊辰，遂謁大方。天順癸未，糸見古庭老和尚於浮山。逮年六十有六，說偈以別其徒。所著有《竹室集》傳於世。

明波羅禪師，大理人，姓趙。初居蒼山懸巖禮佛。洞明心地後，謁大方，印心於古庭堅禪師。復歸，仍禮佛。一日，經行巖上，屹然立化，七日不踣①。鄉人以香燭之儀禱之，輕如一葉，遂就荼毗，得舍利七粒，瘞②於浮圖。後人名其壁曰"波羅巖"。山勢巇嶮，登者凜然，風吹草木皆作禮佛聲，至今不息。所禮之石，手足印紋悅然如生。塔於蕩山，蘭若③猶存。

明鷄足楊輔居士，字存誠，博學多聞，隱居不仕。壽八十餘，無病化去。家人以屍入棺，營喪葬之頃，忽見輔自外入，拍手笑曰："楊輔可喜，今日大事了畢。"俄爾不見。所著有《桂樓集》《篆隸宗源》行世。

中溪覺林居士李元陽，生而穎悟，過目成頌④。初得方士受導引之術，以爲神仙必致，後因讀《楞嚴經》，大駭曰："世有如是書乎！"遂留心內典，樂與僧遊，自號覺林居士。在翰院時，常遊法席，見雲谷、法舟諸師，與默菴、定堂二僧爲方外挈⑤。所著有《禪源記》及《中溪類稿》等書流于世。

明鷄足定堂本帖禪師，尋甸人，姓楊。糸"萬法歸一"。臨終書偈云："幾回力盡心圓處，坐脫娘生鐵囬⑥皮。"即化去。

---

① 踣（bó）：跌倒。如《聊齋志異》卷一《勞山道士》："頭觸硬壁，驀然而踣。"
② 瘞（yì）：埋藏；隱藏。
③ 蘭若（rě）：是"阿蘭若"的省稱，源自梵語 aranya 之音譯，原意是森林，引申爲寂淨無苦惱煩亂之處，後也指一般的佛寺。
④ 頌：通"誦"。如《孟子·萬章下》："頌其詩，讀其書，不知其可乎？"
⑤ 挈：同"契"。
⑥ 囬：同"面"。

明朗目慧光本智禪師，曲靖人，姓李。從本山白齋和尚落髮。初遊方，叅不二、徧融等八大善知識，究竟大事。其後乃登天目蘭風和尚之門，以"見佛了生死"爲問，方擬説，輒呵之。一日，風肩柴次，遙見師，擲柴於地，曰："見佛了生死。"師不言，直肩柴去，曰："見佛了生死。"深契之。後開堂於北京盧溝橋，興復浮山，刻《九帶集》。當時，大宰官如汪可受、陶望齡、王元翰等咸執弟子禮。因與衆説《楞嚴》至"同分別業二種妄見"處，忽下坐，告衆曰："緣盡矣！"跏趺而逝。塔於浮山，所著有《法句》行世。

應 化

邃古①之世,大理舊爲澤國,水多陸少。有邪龍據之,是名羅刹,好啖食人,居民鮮少。有一老僧自西方來,托言"欲求片地藏修"。羅刹問:"何所欲?"僧身披袈裟、手牽一犬,指曰:"他無所求,但欲吾袈裟一展、犬一跳之地。"羅刹諾。僧曰:"既承許諾,合立符券。"羅刹又諾,遂就洱水岸上畫券石間。於是,僧展袈裟縱犬一跳,已盡羅刹之地。羅刹彷徨失措,意欲背盟,僧以神力制之,不敢背,但問:"何以處我?"僧曰:"別有殊勝之居。"因於蒼山之上陽溪,神化金屋寶所一區。羅刹喜過望,盡移其屬入焉,而山遂閉。于是僧乃鑿河尾,洩水之半,是爲天生橋。今洱水島上有赤文,如古篆籀②,云是買地券。僧即觀音大士也。

唐雞足古和尚,不知何許人,與二僧同住一庵。入城乞食,南詔問:"識何法門?"古答云:"我能使死者生極樂世界。"詔令國中但有死者,請古起棺。如此十餘年。有讒於詔曰:"古妄人也,云能超度死魂,何所證驗?臣願入棺試之。"詔如言。請古起棺,將至化骨之所,起棺視之,誠死矣。懇古求生,又作法,遂甦③。死者悔曰:"我已生在七寶宮殿中,如何復來此?"古遂還舊庵,見二僧問食。二僧曰:"汝從城中來,乃不裹糧,却至此欲食耶?"古遂走。叩華首石門,門訇④中開。二僧追呼,至則石門閉矣。二僧悔恨,焚身門外。焚處生柏二株,有泣淚泉、袈裟石存焉。然古即守衣迦葉也。

唐白猪高娘。大理有樵人,每以食供山神,神現身問:"何所求?"曰:"我欲到極樂一觀耳。"神曰:"此非我所能,白巖有擔桶引猪女人,

---

① 邃(suì)古:遠古。
② 篆籀(zhuàn zhòu):篆文和籀文。晋左思《魏都賦》曰:"讎校篆籀,篇章畢覿。"
③ 甦(sū):同"蘇",即蘇醒。
④ 訇(hōng):形容大聲。

汝往懇之，彼能致汝極樂。"樵人尋之，懇其所云。女人以衣袖納樵人，且戒勿語。即見七寶宮殿，池沼樹林，皆如經説。樵人忽思家，不覺身居故地。女人騎白猪化爲象，騰空而去，乃知普賢菩薩化身也。女生於高氏，名谷女，土人即其地建寺曰"谷女"。今稱高娘谷鳥，皆訛也。

唐蓮冠老僧，首戴赤蓮花冠，身披袈裟，持鉢至蒙舍細農邏①家。乞食時，農邏父子耕巍山下，姑婦往餉②，見僧乞食，遂食之。再炊往饁③，僧坐不去，持饁前行，而僧業已先在，復向人乞食。姑婦驚怪，又食之。返而復炊。且至巍山，見僧坐石磐，前有一青牛，左有白馬，右有白象，各馴伏，上覆雲氣，雲中有二童子，一執如意，一執金鏡。姑婦驚喜，再拜之。僧問："何願？"二女不知。僧曰："奕④業相承。"二女趨農邏等至，則但見五色雲中一人持鉢而坐，彷佛見二童子，唯餘磐石上衣痕及象馬牛之跡耳。

楊波遠大士，東漢時常以神異救世，人號爲神明大士，數百歲，出沒無時。唐永徽以後，常騎三角青牛，逍遥以遊。善觀風氣，凡雲南鹽井寶處，皆師所示。偶逢神僧於三陽峯麓，爲設一供，陳石案，長丈六，濶六尺，但以一手持將。石案猶存，千夫莫舉。後不知所終。

唐僧道清和尚者，姓楊，殉道忘軀，日課經典，感現觀音大士。遐邇欽風⑤，漁者焚其網，酒家隳其具。蒙氏册爲顯蜜融通大義法師。一日，微哂而化。火中彩雲礧礧，舌根不爛，如紅蓮然。

唐趙迦羅師。大德間，昆明池有蛟化美少年，妖異害人，居民苦之。

---

① 細農邏：即細奴邏，南詔王。父舍龍，原居住於哀牢（今雲南省保山縣），爲了躲避仇人，遷居到蒙舍詔（今雲南省巍山縣境内的一個部落）。649 年，細奴邏稱南詔王，以巍山爲首府。653 年，細奴邏敬服唐朝的高度文明，派子邏盛炎赴長安朝見高宗，表示願意歸附唐朝。唐高宗封細奴邏爲巍州刺史，從此南詔接受了唐朝中央政府的領導。674 年，細奴邏病死，謚號奇嘉王，尊稱高祖。《滇略》卷一載："唐貞觀末，册龍佑那十七代孫張樂進求爲首領大將軍，時有哀牢夷細農邏者，耕於蒙之巍山，有祥異，所據成聚，樂進求遂遜國而去之，自是諸酋分立爲六詔。"（《文淵閣四庫全書》第 494 册，第 99b 頁）

② 餉（xiǎng）：給在田間勞動的人送飯。

③ 饁（yè）：餉也，野饋曰饁。

④ 奕：即"弈"，大也。

⑤ 欽風：敬慕其風俗教化。

師世精阿吒力教，尤通梵經，鄉父老禮請治之。師即遣黑貌胡奴擒至，以水噀之，蛟立見形，因斬之，怪絕。人問："胡奴爲誰？"曰："此大黑天神也。"

唐楊都司創洱河東羅筌寺，寺前有田四十畝①。每栽秧約三日，傭者戲師曰："若能繫日，當爲畢栽。"師默念咒，田栽既畢乃暝。傭歸，而後知已歷二晝②矣。山下有黑龍常作風浪覆舟。師以白犬吠之，龍怒而出。師視龍猶蜒蚓若，教誨之，有頃，龍馴俛③而去。先是河浪九疊，師以念珠鞭之，去其三曡④，河乃翕順可舟。

唐宗寶禪師者。元和間，有漁人於洱河岸得鸚遺卵，收之。有頃，卵破而出爲嬰兒。人異之，不敢加害。嬰兒能食即解種種伎倆。長而爲僧，在崇模莊，人呼爲崇模師，又曰"宗寶"。能呼致風雨，善用兵機，神異莫測。景莊帝禮以爲師。帝攻成都，軍士乏粮，師咒水爲酒，咒沙⑤爲米，醉飽數萬人。唐師三至三敗者，皆師力也。後帝憚之，師輒化爲鵬，飛集高興寺，不知所終。

師摩矣太后，乃景莊帝之母，持觀音咒，得觀音圓通。隨帝征，至羅浮白城，建一寺，南壁畫⑥一龍。是夜，龍動幾損寺矣，復畫柱鎖之，方定。

唐贊陀高僧，摩伽陁國人，爲蒙氏所重。初遊鶴慶，其地皆水，師以杖刺東隅而泄焉，復建玄化寺鎮之。與李成眉友善。時王公主崇聖寺祈佛，至城西，爲乘白馬金甲神人攝去。王告於師，師曰："此蒼山神也。"乃設燈照之，果在蒼山下。師怒，欲作法移山於海。神懼，獻寶珠，王從之。

周壽海法師，洱海人，有道行，博通經史。時天旱不雨，王命師祈雨。

---

① 畝：同"畝"。
② 【校】刻本原爲"晝"，據文意及《妙峰山志》，"晝"系"晝"之誤。
③ 俛（fǔ）：同"俯"，低頭屈身。
④ 曡：同"疊"。
⑤ 【校】刻本原爲"少"，據文意及《妙峰山志》，"少"系"沙"之誤。
⑥ 畫：同"畫"。

師曰："昔湯旱七年，六事自責，天雨七日。今王酒色妄殺，天怒不雨。王如悔改，天雨自至，何用禱爲！"王如師言，自改自責，數日果雨。

宋無言和尚，姓李氏，精密教，嘗持一銕①鉢入定。欲晴則鉢內火光燭天遂霽，欲雨則鉢中白氣上升遂雨。南詔封爲灌頂法師。一日講《法華經》，有老翁立，聽畢乘風雲而去。衆驚問之，曰："洱水龍也。"

元連精和尚，定遠人，通瑜伽秘密教。元至正間，滇大旱，梁王迎之祈雨。師於淨瓶中出一小蛇，雨大降。王贈以金帛，力辭歸之。日役鬼荷擔，步如行空，不知所往。師初隱處，今名雲山焉。

漢觀音長者，不知何許人。蒙氏時，遊大理，長髯濶面，冠蓮冠，執杖持珠，或隱或顯，出沒不定。後漢兵伐滇，長者背負大石可約數丈，兵士望見驚退。兵中有善用陰符者，盡令境中火息，長者取石吹之得火。民有憂患，數處禱之皆應。俗呼爲觀音長者，所負之石尚在，取火之法今賴焉。

唐閣毘和尚，神武王之弟也。人馬十八騎，往回數千里，不過朝夕。時唐師伐滇，皆師破之。後至西海，人馬浮波而去，莫知所從。

大義法師，西竺人。遊滇，以菩提珠九子種鄯闡②，今存一株甚茂。所譯有《方廣經》盛行。

梁智照法師，深通大乘，兼弘律部。肅文帝禮以爲師。時帝興師犯梁，師諫不止，兩軍勝負，殺戮甚多。師撰《封民三寶記》以進之，歸隱深山不復出。

元左黎國師，滇西人也。隨段氏朝元，適元成宗手疽，醫莫能治，師咒水洗之即愈。帝再欲試，掘地窖，使八人入地打皷，佯曰有怪，命師治之。師端坐，少頃，皷聲不聞，開視之，八人已死。帝深敬服，封爲國師。

---

① 銕：同"鐵"。

② 鄯闡：即善闡城，今雲南昆明市。唐樊綽《蠻書》卷一稱"鄯闡柘東城"。向達注："柘東即今昆明，築于南詔閣羅鳳之子鳳伽異時，爲六節度之一，後又稱善闡府，亦作鄯闡。"9世紀中葉，南詔王以柘東城改名，後置府，號東京，在今雲南昆明市舊城南關外。蒙古至元七年（1270）改爲路，元至元十三年（1276）改爲中慶路。

第二卷　古庭禪師《山雲水石集·卷之一》

古庭語錄輯略序

方外舊史皖舒吳應賓譔①

　　蓋余所事華嚴善知識有朗目智和尚云：犉牛是牿②，則昆明歸化古庭堅公相好法身之所攝持也；談麈高揮，則浮渡華嚴古庭堅公言說法身之所震動也。兩公皆滇人，先後百四十年間，薪火交光，水月互影，將母③方網三昧④入定出定而作佛事耶？病堂散人覿面聞名，善根雙托，余則幸矣！居久之，智公以藏輪之役去浮渡而金臺。於時，故鄉陶使君葛閭方在公車，用南詢禮請益世尊拈花以前一段公案，鍼芥⑤乎水乳哉！余不能舉其契，而堅公《山雲水石》斷爛葛藤，從智公篋笥中起向葛閭眼根，放種種光，作師子吼矣！

　　哲人既萎，弟子不能守典遺文，轉徙若存若亾⑥幾三十年。而愚子道

---

①　譔：同"撰"。
②　犉牛：無角牛。牿：通"梏"，為了防牛觸人而套在牛角上的橫木，字本作"告"。犉牛是牿：未雨綢繆，防患於未然之意。
③　將母："母"同"毋"。"將母"，即"將毋"，疑而未決之辭，難道。
④　方網三昧：指菩薩之三昧。菩薩之三昧縱橫八方，廣大無邊，猶如面面俱罩之羅網，故稱方網三昧。
⑤　鍼芥（zhēn jiè）：細針和小草，指極細小的事物。
⑥　亾：古同"亡"。

凝射雉白門①，得爲水部紫閶操几②，垂一盼③次，出所購堅公繫鶉衣寶④，哲昆⑤葛閶暨厥宗會稽大司成弟石梁，刮垢磨光，新其載牘，名《古庭語錄輯畧》，凡四卷，以續無際之慧命，而芽臨濟之枯禪。使愚子投我一篇徵引，商之和於首簡。余雖錮疾反肩⑥，嚮異瞻奇，崖畧以耳而三嘆焉！咄哉！此翁用心處，若師王之奮全力于一兔；會心處，若因陀之合多影于一珠。任運酬機，卷舒無跡，廣于輯畧，東語西話，鑄古陶今，澈困婆心，單提⑦向上，譬如雪山肥膩，純出醍醐。撮要鉤玄，則《華嚴大意》一篇，字字圓融，言言行布，勤求實到，舉一蔽諸。他所芟夷，知不無拖泥帶水，可謂：干將出没，尚惹烟霞；隆楝⑧在山，寧辭斤斧！

　　陶氏三君子，功古庭也，功曹溪也，功靈鷲也，非復算數譬喻所能繇句⑨而劫波之矣！讀其書不可以不知其人。昭昭于初，冥冥于卒，豈三君子所以論世！而天界之席既禪，歸化之鐸未衰，栽竹垂絲，逢場作戲，夷考⑩幻住，倫次闕如也。不知無字毒皷所斷命根，爲一爲多，爲半爲滿，飛精綿邈，尚友⑪謂何？豈得髓而棄皮！抑舊章之無述，而歸化梵刹，望之皐如，麟臥狐眠，春來秋去，諸君子業爲捧心，有筆如椽⑫，將

----

① 射雉：古代的一種田獵活動，射雉而得譬喻士有進身之階。白門：江蘇省南京市的別名。六朝皆都建康（今南京市），其正南門爲宣陽門，俗稱白門，故名。
② 操几：操持機務、政務，"几"通"機"。如《文心雕龍·情采》："心纏幾務，而虛述人外。"
③ 盼：同"盼"。
④ 繫鶉衣寶：鶉衣，鶉鳥尾巴光禿時，似縫補的衣服，故以鶉衣比喻破爛不堪的衣服。此處意指《山雲水石集》爲繫於鶉衣中之珍寶，亦即聖人被褐懷玉之謂也。
⑤ 哲昆：對他人之兄的敬稱。
⑥ 肩（jiōng）：從外面關門的閂、鉤等，引申爲上門、關門。
⑦ 單提：禪者之參習，不拘泥語言文字，不執著俗情妄念，直指本心根源，即禪家直指之旨。
⑧ 隆楝：高大的樑楝。
⑨ 繇句："繇"通"由"。由句爲古印度長度單位，佛學常用語。一繇句大約7英里，即11.2公里。
⑩ 夷考：考察之意。
⑪ 尚友：上與古人爲友。《孟子·萬章下》曰："頌其詩，讀其書，不知其人可乎？是以論其世也，是尚友也。"
⑫ 筆如椽：見《晉書·王珣傳》："珣夢人以大筆如椽與之，既覺，語人曰：'此當有大手筆事。'俄而帝崩，哀册諡議，皆珣所草。"後以"筆如椽"喻大手筆或重要的文墨之事。

亦鞠爲茂草①，而浮山野史謀于苔蘚，乃屬汗青所載。堅公涌沒津梁，因緣麁②具，糸承玆决，以事係年，考諸行脚供通③，如對二月，非是月影，奇哉直指！張公覿師貌于驅烏④，而祖印三句，不慾于素，讀者取爲久行紗道之符。大巍倫⑤稱，天順癸未，禮師足于浮山法窟。而已付受荷擔，不言何等，三十年胡亂鹽醬⑥多少，亦未之有聞也。君子以爲二憾！而金谷之歌、伽藍之説，一真法界，觸境全章，文字言音，了與《輯畧》諸篇不别，爲堅公廣長舌相無疑也。辭世偈言："來從華藏海中來，文殊普賢；去從華藏海中去，觀音勢至。祇今還有不來不去的麽？咄！總在這裏。"

智公聞諸歸化，灌我耳根，足使吊古英靈作第一峰德雲想。而遠大師，局前帶後，狼籍生涯，拈來臨濟金剛網，推入昆明華藏海，直得水枯石爛，雲散山空，向五十三善知識前，同時作禮。故知智公齒牙别有堅公面目矣。佛手驢脚，影現重重，忍鎧悲輪，詎堪思議！是編同事諸上善人，大都下座。毘那分形震旦，而余呵殿⑦智公于浮渡之轂⑧，斯已勤矣。卒業狂喜，數事拾遺，得其方便。克諧蘭若，寓乘金湯，究竟堅固。雖妙吉神手加我顖⑨門，何以代此？而水部公亟以囑累爲提奬也。倘亦天廨⑩華嚴，夃糸⑪熏變⑫慈善

---

① 鞠爲茂草：謂雜草塞道。形容衰敗荒蕪的景象。鞠，通"鞫"，即窮究、窮盡也，亦有困窮之意。《晋書·石勒載記》載："誠知晋之宗廟鞠爲茂草，亦猶洪川東逝，往而不還。"
② 麁（cū）：同"粗"。
③ 供通：呈報、奉達之意。
④ 驅烏：驅趕烏鴉。佛教有驅烏沙彌，爲七歲至十三歲之沙彌擔任。能驅逐烏鳥不使奪食之義。
⑤ 大巍倫：即大巍淨倫禪師。古庭禪師法嗣弟子，浮山派第十代主持，著有《竹室集》。
⑥ 三十年胡亂鹽醬：出自宋朝釋道顔的《頌古》："胡亂三十年，不少鹽與醬。江西馬大師，南嶽讓和尚。"
⑦ 呵殿：謂古代官員出行，儀衛前呵後殿，喝令行人讓道；指此類儀仗隊伍或隨從人員。
⑧ 轂：輪之正中爲轂，空其中，軸所貫也，軸湊其外。薦舉人，謂之推轂。
⑨ 顖：同"囟"。
⑩ 廨（xiè）：官吏辦事的地方。
⑪ 夃糸："夃"同"旁"，夃糸即旁參。
⑫ 熏變：熏陶之意，此處則指"不思議熏"，指真如受無明熏習而成現識（阿賴耶）言，阿賴耶識在《大乘起信論》中叫作染淨和合，以真如實不可熏而受熏。此熏實非言思所及，故稱此種熏爲"不思議熏"。

根力①，從臾②刳心③，施及藐諸④，傳言送語於劓刖⑤之法供養而增若焉。

異日者，堅公法界願王如時成熟，未委⑥此淨信聚誰爲牧女⑦？誰爲純陀⑧？一室千燈，雲興瓶瀉，而昔人來去。華嚴顯密任持法位常住，必斯文之爲引業也夫。

崇禎癸酉秋八月庚午朔

---

① 慈善根力：佛學術語，指信仰佛祖、諸菩薩的福果之應。
② 從臾：亦作"縱踊"。慫恿、鼓動別人做壞事。《漢書·衡山王劉賜傳》載："衡山王以此恚，與奚慈、張廣昌謀，求能爲兵法候星氣者，日夜縱臾王謀反事。"顏師古注："如淳曰：'臾讀曰勇。縱臾，猶言勉强也。'縱臾，謂獎勸也。"
③ 刳心：謂摒棄雜念。《莊子·外篇·天地》曰："夫道，覆載萬物者也，洋洋乎大哉！君子不可以不刳心焉。"
④ 施（yì）及藐諸：延及群小之謂也。
⑤ 劓刖（yì yuè）：割鼻斷足。
⑥ 未委：不知。
⑦ 牧女：出自"牧女獻糜"之典故，一位牧女向悉達多供養了乳粥，悉達多因此得以恢復體力而重新開始修行。
⑧ 純陀：人名，佛陀受此人最後之供養後入滅。

古庭祖師語録叙

　　往昆明池上，見師鬚眉不但，其心至今在也。嗣長安，見朗公精舍黃太史諸公刻《山雲水石遺編》，想見川老無際師末後句，以所兩見諦合諦觀如師者，非曹溪血胤而誰？幾番瓣香作供，而流浪四方，空然結想。比家仲從昆明煨爐中得全集，復漫漶不可讀。法堂蓁蕪，子孫安在？鬚眉雖是，鐘簴①何存？欲問其遺事，乃佳氣鬱苾②，已蕩爲馬鬣③牛眠④之墟矣。傷哉！遂與君奭諸有道，共刪定之。讀未竟，不自意正法眼藏乃在昆明池上。先是勝國時，有師自天目歸盤龍，説法度世，靈異不可殫述，稱盤龍祖師云，今肉身亦自巋然。此兩師者，肉身住世，同無字話開示，使人悟入，刻期取證。又同所不同者，鬚眉頓異。非法力有淺深，運會有興替，則以所居之地，陰陽之説移之耳。師何計焉？昆池瀰漫三百里，盤龍峙於南，古庭峙於北，法幢相望，燈影交光，曹溪一會，儼然未散，則是集之以也。其語淵深簡要，直指冭⑤多古宿所未及羑⑥露者，剗俗士之葛藤，開盲聾之習障，破僧俗之邊見，於以羑露性光，續佛慧命，因以恢崇堂構，使和尚一尺袈裟地，還我舊觀。其非人天小果，亦審矣。識法者當自具眼，或不誚余阿私所好已。

崇禎己巳立夏日陶珽書於西泠舟中

---

①　鐘簴（zhōng jù）：飾以猛獸形象的懸樂鐘的攔架。
②　苾：同"蔥"。
③　馬鬣（liè）：墳墓。因墳地上所封之土形狀有如馬鬣，故稱爲馬鬣。
④　牛眠：即牛眠地，古人認爲牛眠地乃風水吉地，將墳墓建於此地能使後代升官發財。《春秋繁露》記載做風水局後會讓自己升官發財的地方。
⑤　冭：同"處"。
⑥　羑：同"發"。

古庭祖師語錄序

　　能仁氏以一大事因緣，出現於世，而今之學道者，或數數於福田，或汲汲於淨土，或訇訇於教海，至於正法眼藏，涅槃妙心，則茫然不入。余每以是請正識法者。適於京邸，遇同年紫閬陶君，商及最上事，津津不置，復譚滇中異人有古庭祖師者，簡易直截，每以無字話斷人命根。與盤龍祖師異時同地，乃盤龍肉身尚在，而古庭道場已爲蓁蕪，心怛者久之。

　　今春，過虎林，謁陶穉圭①先生時，適紫閬兄在坐，手一編示予曰："此即古庭集也，從煨爐中得之。其言掃盡葛藤，獨露本地風光。再四讀之，心花頓開，幾欲忘倦。"予謂陶君曰："安忍我輩得此如意寶，而不與人共乎？"遂與同志謀鋟之，而字漫漶不可讀。復取正於穉圭先生。先生以人天眼目作佛法津梁，爲之刪其繁亂，正其謬訛，而古庭又開一生面矣。噫！垢衣除糞，徒懍長者之容；乞人佩珠，徒發良友之歎。是集也，正法眼藏，涅槃妙心，舍此其誰與歸！

　　第②蘊結有年，非得紫閬兄之表章則不出，非得穉圭先生之刪正則亦不傳。謂之古庭之異書可也，謂之陶氏之異書亦可也。雖然，讀是集者，須向未有古庭以前覓消息始得。

平實居士錢啓忠盥手題

---

① 陶穉圭：即陶穉圭陶珽。
② 苐：此處同"弟"。

古庭輯略序

資善大夫南京禮部尚書張惠撰

夫《山雲水石輯》，乃古庭和尚以平昔所做工夫，疑團子破處，不恃棒喝，出於語默，欲其開鑿學者，由此而所以作也。和尚天姿高古，行解水①嚴，肆舌宗門，了無泥滯，毫放三昧，具大辯才。觀夫錄者，文浩義博，絕後光前，耀古振今，擊賢啟聖，真濟世之丹鉛，人天之大眼目者也！

余聞釋迦拈花，迦葉作笑，以此繼之，謂正法眼藏，涅槃妙心。察其所以，誠也。目擊而道存，不涉文字，蓋謂佛佛授受祖祖禪傳，有是然也，豈欺人歟？且夫和尚布法於金陵，卓錫天界時，學徒彌衆，而無乏目，所以具大慈悲，舌頭拖地，大伸普說，用無不到，理無不中，一語一默，一機一事，譬夫日正於中天，而無不正也，大矣哉！和尚誠無際之正傳，機緣脗合，際囑曰："吾居川中，得法之徒十有餘人。正法眼藏，付囑於汝。吾道至子大興于世，所以謂臨濟一宗，復振於今日者矣。"其錄之文言句義，而自然神機俱到。大法變通，可以與佛祖語言齊驅並駕，遺于不朽。

其徒一貫上足，編次成錄，徵余序以冠于篇。余視所錄，皆心地所造，融通無碍，忻然②作之，而示學者，以爲進修一助云。

大明天順歲在丁丑孟春上元

---

① 水：同"冰"。
② 忻然：喜悅貌；愉快貌。

行　脚

　　師居天界，學者請問師行腳。師曰：我以生死①請益無際和尚，和尚令叅"萬法歸一，一歸何處"話。我是年十有六歲，抵杭城受戒。一日見病僧放命，四大不收。我畏此苦，人生決定難逃。儻此景界忽然至我，誰爲代受？我時發願：有如大事不明，生死不透，而將脅臥蓆者，永墮地獄。或爲身口，妄②求溫飽，指以塑佛修寺供衆，妄取信心錢財，作不淨業，或自作，教他作，及見聞隨喜作者，永墮地獄。我如不捨正因正念，悟一知一見，若以僧俗貴賤貧富好醜爲利養故，論說不平等法，及教人如我所說，無慚無愧者，永墮地獄。發願已，疑"一歸何處"話，務要此生見箇下落。此話在胷中，如填須彌，啟止不安，散亂不定。行在途中，甚是勞倦。偶在座中熟睡，昔所作惡知境界，及無量劫來未聞未見，種種造作，一一發現。即自思云：我發願爲生死行腳，與麽境界，豈非生死乎？此夢從何處起？此是一是二？如此久之，覺得心念純熟寂然。日深月久，萬法話于心上，念念挨定，無疑有疑。有時昏亂，有時寂靜，然寂靜處話頭分明，昏亂處話頭無有。看來畢竟不以生死爲切者，工夫不得純熟也。因思古人叅學，種種發願，以無願不立故，遂禮佛發願。

　　第一願：我經無量劫來，未嘗親近供養諸佛、諸祖、諸大菩薩、諸善知識，流浪生死。我今既覺，若得供養親近，不以廣大真實信心，不學諸佛菩薩、諸善知識，昔所難行、難捨、難忍之事，縱外道取我身命，若舉念護惜，誓墮地獄。

　　第二願：我今行道，遇逆惡境，不復憍慢懊惱，當生智慧解脫，捨身受身。一切衆生，所作諸惡，所行非道，願我不取彼之所爲，亦不厭

---
① 歾：同"死"。
② 妄：同"妄"。

彼之所作，則當隨類爲彼説法。若不依願，當墮地獄。

第三願：我悟佛知見，必將佛所説大乘法藏，荷負無央數世界，分身無央數世界之中，教化四生①六道衆生，同圓種智，使衆生聞我音聲，見我色相，皆獲三昧。若悟後不依者，當墮地獄。

發願已，舉起話頭，行至中途昏晚，就路旁大石上坐，不覺定去。行人傳説有箇和尚在路外了。來者驚我定起，我欲行，只是移動不得，四大麻木。衆人扶起，漸得輕快，不知幾時也。自此于一切處，晝夜清爽，話頭明白。殿堂中、三門外，出入動靜，只知有箇"畢竟一歸何處"話，塞滿太虛。如車輪轉，都無所礙。我憶這話如寶劍，一切境物，皆無入處。有僧將《黃檗心要》與看，我接之不覺墮地，疑此"一歸何處"話，宛如夵人。一切所有，都不知道。如此，這箇境界，甚是難透，如坐在太虛空中，覺恐怖艱險，作主不得。正恐怖中，"一歸何處"話忽然舉出。向使若非願力深重，此話頭在念，定是成風成顛。這僧又將《心要》來，我謂古人説話，必有得力處，遂揭開再看，如虛空相似。知黃檗饒舌，覺自己髑髏悉皆裂破，就將《心要》燒了，我通身是箇《心要》。又念古人云"做工夫要到佛祖田地"，作箇準則，我此生務要做到。大慧禪師大悟一十八遍，小悟不計其數，然從上佛祖皆經遠劫，豈止大悟小悟？

這僧見我燒了《心要》，他説蘿擁山老和尚三十餘年不出山。我遂去見之，自説工夫。老和尚云："你且莫説工夫。"我云："恁麼莫不虗②度此生麼？"老和尚云："是我虗度，你不可虗度。"我禮拜謝。老和尚見我信心，收拾空房留我住。我云："今日入山，若無工夫而離此山者，定遭□③虎。"舉萬法話，疑云："一歸何處？"復云："畢竟一歸何處？"終日

---

① 四生：佛教用語，謂輪回衆生的四種出生方式，即卵生、胎生、濕生、化生。卵生，從卵殼而生；胎生，由母胎而生；濕生，從濕氣而生；化生，無所依托，因業力現出。《阿毘達磨俱舍論》卷八曰："於中有四生，有情謂卵等。"

② 虗：同"虛"。

③ 【校】刻本原字模糊不清，據字形、文意推測爲"蛐"，存疑。

竟夜，祇是與麼疑。疑之日久，覺得身心別無所有，惟是空我境界。此境界，又喜又怕，又無問處。雖是老和尚久住山中，作務勤苦，不知所以。我自主張不離話頭。又經月久，此空我境界，唯覺房榻內外，一切都空。我卽①是空，空卽是我。我與空，了無二相。然雖得恁麼，只是無箇悟處，不敢認着。又思《心要》所說："當體卽如，動念卽乖。猶如虛空，無有邊際。"將使合我所空，且無空迹，終是欠箇悟處。我信古人說，要有箇悟處。遂以悟爲期，又經月久，經行間，忽見卓案②上馬祖與百丈"野鴨子"話："祖問百丈，是甚麼物？"當下如寶珠擊碎虛空。因說偈曰："徧界純真無雜，豁開劫外優曇。虛空七破八裂，都盧③無聖無凡。"這偈子不知如何發出。此後偈頌，一切處隨說隨有，一日寫百十首。心禪偈、與人問答偈頌，長短總五七百首。我將古人說處印看，亦有合處，然終非悟門，盡皆燒了，惟願諸佛菩薩作證明也。做工夫不到語默不干處，願我生身陷入地獄。又願一切衆生，如我修行，正念現前，禪定自在。

我時下山，途中晝夜疑"一歸何處"話。一切處，一切時，只如是疑，如是提。忽患傷寒瘧痢，整四箇月，空我工夫話頭都打失了。種種言語聰明解會都用不着，仍護持前願。恐我一旦無常，未敢放脅而臥。人問汝病如何？答曰："我尚無我，誰爲病主？"然終亦是強作主張。一日忽聞僧云："一切智智④清淨，無二無二分，無別無斷故。"我聞此語，依他所說一一推究，不知是何如。及問出何經典，僧云《大般若經》。我祈禱諸佛，大限已盡，承聞般若，不昧正因，臨命終時，心無散亂。早得出頭爲男子相，投佛出家，禮善知識，學般若法，究明心地，開導一切衆生。若大限不盡，將前空我聰明及一切異學文字，盡情除去。我做

---

① 卽：同"即"。
② 卓：同"桌"。
③ 都盧：統統，全部。
④ 一切智智：《大日經疏》卷一釋云："今謂一切智智，即是智中之智也，非但以一切種遍知一切法，亦知是法究竟實際常不壞相，不增不減猶如金剛，如是自證之境，說者無言，觀者無見，不同手中庵摩勒果可轉授他人也。"這是以一切智爲知名色等無量法門種種相的權智，而以一切智智爲知法之究竟實際相的實智。

許多時工夫，作許多時模樣打點，惟有偷心未曾歺得。今日以我所聞"一切智智清淨，無二無二分，無別無斷故"話，作箇正念，以爲發明此話。若不發明，而便捨却，當世世以我身，碎如微塵，入微塵獄。若悟明般若大意，不廣開示一切衆生，不入微塵刹國教化一切衆生，同證諸佛無上般若，亦當入獄。舉願後，其病漸見輕微。病既已愈，將此《般若》"一切智智清淨，無二無二分，無別無斷故"話加疑云："此話我因甚透不過？畢竟因甚透不過？"從此發疑叅究，自辦久遠之心。往來蜀川又經八年，是箇呆漢。土面灰頭，齷齷齪齪，受盡辛苦。寒暑不匀，饑飽不節，去住不定，人事不同，工夫不一，不歺不活，無滋無味。這箇般若話，轉疑轉生，欲覓欲斷，甚是費力。轉轉到此，轉轉昏沉，轉轉散亂，昏沉散亂，轉轉太甚。我身我心，及我正念，一向轉轉埋沒。雖是有箇話頭，祇是不得定力，歺歺活活，過了日期。只因我宿障重，轉用心，轉失了。因思古人所教，痛加鍛鍊。或罵或打，至使心地灰歺，做到大休大歇處。知解到此，用心轉近轉遠，轉熟轉生。由此始信古人得此一着，未是容易！又久久方然出定。我云："這許多年，費盡心力，未得一念相應，未嘗一如今日。"都不思議，舉起正念，又依前定去。于定中覺得正念微密渾然，是箇空空豁豁，連箇正念都無所依，至都無所依處，正是不思議處，無邊際之量。又如太虛空，無有一物。忽聞僧云："見無所見，即真見。"我聽得此，此說如太虛空，碎之無跡。豁然如聞百千億霹靂之作，如出百千萬億日輪之照，如百千萬億劫冰山融化，如百千萬億劫一念前後際斷。到此之際，方悟無量劫來，偌大窠臼，頓然脫落。一切智智，無智無非智也。一切見見，無見無不見也。覿體都無，一玄一妙，一機一用，而又一切用，一切機，一切玄，一切妙，一一一切，總然玄妙機用也。無量劫來，縱經生歺。一切因緣，誠然妄幻。

大衆，即此是行脚事，即此是心空及第處，即此是古人田地處。偈曰："佛法都盧只箇空，且非知見立爲宗。十方諸佛全生滅，一切羣靈總幻中。勘破了無些子礙，悟來祇是舊時人。如今叉手歸方丈，一任施爲在豎橫。"般若大禪定，一即一切，一切即一。而無種種，而不無種種。

所以山河大地，森羅萬象，總印我般若之光明。空色妙門，諸佛衆生，全承我般若之慧力。無一物不說般若之法，無一事不任般若之用。十方佛祖，盡以般若說我之一切。雖然如是，也不得自肯，須待作家煅煉始得。我說此空，非學者冊子上卜度口說之空，實工夫做到之空。

我至隆恩見先師，說①："我叅學十年餘，爲己躬事，行脚工夫做到理窮情盡，十方坐斷，凡聖不容，心同太虛，了無一法，即如來清淨覺地。是則求和尚證明，不是求和尚開示。"老和尚云："是那箇是如來清淨覺地？"近前叉手云："是某甲自性。"老和尚云："你道會得從我脚下流出，我難與你證明。"我云："我是，和尚道未是，和尚悮我。我未是，和尚道是，亦和尚悮我。"老和尚云："何不別處去？"我云："天下有過我者，我不踏老和尚門戶。"老和尚云："可近前作禮歸位。"又云："子實到家。"我正目不顧。老和尚云："許你許你。"我亦不顧。老和尚云："我道許你，更疑什麼？子既如是，吾亦如是。"我近前展三禮。老和尚云："子將從前做工夫處，舉似一遍，供養大衆。"我實供說如上做工夫至見諦處，叉手默然。老和尚云："子見諦如何與我不同？"我以兩手大展云："這箇非別。"老和尚云："這箇還着言句也無？"我云："實無一字。"老和尚云："只此無一字處，吾爲汝證明已竟。子可深山茅蓬下，饑餐渴飲，任情逍遙。爲子安號古庭，珍重珍重！"我遂禮辭。老和尚云："子向甚麼處去？"我云："十字街頭，喝佛罵祖去。"老和尚云："子再來否？"我云："不違和尚尊顏。"話畢，驀直出也。我時禮別老和尚，就止金臺大容山，雲水不絕。老和尚恐出世早，命首座云："子別在甚處？"我云："佛祖行不到處。"老和尚云："還許人來否？"我云："坦然無礙。"老和尚云："從上古人，阿誰有超祖之智？"我云："黃檗。"老和尚云："子見黃檗麼？"我云："縱是黃檗，也須見擯。"老和尚云："敢在我這裏說大話！"我云："正眼無私。"老和尚云："觀子知見，吾非子之師也。"我云："無有過量，豈免貶剝？"老和尚云："是，是。我

---

① 【校】刻本"說"字上部殘缺。

昔見古拙老師，十年後付一偈云：'憶昔繁昌一別時，此心能有幾人知？無弦曲子真難續，慧命懸懸付阿誰？'吾居川中，得法之徒十有餘人。正法眼藏，付囑于子。先師慧命，無令斷絕。今將袈裟拂子付汝，爲臨濟正眼。寶重寶重！"我以兩手掩耳，震聲一喝而出。老和尚云："吾道至子大興于世。"起身送行。我則不顧，由此別去。

法　語

　　我本初機，文章佛法固是不會。惟念初祖所教，"外息諸緣，内心無喘。心如牆壁，乃可入道"。我每思豈容措手，縱學百千種神變妙用，三乘五教，諸子百家，至于己之生処，都無用處。佛祖興①悲啟慈，爲一切衆生出現于世，亦方便垂手。將所教向本糸生処上勘，正是妄想，宗門下無許多説，但各悟自心。此心若悟，法自變通。我常閱《華嚴經》，至善財問五十三知識處，及五十三知識答善財處，一一各説一一不思議三昧妙門。于問答處，未嘗見有一法，更經歷一一三昧門，不思議海，諸佛神變，無央數劫説之不盡。若論有法，人人不增。若論無法，人人不減。將謂諸佛菩薩、諸善知識所經遠劫，非一時一息修來。不知心法無二，人自執迷耳。我看彌勒菩薩于彈指際，開毘盧華藏，令善財入百千萬億彌勒樓，禮百千萬億彌勒座，見百千萬億彌勒佛，經歷而出。善財彌勒，無一無二，亦未嘗相去。我于未嘗相去處，頓然會得諸佛大不思議用。我作麼生會？謂學者云：欲要打殺，且放過着。令學者入學者，我于不思議三昧，都無所見，亦無所説。于無所見所説處，與十方諸佛、一切衆生，融會于一念。心心無碍，生佛平等。且諸佛衆生、諸善知識、彌勒善財，于我無一法處。爾等學者，與他相見了也。若一向説都無一法一見，學者向什麼處着力？宗門謂真糸實悟，此是做工夫最上之教。到此要信，佛祖與我及一切衆生，皆有箇大受用妙處。若實所悟，與麼思議不思議！一一塵，一一刹，一一物，一一事，一一心，一一念，總是毗盧華藏世界刹海。我所説者，皆從我心流出。今之學者惟恃多聞，泥執不通。佛祖妙用，及諸佛無碍，諸佛三昧，諸佛禪定，諸佛神變，処心會去。苟不処心，縱有言説，都無所實。

---

①【校】刻本原爲"典"，"典"系"興"之誤。興悲，即發起菩提心。

德山一日飯遲，托钵過堂。雪峯云："鐘未鳴，鼓未響，托钵向什麼處？"德山無語。① 雪峯舉似巖頭。頭曰："老漢未會末後句在。"山謂頭曰："你不肯老僧耶？"頭密啟其意。山次日說法，果異常日。又一僧見雪峯云："是甚麼？"僧亦云："是甚麼？"峯無語。僧到巖頭舉似頭。頭云："雪峯不會末後句。"僧請益巖頭，頭云："雪峯與我同條生，不與我同條殀。要識末後句，只者是。"② 大衆，巖頭果然知末後句麼？據我勘，未夢見在。何故？巖頭不識德山、雪峯。他二老，一箇似直中掩曲，一箇如方裏藏圓，到此正好着眼。且巖頭與麼說，端的是肯他不肯他。若肯他，不合道密啟其意，不同條殀。若不肯他，二老當見在甚麼處？只這裏，大小巖頭，也過不得。有輩拍盲③擔板漢④，不究宗門，果有如此之高論，往往妄認業識，昭昭靈靈，妄據高座，行棒下喝。且善知識，果透得巖頭末後句，棒棒喝喝，四方八面，放大光明。不然，無明人我，一棒一喝，定招惡報。四大分散，打入黑漫漫。大衆，生殀事大，無常迅速，不可不謹！汾陽無業禪師云：古德道人得意後，茅茨石室，向折脚鐺煑飯喫。過三二十年，名利不干儴⑤，財寶不爲念。大忘人世，隱跡巖藪⑥。君王命而不來，諸矦⑦請而不赴。豈同我輩貪利愛名，泪沒世途！如短販人，有少希求而忘大果。誠哉是言！我等惟掠虛頭，妄自尊大。

---

① 此句《五燈會元》作"德山便歸方丈"，其意更切。
② 此則公案見《碧巖錄·第五十一則雪峰住庵》，具述詳悉，錄此以備參究。雪峰住庵時，有兩僧來禮拜，峰見來，以手托庵門，放身出云："是什麼？"僧亦云："是什麼？"峰低頭歸庵。僧後到巖頭，頭問："什麼處來？"僧云："嶺南來。"頭云："曾到雪峰麼？"僧云："曾到。"頭云："有何言句？"僧舉前話，頭云："他道什麼？"僧云："他無語低頭歸庵。"頭云："噫！我當初悔不向他道末後句，若向伊道，天下人不奈雪老何。"僧至夏末，再舉前話請益。頭云："何不早問？"僧云："未敢容易。"頭云："雪峰雖與我同條生，不與我同條死。要識末後句，只這是。"
③ 拍盲：本指拊拍盲人之肩，禪籍中引申爲不灑脫，亦用以比喻未能達到圓融無礙、自證自悟的境界。如宋釋宗杲《文俊禪人求贊》："咄這擔版漢，從來無所知。曾經一頓飽，忘去累年饑。動便觸人諱，拍盲不識時。平生沒活計，赤手討便宜。"
④ 擔板漢：本指背扛木板之人力夫，因其僅能見前方而不能見左右，故禪宗用以比喻見解偏執而不能融通全體之人。
⑤ 干儴（ráng）：儴，此處同"攘"，擾攘意。干攘即干擾。
⑥ 藪：同"叢"。
⑦ 矦：同"侯"。

無明三毒，潛結于心，逆惡境緣，知無解脫。據實而言，舉似宗門事，且不論你知識非知識，除却一切施爲動靜，及語默文字。生处到來，畢竟作麽脫去？不得認着箇处搭搭向良久處妄想，不得執箇轉轆轆向活脫中狂蕩。但有絲毫差別見覺，縱脊梁若生鐵鑄就，機辯如懸河瀉水，未免閻老子打入阿波波、阿吒吒，八寒八熱，萬处萬生。此謂灼然①。聽吾末句，各自檢點。偈曰：

　　昨夜蠛蠓吞六合，虛空撲碎落巖前。
　　山頭白浪沉兜率，海底紅光爐梵天。
　　百億須彌爲我座，三千諸佛列吾邊。
　　任他鐵額銅頭漢，未跨門來先着拳。

師擊拂子，召大衆曰："伏惟珍重！"

門庭施設，問答機緣。講學宗徒，禪那衲子。一一吐盡野狐涎，一一放下虗頭説。了了知覺，心心見聞，物物現前，塵塵顯露。不該一事，不涉一塵。覿體全彰，當機壁立。了了知覺，而知而覺，知覺了了。心心見聞，而聞而見，聞見心心。物物現前，而現前無物。塵塵顯露，而顯露無塵。所以一事不該，一塵不涉，覿體壁立全彰。十方任運，無處不清淨本源；三界縱橫，無方不自己寶所。彼此一切智智清淨，無二無二分，無別無斷故。一切衆生，一切諸佛，亦一切智智清淨，無二無二分，無②別無斷故。既一切智智清淨，覔③什麽佛法語言，玄機妙旨？但有所能，即成魔魅。釋迦老子説一大藏教，實地獄之因。列祖説千七百機，誠輪廻之本。禪者于輪廻地獄心上起一妄念，謂之有佛有道，有行

---

① 灼然：明顯貌。
② 【校】刻本原無"無"字，據《大般若經》及前文，應爲"無別無斷故"，故補之。
③ 覔：同"覓"。

有法，則爲大謑①，自造業因。佛本無成，道本無修，行本無立，法本無學。禪者若論諸佛功德，那一處不具足，那一處隔絲毫？學無學，舉步踏着實地；行無立，動念則是自心；道無修，涉境全無妙用；佛無成，應事物理變通。根塵諸大，總爲無礙解脫光明，所念緣慮便能放光現瑞。只是自家埋沒，于埋沒處，瞥起箇念。向孤峯頂做模作樣，誑惑人天。謂是苦行頭陁②，謂是超羣衲子，更謂我能戒定身根，無爲清淨。此等語正是作業。不然，習得一切禪定，猶須彌山如如寂寂；學得一切佛法，若娑竭海汪汪洋洋。以是而論，亦是造地獄業。豈不知法身無相，量等虛空。禪定佛法，向什麽處莊嚴？將三藏十二部放在什麽處？種種神通妙用，於虛空體上都用不着。更于其中覓一物，是佛是祖是凡是聖，亦不可得。更立一事爲戒定慧，殺盜婬生处涅槃，無明煩惱亦不可得。佛是報化，報化非真。法是幻說，道乃異名，行爲夢境，學者不信。只如過去諸佛，成得箇什麽事，所爲都在那裏。現在諸佛，未來諸佛，總成得箇什麽事，把將三世事來勘。十方諸佛，一切衆生，都在什麽處？學者不思一念普觀無量劫，無去無來亦無住。若是真正衲子，總是佛祖現紫磨金身，種種不思議。佛祖境界，正好截斷。若不截斷，被其熱瞞③。

　　學者糸學，要在見正。所見不正，終始難爲究竟。佛祖無事無依，說一切語言，都無見解，與人終不言是佛是祖。禪者各各起箇妄念，是佛是祖，是經是論，鴉鳴鵲噪，雞啼犬吠，此等在那裏發出，與三藏十二部有什麽差別？自是學者于淨白受用處，自家點汙，作知解，作凡聖，作一切能所見解。即今聽我所說，各各放下。就此舉一念，看最初一念，念起念滅。若起滅無念，這一念即法身，第二念即報身，第三念即化身。如不思議念，即不可思議佛。如是佛刹境界，無一塵不備，無一念不圓。念念是佛刹微塵，念念是佛刹微塵三昧。理無碍，事無碍，理事無碍，

---

① 謑：同"謗"。
② 陁：同"陀"。
③ 熱瞞：著實地矇騙、欺謾。如《楊岐後錄》："師入院，開堂。宣疏了，師云：大眾，大家散去，早落二頭三首。如不散去，今日熱瞞諸人去也。"

事事無碍。學者舉心動念，不作佛見，不作法見，不作知見見，不作見知見見。饑來喫飯，困來打眠，都不理論。即此無一念處，豈不與虛空等量？祖師西來，不立文字，如來始終未嘗說一字。古人說不是心，不是佛，不是物。佛祖得與麼爲人徹骨徹髓，徹尾徹頭，實無一毫佛法禪定埋沒。我所說者，亦無埋沒。

　　我昔參學，便信古人之教，放下自己無量劫來一切身心，只如我之一心，正念正見，除此正念外，再不起第二念埋沒自家。及乎所見既徹，未嘗不以我所見，與學者說之明白。一切佛祖，一切眾生，及學者亦如是知見。以此念念融通，心心無碍。佛祖乃心之妄名，眾生是妄名之佛號。一切妄想，一切緣慮，亦是名號之幻化。此幻化又皆人之正因正念，三昧與麼勘破，無一處不光明盛大，無一事不解脫清淨。上不見十方諸佛，下不見一切眾生。學者依山僧說，將正念作箇主宰。不勞登山涉水，不須討論尋經，一切禪定功德，一切莊嚴佛剎，本身具足，不增不減。佛說一切法，治我一切心。無我一切心，何用一切法？豈不是本分事也？所以一大藏教謂之故紙。一切諸佛諸祖，如閒神野鬼。一切禪意教意，如疴如疣。習定習慧，思惟妄想。凡有所說，終無正見。靈嶽拈花，迦葉微笑。剜肉作瘡，神光斷臂，少室安心，空中釘橛，不可知知，不可識識。山僧因眾說做工夫話，不惜口過，亦是不得已。諸子百氏，佛祖經論，一斷一切斷，方好做工夫。嗟夫！生死無常，大眾歸去檢點。法身無相，等合虛空。妙悟非文，一切無碍。威音那畔，寂兮默兮。空劫這邊，明也白也。淨躶躶，赤灑灑，不載言詮。光爍爍，圓陀陀，絕無窠臼。一一清淨之，清淨遍法界，無不清淨；一一色塵之，色塵盡十方，無不色塵。寂然中寂然，明白處明白。不著空，不著有，而空有真妄之何存？不名凡，不名聖，而聖凡心事之何立？一一諸佛眾生，生佛同源。一一古今，而非古今。一一無去無來，無非去來。與麼則山僧橫說豎說，塵說剎說，一切說，也說不出山僧這片臭爛舌頭。說也得，不說也得，說與不說，一一總得。山僧向定不定、不定定處說。而說說，一一說，未嘗說。在聖不增，在凡不減，無去無來，也要學者知箇下落。

大衆，山僧未開口際，一一見得明白分曉。將山僧掀下座來，爛捶一頓，山僧結舌甘受。衆中莫不有下得手的人，有麼有麼？山僧對衆一一劃斷，收拾結殺①，了無餘藴。學者不得向山僧臭爛舌頭上討氣息，若然，山僧將舌頭鼓動臭爛惡氣，至十方諸佛大不思議三昧世界刹海，振搖十方諸佛大不思議三昧禪定，坐却十方諸佛大不思議之座，演説十方諸佛大不思議三昧之慧。一一諸佛不思議三昧之真如，一一諸佛不思議三昧之般若，一一諸佛不思議三昧之清淨，一一諸佛不思議三昧之平等。此十方諸佛，一切大不可思議三昧，皆不出禪者日用尋常踐履。如果具足正因正學，抱宗門向上志力，行諸佛正因正學三昧。于諸佛三昧外，而一切妙用，一切勝法，一切大用，一切能事，以至聲聞緣覺，有學無學，有漏無漏，大藏一藏，總名生滅妄幻。我説祖師西來，狂心未歇。不立文字，遍界葛藤。直指人心，白雲萬里。見性成佛，自家矛盾。學者向自家立脚處討箇端的，不信我説，縱與佛祖齊驅竝②駕，認箇沒量大人，未免縛脚縛手。雖然恁麼説，你禪者便不得就這無事中放懷穩便，説心説性，説玄説妙，説道理説因緣，苟如不除去此箇念頭，如我所説一切學，一切法，一切因，一切果，大藏小藏，有漏無漏，有學無學，聲聞緣覺，更謂人間天上，總明一一諸佛之光明，又是錯了。何也？因禪者不能夙心于一切佛法世學之外，頓然悟去，所以説爲妄幻。更不以生夙爲念，學一肚雜毒，做許多虛頭。或假以模樣莊設，或執以默然閉目心裏造作，或狂蕩無忌。任學者説得點水不泄，偶一事不順，無明人我，不知不覺做到無結殺處。不自覺轉此念頭，只知檢點諸方，更不回

---

① 收拾結殺："收拾"此指滅除終止。"結"即結使、結習之簡稱，結與使，皆煩惱之異名。繫縛心身，結成苦果，故云結。隨逐衆生又驅使衆生，故云使。結有九種，使有十使。《淨心誡觀發真鈔》上本曰："結使，《成論》云：'猶如乳母常隨小兒，能繫縛生死故名爲結，常隨生死故名爲使，即九結十使。'《大乘義章》五本曰：'隨逐緊縛，稱之爲使。結集生死，目之爲結。結縛衆生，亦名爲結。'""殺"這裏喻指破除，清理。《曹山語錄》有："師曰：'但有一切總殺。'僧云：'忽逢本父母，又作麼生？'師曰：'揀什麼？'僧云：'爭奈自己何？'師曰：'誰奈我何？'僧云：'何不自殺？'師曰：'無下手處。'"（此段本寂禪師所言"我"即指自性。）簡而言之，"收拾結殺"即終止煩惱及終止終止煩惱這一過程，如下文有"做到無結殺處"亦既無煩惱也無無煩惱，無下手處也。

② 竝：同"並"。

頭自理。畢竟生兦如何了也？這等阿師，有日熱病打倒，四大發燒，求生求兦，皆不能得，開眼見鬼。那時，將所學文章佛法、玄妙機用一一拚來，全然無用。古人做工夫處，則不能拚①命向前。古人絕情意識處，則不能刳腸兦智。肆恣妄誕，矜恃所能，色色無慚，誠不克己。形漏磨盡，報業現前。萬兦萬生，脫身無忌。你學者依山僧説，莫學此等虛頭。力究生兦，危亾莫顧。上古之學，最初一念，以期念念兦心于文字之外。俾以自悟，既悟又將所悟拚去。如痴如愚，似不能言中。

古之學也知兦心，其奈餘習未定，不能力行。將諸家文冊相似機緣，向情塵中領畧。步織詞翰，湊合簡篇。或言上堂叅，或言杖下喝。舉時端的似悟，觸境依舊還迷。自瞎瞎他，宗門成患。近古之學而又遠矣！醉心淫舌，沿襲相傳，盡力所言只説見聞情識邊事，正因愈昧，正念全無。放命後，例是打失人身，做神做鬼。目今學者而又不然，欺賢罔聖，濫厠宗門，皆以名利爲正持，雜毒爲正授，所謂大妄。不畏因果，任意兦生。甘心罪業，大衆不覺。切切説許多話，誠無利益。看他古人一語一默，一機一境，得爲學者掀翻無量劫來以至今日所作所爲，解粘去縛，屈己就人，盡機發用。豈似我溫飽無厭，行解不嚴，以少偷心而望大業？然我對衆所舉，我亦無着面目處，況文字語言、之乎者也！兹因衆請，以實供陳，不可不知。努力珍重！

禪門的示，無過教外別傳，絕口絕耳，徧法界性，示等虛空，不絕思惟，全機觸脫。大衆！吾宗諸老，大凡開示拈提，以一喝不作一喝用，爲宗門之的要，多少漏逗！至于打拂敲空謂單傳法，好不慚愧！老僧對衆効古人，也打一拂喝一喝，且道相似不相似？似與不似，置而勿論。只如十方諸佛，歷代祖師，天下老和尚，向這一拂一喝上，不敢正覷。一大藏教，千七百機，及餘諸子百家，總用不着。山僧將古人盡機行不到處，盡力提不起處，不惜情説。欲與祖師證明不立文字，直指人心，

---

① 拚（pàn）：同"拚"，捨棄。

見性成佛之意。山僧舉一喝一拂，就作此用。勘之得透，透之得過。不妨盡大地是學者自己寶華王座，動步無非踏着；脫體是學者自己丈六金身，"天上天下唯吾獨尊"。釋迦老人以茲之說，向靈嶽拈花，平地陷坑，迦葉微笑，果然落塹！教外別傳，將謂多少奇特！"漏笊籬"，"破砂盆"，雖然，且不得作尊貴看。我與禪者說謂證明，不立文字之意，畢竟大意在什麼處。看來祖師也不着，便爲他人事，九年苦苦面壁。及回逼二祖師斷臂，甚夃急。卽此一拂一喝，又向什麼處說話？欲得親切，須是自家工夫做到。此事至禪者分上，端的有放處無放處邪？至山僧分上，端的有用處無用處邪？祖師分上，端的有證明處無證明處邪？豈不知古人用處，則當人用處，未嘗一毫差別。佛說一切法，法是心用。除我一切心，心是法體。我無一切心，心卽是法；何用一切法，法卽是心。山僧向禪者說，實不是說了便休，直欲大法明，祖關透，始是到家地位。其或祖關不透，大法不明，盡百劫千生，學得千經萬論，妙用神通，如阿難目連，馬鳴龍樹，若不夃心做工夫，總名生夃妄想，有何益哉？生夃事大，無常迅速。如喪考妣，如救頭然，誠爲險也！勘他古德，行棒行喝，一機一用，如擊石火，似閃電光。如此作用，恐學者停思停想擬議之間，千里萬里。與麼費盡心力，必期學者向佛祖未開口前全身擔荷。既擔荷已，緘唇封舌，孜孜禪定。所以古人箇箇于生夃岸頭，猶白日青天。佛祖獨言教外一着，忒煞慈悲。于一切時，一切用，盡在學者語默動靜中。同學者于無量劫來，着衣喫飯，屙屎放尿，亦能爲你放大光明，轉大法輪。學者心念與他打成一片，下夃力拚性命做工夫，見箇下落，不可放過。若放過，百千萬劫難似今日。

　　釋迦老子四十九年，橫說豎說，刹說塵說。山僧所謂一拂一喝處，縱橫獨步，千變萬化，種種奇特。你學者聞山僧說，不得作無事種種着到。古德云："學者看千處萬處，不如實看一處。若看破一處，則千處萬處自然一一透過。"山僧說箇譬喻，此事如鳥抱卵，孜孜于動靜處，不失所抱，抱來抱去，時節忽至，殼漏子，七零八落，中間跳出箇活潑潑的來，便能知其饑飽。一動一靜，久久羽力皆全，又是一番無礙。南北縱横，高低遠近，飛騰任意。確然之理，千經萬論，也只與麼説。除此再無別事較量。不然，縱通三藏，窮盡五車，及餘諸子百家，若不夘心做①工夫，有箇悟門，總是外事。

《華嚴經》云："如人數他寶，自無半錢分。"山僧也曾討經論學，機緣到這裏都無用處。川老②云："欲知端的意，北斗面南觀。"透過殼漏子，七零八落。透不過，非但學者，任他川老也難分疏。山河石壁、草木叢林却會此説，古今先聖盡被瞞了。若在此看，往往埋沒。離此別説，而又不然。天以之高，地以之厚，佛祖以之相續慧命、接物利生，山僧以之日用施爲、逢場作戲，學者以之之乎也者、語言文字，百姓以之坐臥經行、着衣喫飯。于事于理，果然親切。既知，正好高坐蒲團，屏絕人事，主賓不立，朕兆勿存。如空中月，無水不形，無處不照。然後于火爐頭，向金剛眼，證據單傳，以報佛祖無報之恩，化人天無爲之化。大道廓然，體無清白，徧一切處，不落有無。在凡在聖，凡聖一源。非去非來，去來一致。山僧爲學者普説于語言文字之外，各各領會。伏惟珍重！

大凡行脚脫生夘，超佛祖，明心地，其實無心可傳，豈可口授？貴在當人辦鐵石心，立脚穩當。觸聲色，遇境緣，或善或惡，須要作主，打併③自己。看果有甚麼堅固處，與麼一看，視如夘人，除斯再不起第二念頭，向上一路。千聖不傳，實欲自家作其轉便，莫若夘心做工夫最爲切實。目今向我所說做工夫處勘得徹，向使百千臨濟德山同時下百千喝，揮百千棒，其實難以近前。審夫一大藏教千七百機，世諦語言文字，總是生夘窠窟。莫若懸崖放捨身命，提無字究他明白分曉，糸他端的下落得力不得力，一静一動，正念相應不相應。糸究要如實打點，不可輕惑。有輩學者，不知糸究，謂坐禪是痴禪守默，提夘話頭。我輩切不可依例

---

① 【校】刻本原爲"故"，據前文，"故"系"做"之誤。做工夫，即練功、下工夫。
② 川老：即冶父道川禪師，簡稱川禪師，南宋人，俗姓狄，人稱狄三，昆山（今山東諸城縣人）。未出家前爲縣衙捕快，常去當地寺廟聽東齋謙首座講禪，出家後改名道川。
③ 打併：即"打並"，拼湊、整合之意。

諤說。古人箇箇因提尒話尒得心地，我輩不曾尒心做工夫，便乃承當說大話，妄取因果。山僧勘來，總是釋迦達磨如此之說。欲尒其心，無如無字尒得學者心地，發明得學者新機活用。是以一箇無字，誠尒心得力之三昧。予觀從上佛祖，尒心禪定，勤苦累劫。學者卽今向熱鬧鬧處、冷氷氷時，提尒話頭。勘提時有間斷無間斷，打點得歷落親切。冷氷氷，熱鬧鬧，動靜昏散，宛然只是一念。念起念滅，更無起滅之相。此是天工克成，將欲至家受用處。若論做工夫到與麼時，正好憤憤，莫顧危亾，大啟疑情，大發正念，不提自提，不舉自舉，活潑潑無一事當情。當知此事，不可認着文字語言，以理自障；或執自妄念，一向守空，昏昧莽蕩，諸佛出世不可救也！禪和家，須是坐斷佛子舌根，透出尒生因果，縱橫自在，饑來喫飯，困來打眠。將山僧所舉，盡言極則處，審其所言，一挨挨定，自然沸湯停瀾，當空日駐，身心境物，融然無雜。空而玄，寂而妙，無前後際，非去來相。到此田地，方是工夫，成心悟地。此際不見一念是諸佛衆生生處，不見一念是諸佛衆生滅處，不見一念是有生滅無生滅處。一大藏教，千七百機，世間出世間法，用亦得，不用亦得。到此方不被語言文字籠罩，方知山僧所言："古人念念在定，于生尒不亂。今人念念在亂，于生尒不定。"山僧嘗以此語抱懷，未肯輕肆，自己一箇正念，亦不敢以歸山住院瞞初機。糸學所見，未敢望于古人。因與大衆較量，不覺忉怛①。伏惟珍重！

若論向上一着，了無別說，惟當人本自具足。文字經論，且無放處。近來諸方學者，盡被古人舌根埋沒，不能決志透脫開口處，情塵知識學解聰明，于自受用中確無的實，豈非自喪己靈？爾若不信，有日病，打將所學所抱，抵當不去，那時方悔錯用心力。學者既是實爲生尒行脚，豈可高心執見聞？恁麼說，便憤志決透去，便揜此生，大捨身命，做大休歇工夫。當知此事非小因緣，必猛利方能入剗。且諸方老宿說，做工

---

① 忉怛：囉唆，嘮叨。

夫于自究竟處，或一年半月一月，或三年五載。有些見解，或聞師家舉似，或看冊子，便認着業識，做模樣，生大我慢，便效古人行棒下喝、瞬目揚眉。學者不知，被他惑了。此箇樣子，正是生厽無明。若或真厽實證，却不恁麼，向本分中綿綿密密下厽志做將去。莫論年久歲深，一念子撥之不開，蕩之不散。時節到來，豆爆冷灰，天翻地轉，打破疑團，虛空粉碎，方是自己大光明處，大受用處。自然頭頭無碍，物物全彰，了無一法可當情說。這邊那畔，通明透徹。凡情聖解，宛爾一如。盡十方世界森羅萬象，總諸佛清淨無碍三昧。到恁麼田地，說甚麼文字情解！根根塵塵，悉是大光明寶。所有時攝十方諸佛光明入一微塵光明，一微塵光明現十方世界諸佛。諸佛非來，我亦非動，寂寂如如，無彼無此。諸佛具大清淨無碍三昧，大解空寂滅三昧，大不思議海種種三昧，乃至不可說微塵刹數，刹塵、塵刹一一具足。十方諸佛定慧三昧，于一毫不從外來。嗟夫！學者于初立志處，擔荷一擔經書字句，口耳傳習，爲其己見，認爲古人用處。古人却不如此，語默動用，別有生機。豈等閒共與卜度？須是具大根器者，聞必敬信，生難遭想。其或我慢矜高，退之遠之。珍重！

諸方學者，爲生厽請益做工夫。于做工夫處，實不曾得箇簡要定格，往往虛度。經云："狂心不歇，歇即菩提。"學者厽究，便歇其狂心，依經所教，將所學文字佛法，及世間欲愛妄想截斷，勿存一毫。古云："挼得一條窮性命，銀山鐵壁也須通。"向前着力，將所教歇狂心處作箇定格。依而行之，極是簡要。既知提一則話，或萬法、無字，自去下疑，默默理會。至所下疑理會處，切勿自作知解，以偷心待悟。念話無疑，以此做工夫，歇狂心，確無相應。今爲汝保任此事，終不虛也！無字話，趙州意，作麼生？無萬法話，畢竟一歸何處？然我所說明白，苟不歇狂心，縱有定慧，亦只徒爲，喻服藥要忌發物。病者學人無量劫來，業識、生厽是也。藥者，無字萬法是也；發物者，狂心念念相續是也。葢萬法無字，古人一時應機。如人問我一事，我必有一事相答。古人說時，實不曾教人言語上用心，欲其直下承當，千了百當。若得得設①，此亦是錯了。趙州古佛因僧問，不得已將錯就錯，然將錯就錯，大藏教亦不出此。又謂做工夫下疑着力，非趙州所教，却是這僧日用自家作計。後之學者，依如是做，未有不悟入妙理真際。嗚呼！學者往往立脚不定，志念不堅，雖叅話頭，實不曾有一箇決定信力。纔上②蒲團，昏散二障通身着到，因此討頭不着。志念稍微，便生退慢。只箇退慢，將謂我乃博地凡夫，且隨例看幾行文字，不虛度日。山僧看來，彼之所事，正是虛度光陰，流浪生处。豈不聞如來訶阿難："汝千日學慧，不如一日學道。"所以退慢生，則懶墮至；懶墮至，則狂念起；狂念起，則撥無因果，無所不爲。尋箇真實做工夫的人，誠然少也。學者將我所謂或無字或萬法，如實而做，又看我簡要之格，及昏散藥忌，一一頓放八識田③中，再向得力下手處討分曉，管取雲門扇子，跳上三十三天，觸着帝釋鼻孔。珍重！

示衆向上一着，固非小事，惟當人極叅，然後極悟。其或未委于聲色空有，妄認業識爲己，道眼不明，埋沒自家，更惑他人。當知佛祖，一言一默，一機一用，痛與發明向上事，不是你情識伎倆。但一切時，內不起心，外不着境。境空心寂，絕思絕慮，直下領悟，頓超佛祖，惟我一念。一念然，則一切念，念念然。若只向情路上立文字、學知解，所謂知見立知，即無明本。《法華經》云："佛謂阿難，彼此空王佛所，同登菩提。爾樂多聞，我勤精進，是故我已得成菩提。"智者忘機，昧④者恣說；智者空見，昧者泥文；智者無着，昧者固執。不知語言文字、知覺見聞、諸子百氏，總生处輪廻種子。經云："以輪廻心生輪廻見，入

---

① 得得：唐人方言，猶特地也。得得設，即特地安排。
② 【校】刻本原字僅存殘筆，據字形及文意，當爲"上"。
③ 八識田：法相宗謂耳、目、鼻、舌、身、意之外，更有末那識、阿賴耶識。末那之義爲我執，謂執持我之見者，即此識也。阿賴耶識者，即末那識所執以爲我者也，其義爲藏，謂能藏一切法。世俗所云神識、性靈，皆指此。所有世間法和出世間法的種子都藏在第八識裏，遇緣則發生現行，猶如田地中放下種子就會發芽生出來，故叫做田。
④ 【校】刻本原字右邊脫落不全，據後文表述及字形，當爲"昧"。

于如來大寂滅海，終不能至。"佛之妙見，見無所見。學者把自己業識放教空去，然後向佛祖教人行處，務欲與之掀翻，見其端的。再將自己妄執心識念處，直從根本截斷。念玆在玆，孜孜勿間。于無間孜孜處痛加一憤，直猛向前，不覺打破漆桶，大地光生，灼破虛空面門，觸瞎如來心眼。糸悟到其極，則敢保向十方佛祖頂門上行住坐臥，無奈你何！不然，莫道山僧不預前與學者說破，世間至大惟生外。珍重！

法身充滿，體徧河沙。妙用無窮，一真獨露。諸仁者，若向己躬下有箇出身之路，何必山僧愣愣切切，汝等東卜西卜？若無這箇消息，未免向第二門頭說葛藤去也。兄弟家，既爲釋門子，勤修般若正因，放下名利虛頭，的明祖佛大意。到這裏，無明人我徹底掀翻，貪愛是非盡情截斷。然後近良朋，親善友，究單傳，明教外。時時檢點，刻刻提持，心心無間，念念密綿。剔起眉毛，不容走作。忽然一念相應，管取慧光獨露。如是修行，吾門真種。近來兄弟家，理不明，道不務，貪着愛染，我慢高矜，種種無慚，恒誇能所，不惜心行。一旦惡業臨頭，那時悔之晚矣！勸兄弟家從今改革前心，依附老成道德，勤勤究明生外，不離本分，自然道香有日。更有一等上座，人前做模打樣，裝神捏鬼，見人有些開解，他便生慢，恨不滅除。及至觀他行履，通身是箇黑漆桶子。一生爲人，只是恁麼伎倆。或有箇漢爲他除病，向他道箇未在，他便生恨恚，無明大起，口裏非言，全然不顧。以這等病根，佛也爲他除之不去。兄弟家，修行要明自己心地，到一切處也須知因識果。凡所作爲，皆屬生滅。若論真正行脚之理，先欲打併得意根空豁豁地，不存微念，然後糸方，要擇伴歸。衆看隣單不是在道之人，切不可與其同行共坐。若不與麼檢點，有失道業。若是上根利志之人，終不效他小輩所爲。縱有些小見解，于諸方老宿門下，一一入他鑪錘鍛鍊。是則深山保任，未是還去打點舊日做工夫處。彷古人行履，斷却自己命根。不得鹵莽爲人，壞古龜鑑。你看他從上古德爲人處，出一語蓋天蓋地，只欲人人實到恁麼田地，達佛知見，覺悟羣生。若是大丈夫漢，聞恁麼說話，不問得失，撒手便行，通身透底，一一放下。然後拔却心肝，抽出五臟，只教他胷次中乾乾淨淨，方可少分相應。從此向去，也不尋問別人，放下面皮，務要將生死做一件大不了的事。古人諸訛公案，顯密門庭，盡平生之力，一槌擊碎。那時文章佛法，從金剛眼裏一一流出，大機大用，取之無盡；大辯大才，用之無窮。到這裏，何用區區學解事業？有時將丈六金身作一莖艸，有時一莖艸作丈六金身。用恁麼說話，須是行到始得。若非自證自悟，到這裏如說夢相似。經云："唯佛與佛，乃能知之。"糸禪人，光陰易往，業報難逃。不如打點自己生死，急去做工夫，也是遲了。莫待四山到來，那時整理不下這箇事務也。須是平日看得破，尋常作得主，于生死岸上，方得自在。若非與麼，縱爾種種學解，問一答十，問十答百，大限到來，難敵生死。審之審之！

禪宗的意，無證無修。佛祖傳心，絕文絕字。法界之性，猶若太虛，不動纖毫，真空絕點。乃佛祖之密傳，實當人之領悟，所以大地是箇解脫之門，通身是隻金剛之眼。說玄而玄不能到，透妙而妙不能通。覷之無踪，窮之有失。雖然恁麼說話，也要實到這般田地始得。不是恁麼人，豈明恁麼事？畢竟事何如？若向這裏具一隻眼，何勞佛祖出定，口喃喃地說道說理，說心說性？且看他佛未出世，祖不西來，還有道理說也無？還有心性說也無？到這裏，不如于己躬下，親見徹去。若是伶俐漢，于自己本分事上，一看看破。始知乾坤之內、宇宙之間，有一輪無價之寶，晝夜放光，輝天鑑地。一切衆生本自具足，不假修持，一一現成。任汝在情塵愛網之中，一靈妙性尋常顯露，情塵愛網，與他各無交涉。恁麼所言，然非說了便休，也須于二六時中向鬼窟裏着些精彩，務要尋箇出身之路。切不可聞聲執着，見色承當。若然，大法未明，祖關未透，用盡辛苦，總是生滅。如從上古德施設之處，行棒行喝，全賓全主，殺活歷然，收放自在。如擊石火，似閃電光。恁麼爲人，皆糸活句。糸學人須是實到這般田地，方有如斯受用。若非恁麼，于他古人一機一語，卒不能了。到這裏，于己躬下一段風光，切切思思，務要討箇分曉。孜孜密究，若十年二十年不徹心地，山僧代汝受一切苦。經云："所在之處，則爲有佛。"恁麼看來，豈用十年二十年？一念回光，早自具足。正恁麼時，什迦①老漢在汝等眉毛上放大光明。若向這裏見得，便知釋迦與迦葉大意，非在花笑之上。畢竟在什麼處？咄！人人眼橫，箇箇鼻直。無量大人，面門光聚。

諸仁者，到這裏見須實見，悟須真悟。臨濟云："面上無位真人。"趙州云："庭前柏樹子。"天龍舉指，石鞏張弓，德山棒，秘魔橛，此是諸老爲人揚向上宗乘的樣子。蓋從上佛祖人人見諦，則一各各拈弄不同。所以云："看千處萬處，不如實看一處。若看破一處，則千處萬處自然透脫。"如川老子②云："欲知端的意，北斗面南觀。"此是這老漢老婆心切。若是靈利衲僧，便知端的。到這裏，莫論北斗，休說南觀，只向他未搖脣動舌之前，一看看破，便知他說那漫天之謊。恁麼看來，豈有他下口之處？莫不山河大地，艸木叢林，古今先聖，天下達道，盡在此一觀破了也。天以一觀而普蓋，地以一觀而普載。佛祖以之而接物利生，衆生以之而建立萬緣。如斯見得這一觀親切，便好休歇度日。有無俱遣，證悟莫存。淘汰得這乾坤如水底月相似，任他風浪掀天，我自凝然觸之不散。若時未至，待龍天推出，方可爲人向火爐頭究竟一箇半箇，以報佛恩；于金剛眼裏留得一機半機，提掇末運。

諸仁者，向這裏不知端的，承當不下，且將本条之話，于動靜中默默自看，是甚麼道理。切須仔細，不可放過。到這裏，若起一念放過之心，劫劫生生，被這放過的心理沒己靈了也。苦哉！非但劫劫生生展轉無有出期。忽有箇具眼漢出來便問，即今甚麼處是這放過的一着子？山僧到此，只得將錯就錯作話會去也。昨夜須彌山被鐵牛吞却，只得老達磨覓東庄王老，問取西來意。山僧不昔，各與二十麤③藤去，會麼？到如

---

① 什迦：即"釋迦"。
② 【校】刻本原爲"了"，"了"系"子"之誤。川老子，即前文之"川老"，"子"爲對人的尊稱。
③ 麤（cū）：同"粗"。

此界，分明見徹，不勞後語，其或未然。諸仁者，目今被葛藤引入鬼窟裏去也。大道湛然，本來廓徹，徧一切處，有何面目？這一着子，在聖不增，在凡不減，凡聖一源，無殊無異。到這裏，擬欲播揚祖道，提唱宗乘，只得掀倒虛空，名重四海，踏翻大地，道振諸方。恁麼爲人，方乃奇特。諸仁者于此散去，各各尋箇方便處安身立命，免被閻羅老子追覔受拷。吾書一偈，以證後來。若然會得，再來喫棒。偈曰：

　　脫殼烏龜騎鐵馬，威音那畔獨瀟灑。
　　翻身撞倒五須彌，縱橫踏殺四天下。

爲四衆説戒

　　諸佛之戒，妙契一心。蠢動含靈，本來無欠。然則蠢動含靈，舉體是戒，況人天四衆而不具乎？此戒即汝等一念清淨之心也。當知心外無戒，戒外無心。心即本源之戒，戒即本源之心。擬欲別求，無有是處。到這裏，一念回光，徹見心源，了知全體是戒。若或不信，向外投塵，非吾門之正宗也。戒實佛祖之根，戒乃衆生之本，未有離根本而獲戒者。當知戒無形相，戒無莊嚴，于心無漏，全彰戒體。吾所言戒，非涉律儀，未名條目，實汝等本源清淨之戒德也。此戒不屬有無，非存持犯。汝等纔出母胎，早自具足。到此仍于面上栽眉畫目，豈非大錯！《梵網經》云："一切衆生，受我本源清淨心戒。"教既已明，若于文言紙墨上受得，將來于菩提心戒終無有實。此戒不擇妍醜及與根缺之人，但具靈識，本來是戒。若能妙契于心，與佛無異。有持有犯，是二乘之戒。無犯無持，是最上乘之戒。此戒謂一切衆生本源妙心正戒，從無量劫來淨潔光麗。即今人人眼目定動，心戒大彰，到這裏，且道是持是犯？若也恁麼見，説于一切處，自然明明歷歷，何曾點汙他來？若舉一念于心外求受別戒，早自埋沒已靈。葢此心戒者，的體淨潔，了無纖染。縱使盡大地都是箇糞坑，與我本來心戒實非相犯。爲汝等無始劫來至于今日，迷頭認影，捨己投塵，勞他佛祖出定，設其對治，演規立矩，然乃用心大切，遇過量人，看來一場敗露。何故？我非貪嗔癡，奚假戒定慧？我心無生殁，安用大涅槃？我心非散亂，何用奢摩他？我心本寂滅，未假求禪定。若能當下發一念金剛不退之心，單去究明本源心戒，舉此一念，得戒已畢。更説他恁麼戒之所犯，戒之所持！一空一切空，一淨一切淨。汝等聞説諸佛本有心戒，不能斷疑，如盲聾瘖瘂。山僧未免重爲開演，顯露真圓，使汝等得入其源，獲本心戒。

　　昔世尊説四衆所受戒文，各有次第。如比丘戒謂二百五十條，比丘尼戒五百條，優婆塞、優婆夷各五條，菩薩有大乘十戒，如來有三聚淨戒。然種種所演差殊，實乃如來悲念所流。教謂多種，一念淨心，實非二三，教分頓漸，心無能所。如教云："心生則種種法生，心滅則種種法滅。"又云："佛說一切法，度我一切心。我無一切心，何用一切法？"心法並空，如大圓鏡。山僧恁麼切切，非誑汝等。汝等于此痛發廣大信心，定獲廣大受用。汝等幸聞律外之戒，實非小可。三世諸佛，因此戒而成等正覺大轉法輪。一切諸生，悟此戒而達本源，脫生夘海。戒源功德，神鬼莫量；戒源踪跡，人天莫測；戒源貌相，佛祖難窺。到這裏，十方諸佛、百億菩薩、無量人天種諸福慧于此本源淨妙心戒，所有功德，于百千萬億分未及一分。若恁麼，便見得去，了知盧舍那即汝等之本身也。

　　山僧到此說戒將畢，未免于諸人分上通箇消息，擊案一下，云："陝府鐵牛心膽碎，嘉州石象頂門穿。會麼？汝等向這裏領會得，不勞舉足。佛祖同源，無持無犯，非戒非心，其或未然，切忌撥無因果。教云：'五戒不持，人天路絕。'珍重！"

心　要

　　此心清淨，人自不知有此清淨。此心明潔，人自不知有此明潔。清淨明潔，本來成現，今更不假修爲而復成也。纔出頭來，早自具足。但能返照，不假言彰。所謂清淨明潔之心，于一切衆生分上未嘗不在。無踪無跡，絕翳絕痕；至堅至固，至清至淨；至虛至玄，至明至潔；無滲無漏，無大無小；非出非入，非外非中；量之無邊，窮之無所；玄中唯玄，妙中極妙，玄玄妙妙，妙心金剛。説此心者，説無説之心，心無心之説，説説無説，心心無心，無心心無。顯一切心，一切心即一心之心。心即一切，一切亦無。一切無心，無心亦無，亦無無心，無心心心。心心心心，悉皆空幻。到這裏，假使大悲菩薩具八萬四千手眼，運八萬四千神通，提之不起，覷之非見，劈之非破，鋸之不分。亦任劫火洞然，此心絕纖毫之損。大哉此心！心心無覓，唯人親證。乃知過去諸佛已説，現在諸佛今説，未來諸佛當説。葢十方諸佛，不離此心，成等正覺；十方諸佛，不離此心，轉大法輪；十方諸佛，不離此心，入諸苦趣中，救拔一切衆生離苦得樂，至諸佛所。聞此心法，豁開心眼，□□□□，得諸無礙。見十方佛，在在處處，不來不去。一念現前，此心空寂。寂寂心空，空空心寂。空寂寂心，寂心空寂。且十方諸佛，于此箇心上，具種種作用，現大神通，大抵爲一切衆生明示此心。一切衆生，諸塵悉淨。除此之外，更無別心。明此之心，更無別説。此心不立纖塵，自然虛靈絕妙。但能默契忘緣，全體真空獨露。

　　吾觀一切衆生，種種造作，種種顛倒，墮于萬類之中，一靈妙心，實無絲毫之欠。經行坐臥，承誰恩力？喜怒哀樂，豈假他光？一動一靜，一飲一啄，一言一默，皆是自己之妙心運用無差。去來有據，如斯看來，諸佛衆生，同一妙心，心心非二。真心寂滅，若太虛之無形；慧見靈通，猶澄淵之湛碧。但此心非義理之説，非文字之解，非引教而通，非能所而見。到這裏，須是佛祖未出，文言未露，天地未判，古今未通。平坦坦的，光淨淨的。于本分中忽爾心開，突出一路，方始相應。若非恁麼，至慈氏佛下生也無棲泊處。只要于自己分上悟此妙心，不得離己別尋。設有所得，非自己之心。此心無青無黃，非赤非白，非名非字，非相非貌。此心徧十方剎，來去無相，山河石壁，不能阻礙。此心非天地測其機，非鬼神知其量。到這裏，自己尚無趣向，況天地鬼神而測知者哉！設使佛祖同源，亦覷之無分。所以此心是箇大光明之寶，無修無證，無得無失，無生無滅，無老無少，無穿鑿，無處所。巍巍蕩蕩，寂寂如如。諸佛之尊，千聖之上。不可比，不可喻。一切眾生，全體具足，妙淨明心，本圓真有。到此切不得于語句上承當、文字中生解，不得廣覽羣書以教印心，不得記持問答逢機酬對。須是自己胷中，蓋天蓋地，貫古貫今，一一流出始得。

經云："唯佛與佛，乃能知之。"然乃恁麼，吾有句駼①：木人眨眼，諸佛盡覩光明；石女動唇，菩薩皆蒙究竟。

---

① 駼：同"驗"。

三昧玄章

　　吾觀大地衆生，一靈真性，觸物現形，徧法界中，頭頭顯露。六根門頭，放大光明。四幻城中，全彰法體。乃佛乃祖，惟此心傳。列聖列賢，單明箇事。立妙立玄，言機言密。即妄即真，于理于事。說有說無，指空指色。非心非佛，是佛是心。以言顯空，以空着言。指物明真，借事彰實。或戲或笑，或語或默，或棒或拳，或噓或喝，或粗或細，或呵或叱，或歌或舞，或進或退，或逆或順，或竪或橫，或定或空，或禪或亂，或異或邪，或塵或俗，或淨或穢。種種相貌，種種術幻，種種言詞，種種揀擇，種種巧機，種種應答。乃至天地日月，星辰江河，園林艸木，石壁瓦礫，淨不淨界，有有無無，聲聲色色，無有一物而不現此三昧實相。良由衆生因無明貪愛，而不能證入。所以劫劫生生，展展轉轉，埋沉己靈，失真三昧，誤入六道，往來四生，受種種苦，求出無期。

　　此三昧體，唯人一靈，曠大劫來，未曾少欠。所以佛祖眼不耐見，從三昧大寂定中强出頭來，不惜泥水，興慈運悲，設百千萬億種神通方便，使人人于意根下，究此三昧清淨真寂之光明，除此別無有念。到這裏，若能捨幻投真，遠塵近寂，于日用中討個分曉，豁然一念相應，了知諸佛無心三昧，即自己無心三昧。塵塵爾，劫劫爾，總是這箇，無非三昧。且這箇道理，于此作麼生承當？體廓太虛，了無邊際。不動纖塵，非中非外。到這裏，若乃存其微念，天地懸遠。譬如太虛之中，空無有量。若住一物，非太虛也。

　　諸佛國土，其理亦然。一切衆生，本源如是。洞然清淨，不立毫塵。光徧十方，無有相貌。諸衆生心，含裹①三界。現三界心，總一真定。到此非得非失，無幻無真。唯一靈明，寂然三昧。一切衆生，既知人人分上具此無心三昧，到這裏，于二六時中，默默照看。看來看去，看到看

---

① 裹：同"裏"。

無看處，自然有箇到家的時節。若能便恁麼會去，別無餘説。設有所説，無過于此。當知諸佛設法，無法爲法，衆生欲契無法爲體。《大般涅槃經》云："無法可説，是名説法。"設有智者，審諦思惟，若能深信斯言，管取悟佛三昧有日矣！

警　徒

　　子既痛決外生，從今日去，永絕學解，純一真潔。務要今生作箇大漢，向佛祖頭上橫眠倒舞。切莫蹉跎懶墮，貴圖溫飽。聞恁麼說，便乃豎起生鐵脊背，大開無情冷眼，緊捏拳頭，高舉正念，念茲在茲，勿容分毫走作。心中憒憒，疑上加疑。直教這一念子劈之不斷，蕩之不分。久久定力現前，四威儀中，忽爾忘却東南西北。到此之時，正好着力，痛加精進。若也孳孳不捨，忽然撞倒崑崙，掀翻大地。直得十方諸佛，歷代祖師，天下老和尚，于這裏無出氣處。仍使六道四生，情塵根識，放大寶光，同一受用。若實做到與麼田地，方顯衲僧家超群越格的手眼。其或不信，今日也恁麼，明日也恁麼，驢胎馬腹裏，決定放你不過。老僧預前與你說破。珍重！勉之！

訓　徒

　　子既實心向道，但看古人一則話："萬法歸一，一歸何處？"須知此事，庸愚之輩，實難相委；大力量者，方堪履踐。此處不得今日提，明朝放。將意根下萬緣盡情放下。平日捨不得的，須要捨却；平日放不得的，須要放却；平日離不得的，須要離却。且捨不得的貪嗔癡，放不得的無明人我，離不得的恩愛利名而已。若謂十八界所蘊塵緣雜染，未可枚舉。今畧言之，以破其毒惡。子既知已，大發信心，立金剛志，盡平生做箇沒伎倆漢。莫管人説你痴憨，直去着實紊究。須知此事，如一人與萬人敵相似。若非具猛勇心，如何近前？又如一人不執器械，欲搏猛虎相似。若怕危亾，如何與他相見？又如一人擔一百二十觔①重擔，溺于深泥，若不加力求出，如何到家？既知生亾恁麼大險，于十二時中，不顧危亾，大捨身命，的的確確，務要見箇分曉。又須知此一則話，于一切處，皆可徵究。迎賓俯仰，着衣坐臥，提瓶放筯②，運水搬柴，痾屎放尿，登山涉水，斸③地烹茶，靜鬧閑忺④，喜怒哀樂，總看箇話頭。恁麼，久久自有箇好處。

　　到這裏，切不得于話頭上別生異念，且這念是甚麼？是當人避喧求寂處也。如叢林中，講究這做工夫一節，多謂尋箇靜辦處穩坐去好。教你知道，且觀盡大地乾坤，那一處不喧喧穰穰⑤？當知此世界，乃五濁之界，實無一處有靜，其靜在于己心之上。到此一心靜，則多心靜；一念寂，則念念寂。今時兄弟家，不知有此方便，強要尋箇靜處。不知起一念，向此世界中求箇靜處，早自是箇不靜的心也。山僧昔年行脚于蜀，

---

① 觔：同"斤"。
② 筯：同"箸"。
③ 斸（zhú）：挖，砍。
④ 忺：同"忙"。
⑤ 穰穰：通"攘攘"，紛亂貌。

往來十載,並無一茅遮頭,單包隻杖,各山討些現成茶飯度日。任有一切諸惡風景,我則不采。恁麼孤切,方得此一着子明白。如今兄弟家,未曾行脚,先慮衣食。于一切處,務要尋箇穩便去處。十年二十年,不明心地,被此一念障阻道眼。子去切忌恁麼詢問,虛實好醜。

逐日工夫,時時檢點。一日要勝一日,一時要勝一時。恁麼綿綿密密,一七日,二七日,自然純熟。到此不得念話無疑,提時須要字字分明,説這做工夫之理,大抵要這話頭明白,疑情易發。若疑情發現,昏散則退。昏散既遠,疑來疑去。時節到來,不覺撞倒露柱,打破漆桶,直得乾坤哮吼,海水飛騰,泥牛吞月,鐵蛇吐雨,木人撫掌,石女心穿。若到這裏,方知達磨西來,費盡神機,及至歸去,分文不值。若實到這般田地,更説甚麼萬法歸一,一歸何處?盡大地是汝痾放處。于這裏,也無道與汝説,也無禪與汝叅,也無佛祖與汝超,也無人天與汝度。縱橫順逆,左右逢源,到此便是一味清淨平等三昧之門。聽吾一偈:

    精研慎究勿容絲,直透威音那畔機。
    豁爾洞明心地印,谿山滿目笑哈哈①。

---

① 哈哈:據《康熙字典》:"又葉許記切,音戲。"歡笑的樣子。

第三卷　古庭禪師《山雲水石集·卷之二》

説

三昧禪定

　　禪定三昧委在當人，諸佛不傳之宗，列祖通誡之旨。若是箇生鐵鑄成無面孔漢，到此不涉疑思，一肩擔荷，方有少分相應。若半信半疑，半進半退，卒不能搆①。學者最初行脚一念，便要信自己及一切衆生，一一具足十方諸佛大三昧定，一一具足十方諸佛大三昧寂滅禪，一一具足十方諸佛大三昧解脱門，一一具足十方諸佛大三昧空際海，一一具足十方諸佛大三昧無礙王，一一具足十方諸佛大三昧無昧智，一一具足十方諸佛大三昧精進力，一一具足十方諸佛大三昧寶華王，一一具足十方諸佛大三昧辯才用，一一具足十方諸佛大三昧無畏説，一一具足十方諸佛大三昧真如藏，一一具足十方諸佛大三昧圓覺域，一一具足十方諸佛大三昧慈忍行，一一具足十方諸佛大三昧圓明種，一一具足十方諸佛大三昧無相見，一一具足十方諸佛大三昧莊嚴劫，乃至一一十方諸佛一一所具一一大三昧禪定，一一大無礙三昧禪定之説。而一切諸佛，一切衆生，一一悉皆平等。

　　此三昧，學者不可作無事會，若作無事會，則着無事魔；不可作種

---

① 搆：同"構"，成就。

種知見，若作種種知見，則着種種知見魔；若作空寂寂空見，則着空寂寂空魔；若作正見，則着正見魔；若作坐禪禪觀見，則着坐禪禪觀魔；若作空有有空見，則着空有有空魔；若作無空空無見，則着無空空無魔；若作空慧慧空見，則着空慧慧空魔；若作智愚守尸見，則着智愚守尸魔；若作知解融會見，則着知解融會魔；若作避喧入定見，則着避喧入定魔；若作觀空無物見，則着觀空無物魔；若作寂靜無境見，則着寂靜無境魔；若作無念無生見，則着無念無生魔；若作動靜即常見，則着動靜即常魔；若作解悟變通見，則着解悟變通魔；若作智慧靈心見，則着智慧靈心魔；若作常樂無我見，則着常樂無我魔；若作會佛法見，則着會佛法魔；若作神通無礙見，則着神通無礙魔；若作沉空無外見，則着沉空無外魔；若作能所隨流見，則着無我隨流魔；若作執禪守默見，則着執禪守默魔；若作諸法合頭見，則着諸法合頭魔；若作一念無爲見，則着一念無爲魔；若作諸禪即法見，則着諸禪即法魔。如上所說一一魔見，悉是學者未悟之際。以其未悟，凡有所說所見，皆至魔論。

　　學者若是箇真正衲子，深發大願，事善知識，將世間一切富貴恩愛，名利豪傑，妄想貪癡，是非人我，及佛見祖見，玄見妙見，一大藏教乘見，千七百機緣見，諸子百家見，盡情打併，使其空空豁豁。只箇空空豁豁一念，亦要去之盡淨。又信我此生，一一務要依十方諸佛所教，依十方諸佛所行。若不至十方諸佛無礙解脫寂滅，正受盡百千萬億劫，將一語爲利養故，妄惑于人，世世生生報入地獄。學者固此一念，若果悟去，于一塵一刹，一切塵，一切刹，刹塵塵刹，現大清淨。當知這一念及一切念，而念念不可度量，不可思議。十方諸佛刹，極微塵刹，數大空寂三昧海，大解脫三昧海，大無礙三昧海，大圓明三昧海，大智慧三昧海，大不思議三昧海，大不可窮盡三昧海，大無邊種智三昧海，大般若無空三昧海，大無見見三昧海。大攝一切佛刹三昧海，入一塵微塵刹三昧海；一切諸佛刹海三昧，入一微塵禪刹海三昧；一一諸佛刹海三昧，入一一微塵禪刹海三昧。現諸佛三昧，入恒河沙禪定三昧，入一念禪定三昧，一一念禪定三昧，至一念海禪定三昧，一一念海禪定三昧，悉皆具足十方諸佛佛刹三昧禪定微塵刹海。一一三昧海，一一三昧刹，一一三昧刹海，一一不可窮盡，一一不可籌量。如我所説，十方諸佛大寂滅性海，一一所具，一一微塵，一一佛刹，于一一微塵，一一佛刹，一一微塵佛刹，至于一切衆生，一切念，一切心，一一一切心念，具有諸佛言詞禪定三昧，一一諸佛譬喻禪定三昧，一一諸佛所證禪定三昧，一一諸佛分布禪定三昧，一一諸佛大小藏乘禪定三昧，一一諸佛了義非了義禪定三昧，一一諸佛本因修證禪定三昧。以諸佛一一禪定三昧，而一一融通，一一無礙。一一念，一一心，一一心念，一一總而禪定三昧也。學者到這裏，正好將十方諸佛髑體，一切衆生鼻孔，穿作一串，提向十字街頭，横拈倒用，放大光明，作種種可畏相好，開種種大寂妙門。一一可畏相好，具現十方諸佛極微塵刹之禪定三昧受用。一一極微塵刹之塵，具含十方諸佛一一大不可思議海，一一無盡藏海，一一大三昧王海，一一大寶覺妙海，一一大淨智妙海，一一大莊嚴域海，一一大言詞無礙海，一一大光明無變異海，一一大化佛無數意海，一一大會十方極微塵刹刹塵諸佛，于一念一一念，念念無來，念念無去海。以此一一諸佛三昧妙海，至我本覺妙明無礙三昧海中，一一開演，一一宣示。或歌或舞，或逆或順，一一歌舞逆順。至使十方佛祖，天下老和尚，吞聲結舌，一大藏教理盡詞窮。

　　如上所説，一一皆出山僧心地法。故爲學者所演，兹因禪者祖心，及一衆禪德，索説禪定三昧，以遺將來。不知不覺，向一毫頭上，流出許多幻説。譬彼幻師依幻而現種種幻事，不可盡窮。彼幻如是，一一所有不可言説。乃至幻于幻幻，于幻幻説，皆從一幻幻出無礙。如我所説，亦如幻師于一毫上，種種幻幻，説之不盡。如大日輪，依空而有，光滿閻浮。如雲雨潤沙界，不可限量，不可思議。我此幻者，所説諸幻，皆我幻禪幻定，一一幻幻。假使十方諸佛，集百千萬億之舌並作一舌，向我所説禪定三昧，郤難下口。末後一句，能斷諸玄。謹白同禪，擬思則錯。

華嚴幻住墨跡

性普禪人持天目幻住翁筆卷索語。曰："我何人斯？敢辱先聖！"固辭弗獲。問曰："禪人何業？"普曰："旦夕誦《華嚴經》。"師曰："《華嚴》我不問。一毛孔具含毘盧不思議海種種三昧，至八萬四千毛孔，你道那一毛孔中具載？道得則與汝書，道不得則持卷去。"普不知所答。曰："吾不書矣。"普無措。謂曰："言外一機，修多教詮之不及；聲前一着，千七話盡之莫能。今古英靈，討頭不着，往往坐在語言文字，界隔多生，輪廻不息。中峰舉達磨大師，謂：'外息諸緣，內心無喘，心如牆壁，乃可入道。'老師如將筆向虛空中，橫織豎織，織出許多錦繡，如優鉢羅華，次第交錯。及乎織到絕筆收拾處，恐學者不知好惡，向他筆頭上描模畫樣，遂告曰：'學者但念念心心如牆壁去，有日必知達磨開口落處也。'只如所教，中峰老師與達磨老祖，大似教小兒讀上大人一般。禪德還會他末後句麼？如要會卻也不難，山僧為禪德點破！會麼？上大人可知禮也，不然直下將牆壁心貼在額上。行也，心如牆壁；坐也，心如牆壁。忽然錯腳，踏翻大地，千七百話，修多羅教，一一總為光明寶幢禪德。我于筆端一毫頭上，竭香水海，掀彌勒樓，倒毘盧殿，直得微塵佛剎，諸佛諸善知識，俛首墮舌。我以我身，一毛一孔，入一一諸佛不思議三昧，經諸佛不思議世界，以一毛不思議世界，至百千萬億，一一百千萬億毛不思議世界。一一毛孔不思議世界，皆具百千萬億微塵佛剎諸佛不思議世界。一一世界，不可思議。一一諸佛，不可思議。一一微塵剎佛剎，不可思議。又我以不思議毛孔諸佛剎海微塵諸佛世界，入彼普賢菩薩。一一普賢，一一毛孔，彼普賢菩薩，一一毛孔，一一普賢，一一普賢毛孔，一一普賢身毛孔中，具有百千億微塵剎彌勒樓，具有百千億微塵剎華藏界。其一一華藏界，一一彌勒樓，一一毘盧殿，我一一演說，一一百千億微塵佛剎世界，諸佛大清淨不可思議三昧。是時普賢菩薩，于一一佛世界，一一分身坐獅子座，住三昧定，運無礙辯，舉神通力，經彼一一毛孔微塵剎佛剎諸佛世界，則知我身入彼一一佛剎微塵佛刹諸佛世界，一一住持，一一演説，一一佛刹微塵刹諸佛不思議。我以一一佛刹微塵刹諸佛世界，一一三昧，一一神用，一一神力，則知諸佛一一世界，則知諸佛一一妙用，則知諸佛一一言詞，則知諸佛一一三昧，則知諸佛神通藏，則知諸佛智慧海，則知諸佛一一智慧神通三昧，一一言詞妙用世界，一一空華夢幻，一一了不可得。而我了彼不可得，如空華，如夢幻，如彼諸佛世界海，如彼諸佛三昧海，如彼諸佛言詞海，如彼諸佛一一毘盧華藏世界海。諸佛幻一一毘盧如來不可説，不可説，轉不可説，轉轉不可説，速起速滅，相繼相承不絶。普賢菩薩向十方微塵刹，一一微塵刹，不思議世界，經千百億微塵刹佛刹，不思議世界海劫，及微塵刹一一海，一一沙，一一劫。而我以毘盧如來三昧，入彼一一普賢，一一衆生，充滿無量。一一不動，以不動故，而我一一身徧滿百千億微塵佛刹諸佛世界，一一不可思，一一不可議。性普禪德，若知山僧所説，則知中峯老翁所説。其所説意，無古無今，無去無來。終日華嚴，華嚴終日，却不待爾循行數墨也。其或不然，則不可依山僧所説，虛閑過日。生处事大，無常迅速。不知不覺，老矣夼矣。眼光落地，四大分散，這裏作麼生拆合去？至祝至祝！"

華嚴大意

華嚴之説，其義也大，其文也長，非盡得其妙者，難以筆舌。毘盧老人，一真三昧，于當人分上最真最切。開口也説着，不開口也説着，開口不開口總説着。一切佛法，一切玄妙，一切機用，一切拈提，一切棒喝，一切語言，一切文字，一切三昧，用則總用，不用則總不用。用與不用，總不相礙。世尊陞座，文殊白槌云："諦觀法王法，法王法如是。"世尊便下座。文殊便是開口用處，世尊便下座是不開口用處。到這裏，世尊説箇什麼？若道有説，文殊早自錯了。若道無説，世尊陞座，又自錯了。若論華藏大意，説與未説，錯與未錯，開口不開口，舉目之間，一點瞞人不得。如趙州問投子："大处的人却活時如何？"子云："不許夜行，投明早到。"似此一問一答，如常人説話，又不曾作機會，又不曾作禪道佛法會。爾之江南，我之湖北；爾之天上，我之人間。四方八面，無不相應。若不到與麼田地，縱將一大藏教一口吐出，堆山塞海，總無用處。世尊未陞座，文殊未白槌，趙州投子未相見，已將全機交付了。盡華嚴法界香水海，一切諸佛諸善知識，却無措手脚處。

經云："如來深境界，其量等虛空。一切衆生入，而實無所入。"既無所入，安有所說？此外不可爲你別加方便。古人云："条須實条，悟須實悟。"如懶融未見四祖，馬祖未見南嶽，他何曾似今學者東卜西卜？個個忽心榻地。學者只知開口處，將謂容易安身着脚；不知未開口時，縱是佛祖也難近傍①。僧問雲門："如何是一代時教？"門云："對一說一。"且道與世尊陞座、文殊白槌，差別多少？僧問趙州："萬法歸一，一歸何處？"州云："我在青州做領布衫重七觔。"這等說話，前後遠近，宛爾一般。古人行到說到，一一皆在大不思議海。昔香嚴和尚在潙山，問一答十，問十答百。潙山向真条實悟處，痛與一剳。嚴不知所以，于是入南陽卓菴，擊竹有省，後出世曰："老僧四十年方打成一片！"趙州和尚二十餘年，除粥飯屎尿，是雜用心處；高峯三十年不出忽關；先師四十年惟一念；長慶稜公坐破蒲團七箇；山僧做工夫十三年，身不放倒，今年七十餘，猶念忽生，未敢離于正念。古人念念在定，于生忽不亂；今人念念在亂，于生忽不定。學者還知正念麼？如前所說，乃如來深境界是也。山僧昔年到先師處，徵問到無結角下手處，不免盡力掀倒。先師說箇是字，如今勘來多少錯。任緣隨分，且待命根子斷。

山僧每于華嚴留心。據我所見，善財条五十三善知識，未嘗動步。五十三善知識教授善財，未嘗開口。我毘盧遮那如來雜華藏海，一字一句，一切字一切句，一一具足，四天下微塵數不可說，轉轉不可說。一一三昧，一一語言，一一香水海，一一輪圍山，一一毘盧華藏，一一彌勒樓閣，一一諸佛菩薩，一一大善知識，一一觀彼所說諸佛華藏，一一語言三昧，一一辯才三昧，一一神通無礙，一一佛神力莊嚴佛刹微塵數

---

① 傍：同"傍"。

諸佛世界，一一諸佛世尊所演佛剎微塵數三昧門，不可思議，微細微細，極微細處，則知諸佛菩薩，及五十三知識所說佛剎微塵數，諸佛藏海一一三昧，于我自受用一真三昧，遮那如來，無增無減，無彼無此。華嚴藏海諸佛菩薩，諸善知識，各各盡彼神通三昧，向我遮那諸佛佛剎微塵數，三昧大不思議海，轉不可說三昧，一一莊嚴，一一文字，一一摩尼寶光明，一一佛剎微塵數寶牀、寶座、寶帳、寶網、寶樹、寶雲、寶蓮花、寶纓絡，一一佛剎微塵數獅子幢雲、摩尼幢雲、燈雲燄雲、華燄雲、香燄雲，一一佛剎微塵數摩尼寶光聚，一一佛剎微塵數諸佛變化莊嚴身，一一佛剎微塵數國城善知識，與夫目前山河大地萬象森羅，種種差別聲音，差別幻化，差別相好，乃至諸大地獄，八寒八熱，萬歿萬生，及彼忉利諸天天樂，一一佛剎微塵數不可說不可說，轉不可說，轉轉不可說，總是箇華嚴藏海一真三昧。與麼則佛剎微塵數華嚴藏海，諸佛，諸菩薩，諸善知識，諸天、人、非人等。而又一一佛剎微塵數不可說，不可說，轉不可說，轉轉不可說。一一四生六道，蠢動含靈，有情無情，一一皆總在我佛剎微塵數極微塵數華嚴藏海，一一混融無礙。山僧如是說，汝等如是聞，諸佛如是住，一切衆生如是見。衆生如是見，諸佛如是住，汝等如是聞，山僧如是說，而又各各一一聞見住說。一一塵沙艸葉，則有佛剎微塵數諸佛世界。一一塵、一一沙、一一艸、一一葉佛剎微塵數諸佛世界，一一經歷諸佛世界三昧，一一諸佛三昧佛剎微塵數世界，了不可得。而我了知一一諸佛世界，種種差別，一切幻化，一一皆不可得，皆不可了，而我知其不可了，不可見，不可得。我常一念恒處于寂滅定，求寂滅法，實無所有，如此則寂滅念中，一切諸佛，一切佛剎微塵諸三昧海，種種莊嚴，種種世界，種種差別，種種供養。諸佛幻化，我亦無念，以茲無念，諸佛幻化，念念具足，念念不違，謂之華嚴法界大意。幻有之說而幻有如是三昧，況八十一軸之文及十法界品之說！不可思不可議，書而盡爲一軸，卷之放之而更收之，與麼則八十一軸。百城烟水，總是外事。諸佛菩薩，諸善知識，皆爲客塵。不妨逆行順行，橫說豎說，塵說剎說。

所以經中道:"由親近善知識,能勇猛勤修一切智道;由親近善知識,能速疾出生諸大願海;由親近善知識,能于一微塵中説法,聲①徧法界;由親近善知識,于念念行究竟安住一切智地;由親近善知識,而能往十方國土。""見善知識,心不散亂;見善知識,破障礙②山;見善知識,入大悲海救護衆生;見善知識,得智慧光普照法界;見善知識,普能覩見十方佛海;見善知識,得見諸佛轉于法輪。"與麽則佛刹微塵數善知識,正好逐位糸求佛刹微塵數諸佛三昧,不妨從頭請問善知識者,有如是不可思議不可説無量無邊清淨三昧。欲親近善知識者,必具大因緣,具無上智,發無上心,經百千劫,久遠不退,始得如是相應。首座只如文殊大士,伸一臂過佛刹微塵數諸佛世界,摩善財頂。山僧不動本座,過佛刹微塵數諸佛世界,將華藏海遮那如來不可思議三昧,向一毫頭滔滔説出!且道與文殊是同是別,非同非別,總同總別?師擲去筆,云:"紙盡矣!卷之。"

示一宗頭陀

師船泊至楚,有頭陀謁之。師問曰:"汝名何也?"彼曰:"一宗。"師曰:"爾何垢面髼頭?莫知一宗否?"彼曰:"固不知,願師究竟。"師曰:"汝爲生夗耶?非爲生夗耶?汝果有生夗耶?果無生夗耶?若論有無生夗則且置,只如道者初進道時,便言有超越佛祖之志。從初入山至今,不知是幾年。與麽垢面髼頭,似與一事無涉道者。汝本分中,與十方諸佛、歷代祖師,眼一般横,鼻一般直,見一般見,聞一般聞。一動一靜,未嘗有絲髮之間。既無絲髮之間,因甚麽在道者分上,垢面髼頭,吞苦忍辛,孜孜不放?在佛祖分上,將箇四大五藴、六根六塵六識,及餘八萬四千毛孔,根根塵塵識識,一一總爲清淨摩尼。印色而作色;印空而作空;印森羅萬象,作森羅萬象;印山河大地,作山河大地;印諸

---

① 【校】刻本此處爲墨方框,據《華嚴經·入法界品十》,缺字爲"聲"。
② 【校】刻本原無"礙"字,據《華嚴經·入法界品十》補之。

佛作諸佛；印衆生作衆生。道者，此摩尼非空非色，非萬象，非森羅，非山河，非大地，非衆生，非諸佛，不無不有，而有而無。道者向此領畧得，便如懶融遇四祖，馬祖遇南嶽。將箇鬅頭垢面之念一一去之，不妨洗面摸看鼻孔，那時始知，日日如是，朝朝一般，又何別有一法可說？清淨摩尼，一一印物。十字街頭，接待往來。三條椽下，鍛鍊衲子。佛來祖來，未可輕放，一一與他案過，印之明白。不然，莫道山僧不與你說破。生夘事大，未可以語言見解與之對敵。且生滅妄想，將山僧所說，盡情截斷。平昔所執、所守，所悟、所得，亦與截斷。直下具勇猛精進，看他佛祖所教向上一着，不着佛句，不着祖句，不着非佛非祖句，語言文字，一一不着。縱做工夫到極靜處，不知不覺偷心四起，聰明忽至，凡有一切言語及知見解會，亦一一莫着。如是固守，如是保持，如是斟酌，自珍自重，然後動靜一如，始終無滯。方解凡聖同途，逆順一轍，靜鬧安然，放收自在。豈不快哉？"頭陀禮謝而去。

無字直說

古人于無字論其所以，惟有靈骨方堪領受。有靈骨者，向趙州未開口處，則知無字下落。知趙州性命七花八裂，豈容疑情及得力也耶？

稍有一箇半箇，向蒲團上留心。彼又不究無字所糸工夫，惟以夘坐，百劫千生，被夘坐埋沒自己。

糸無字，不得作伎倆穿鑿，但依實疑云："趙州意作麽生無？"趙州老婆心切，說無字教學者，大似訓蒙童讀上大人。往往領去，未嘗見有發明處，豈宿無靈骨者耶？

做工夫得力有遲速，有利鈍。葢當人用心，切與不切。只箇切字，乃生夘得力下手處也。

工夫得力，在于當人念念將此做向前，務欲見箇明白，而自然得力矣。豈可上人門戶，看人口動？

又不可于無字上，立知見解會。且無字，却不以知見解會得。明要人去知見解會，做不知見解會，方好近前。若存知見，有所入處，總名知見禪也。

古人云："一一從自己胷襟流出。"又云："從門入者，不是家珍。"縱釋迦老人大智慧辯才，神通三昧總用不着，況些小聰明。趙州無字，三乘十二分教，諸子百家，種種言詞，一一發明，大難討他分曉。除是赤手向前，危亾不顧，淨髁髁看破。那時許伊説無字話，行無字用。若論無字，十方諸佛、歷代祖師、天下老和尚，却難近傍。趙州亦只説得，誠不能與學者加得一毫。學者不信，將知解試看。

諸方以趙州説無字，千百衆中尋半箇得無字人，甚是難也。學者將無字拍盲厹念，念來念去，返被無字空過一生。何止一生？百劫千生也。

無字如醍醐，如毒藥。有靈骨智慧者，念念現前，不知不覺得箇受用，始知一切衆生，本來具足。若無靈骨智慧者，吞箇無字在意根下，如中毒藥。從生至亾，決不知無字所以。向此用心也不難，便打併意根空豁豁地，一日勝似一日，管取念念相應。

學者看無字，如生亾冤家，切不可偷心怠慢。

疑云：趙州意作麼生無？正是得力下手處。疑時，于一切有無得失，靜鬧閑忙，總恁麼疑。疑來疑去，不覺疑情破，祖關透，則大事畢矣。

多見人看無字，每每被昏散二障所侵，不知打點。通身坐在昏散裏，與麼叅禪，豈得有靈驗耶？

爲學者説昏散二障下落，乃當人一箇恣縱心是。苟猛着精神，疑無字如流水，絲絲不間，念念檢點，則昏散自遠。

學者坐中打失無字，念無字不得力，此是貪愛異緣不曾放下。既不曾放，于本叅正念，安能作得主耶？苟如信之，將憎愛人我、苦樂貧富、一切所爲，盡情放捨。果如其教，自然有箇入處。

生處放熟，熟處放生。生者，無字，無量劫來未嘗相識。熟者，異念，愛染護惜不捨處是。幸古人以無字盡力交付，我若不厹心絶念做工夫，此時錯過，欲其再會似今日，誠難誠難。思之思之！

學者自昧，往往被文字知解遞相教授。古人却不恁麼，但厹心做工夫。一言一字，具擇決眼。情解路絕，知見機忘。久久叅疑，自然起悟。

到此方明古人所言不欺也！

　　無字，實一大藏教，詮註不出。惟當人默默用心，自去理會。其用心理會處，亦不得作無字見，但參而疑，疑而悟。除參疑悟三字外，縱有方便又不是也。

　　千七百則，一代時教，向無字氷消瓦解。不然臘月三十日，未免手忙脚亂。當宜究之。

　　或者謂無字乃趙州一期答這僧之問，又謂趙州逢場作戲，隨口建立。如此豈不迂曲？僧問："狗子有佛性無？"州云："無。"這箇無字，自是這僧擔來，亦從他親口出。趙州未嘗添減分毫，就他道無。如今人多少錯解。

　　山僧因問，一時爲學者盡力吐露。學者再不得移易絲毫，從生至殁，疑無字如生殁冤家，務要親證明白這無字。江湖學者，商量浩浩。天下知識開示學者，亦商量浩浩。未審學者知識與麽商量，爲什麽邊事。要知端的，看破無字始得。

　　達磨西來，將箇無字上人門戶，謂有多少奇特。不知十方世界，總是箇無。及見武帝，賣弄不出，遂渡江面壁。且老胡心爲什麽事？學者當參看無字，若看不破無字，則不知達磨下落。

　　問學者，神光斷臂，是知無字不知無字？若知，因甚斷臂？若不知，當思古人用心。

　　有等閑①學者，疑無字，他便障礙，恁麽殁坐，莫若看幾行文字。無靈骨學者被他惑，引入黑黑漫漫，辜負初心。志氣者，又多被聰明學解，喪盡自己。

　　切思身寄空門，心當厭俗。佛祖教誡，念念存思。無字參疑，心心莫捨。智眼大明，慧光迥出。人間天上，獨步縱橫。逆去順來，隨心自在。如此方堪傳佛心印，接引後昆②。不然，虛喪光陰，沉淪生殁。古人

---

① 【校】刻本原爲"開"，據文意，"開"系"閑"之誤。等閑，即尋常、平常。

② 後昆：後嗣；子孫。

叮嚀，殊不爲己，大抵欲學者究明此事。古人爲你説得，你若不行，無奈你何。

佛佛授受，祖祖傳持，不曾私屈學者絲毫。學者不信心努力向前，自家轉便，欲佛祖把箇現成受用與你，安得有此？

古云：「那得天生釋迦，自然彌勒？」此敎于學者大有恩惠。釋迦、彌勒遠劫修來，弃極貴尊榮，未嘗一食一息不舉念爲敎化衆生，同證同得。我等學些知解聰明，即謂超佛越祖，豈不自欺？

學此事，當人自知下手脚處好向前。如何是下手脚處？經云：「言語道斷，心行處滅。」久久条箇無字，不知不覺，向轉身處得箇受用。那時有説無説，總現成。如今諸方未見，有向「心行處滅，言語道斷」處，真条實悟，看他日用所爲，便可知也。

古人一機一境，具大智大用，從胷襟流出。今人也作一機一境，要且實無大智大用。何故？皆緣學力未至耳。具眼學者，一見則知，或若初心盡被瞞了。古人云：「条方須具条方眼目。」不具条方眼目，見他便禮拜，喚作懵懂禪和，奴郎不辯。

祖師云：「不除妄想不求真。無名實性即佛性，幻化空身即法身。法身覺了無一物，本源自性天真佛。」只這裏，學者領會得，山僧則不許你。何故？古人則可，今人則不可。只箇不可，山僧與學者，大有慈悲在。

且學者即今舉一念看，這一念是真是妄。若謂是真，從始至終只是恁麽。若謂是妄，從生至欠必不如是。若謂不真不妄，這裏却從真妄去也。要好學者，向此大欠一番，那時是真是妄，總融通于無礙大清淨三昧。

此事山僧饒舌，爲學者直直傾出，却無許多計較。學者亦依山僧直直做去，時時猛省。務將無字緜緜疑去，疑得東西南北，行住坐臥，總是箇無字，莫顧危亾。若如是，則不負山僧和泥合水。不然，非但山僧，十方諸佛、歷代祖師、天下老和尚，與爾自己，盡被負了。

讀無字，自大慧來，無此洩露。自高峯來，無此詳細。真臨濟嫡派少林血胤也，埋沒昆明幾百年，今日乃始出現人間耳。珍重！

火鑪頭話

萬法歸一，一歸何處？疑云：畢竟一歸何處？復疑云：一歸何處？大起疑情。佛法世事，混作一團。久久疑去，不覺疑釋，大事已明。十方諸佛、歷代祖師、天下老和尚所說都只恁麼。學者離恁麼，別有長處，非佛祖之究竟也。

佛祖相繼之道，非語言及情識量，要下夘志做工夫。不然，機前句外，言說便了，豈非情識量也？學者夘得心地，真實做工夫。如未悟，但默默守去，自有箇道理。豈不聞古人云："久遠劫來，受盡勤苦。"不然，便認個語言情識，現成説話。達磨老子，他是觀音大士，何故九年面壁？

做工夫之切，大抵止要去學者生夘業識。若不加工夫逼挱①，欲業識之見，自然除去，如昧者布網，吹風欲其滿也。當知此事，唯我默默自究，然後自證自得，自然妙達無礙。

這做工夫，説惟我實糸，惟我實悟，豈得咨學口耳，作知解見？至此，若不切實向前，于本糸話頭見箇端的，口説便了，正謂説食欲飽。

出生夘之要，了無秘訣，惟學者疑古人一則話頭。疑這話頭，如人中毒，吐不得，屙不得，夘生不得。其或屙吐、夘生不得處，洞見自己。這裏則知十方世界、微塵剎土，無不是自己。更説甚麼妙理玄文，單傳直指？無量劫來以至今日，一一明白，根根塵塵，悉放無畏百寶光明。如或不信，便認箇昭昭靈靈，困在黑山鬼窟。學者不取，當知生夘緣無量劫，妄識成熟。今日要與從頭至底掀翻，如人落在萬丈深坑，須拚命求做出路，豈小力量所能？

是知不捨種種心，而悟種種見。見無別見，心無別心。心見無二，無二亦非。生滅何立，斯説不假安排造作，必欲孜孜真糸實悟，到家

---

① 逼挱（zā）：猶逼迫。

自知。

　　此事要具堅固久遠之心，如枯木石頭去。果如此，何生死不了，佛祖不超？其或波波挈挈，大限到來，無本可據。

　　佛祖無法與人。因我溺于生死，教以涅槃；因我散亂，教以禪定；因我妄迷，教以真悟。一切皆我自生，非他力也。我既知之，豈可恣我而長淪生死耶？

　　此事，唯人生死急切，精進勇猛，久遠不退。切忌思前筭後，欲進而退。

　　如果痛念生死，將本叅正念加疑，大疑大悟，不疑不悟。疑之不絕，管取推門入臼①。到此洞古洞今，鑑天鑑地。不然，生死岸頭大難作主，可不慎乎？

　　老僧所教出生死，痛與工夫作主。說甚祖師直指，如來別傳，直得十方諸佛，向我手裏乞命。學者孜孜下鐵石冷冰冰心，莫問年月深久，有無得失，但一念不移，萬年如此，管取無影樹頭猿夜嘯，不萌枝上露芳心。

　　學禪乃己躬大事，非心念痛切，具勇猛，加精進，徹尾徹頭，縱佛祖大神通智慧，于我所謂生死，難與着力。學者大起信心，信自己受用，實無佛祖，了無一法。生死者，由我無量劫妄念所繫。此妄猶鏡中相，若或了知鏡體本然，據實所論，超佛祖，破生死，實當人一切處，正念現前，更有何法不明，祖關不透？

　　實欲叅學下死志，四稜着地。又如死人，欲愛妄念無所生也。東西南北，屙屎放尿，坐臥經行，着衣喫飯，輥②作一團，總是箇正念，久久不捨。若不悟去，管取山僧犁耕有分。

　　自佛祖垂教以至于今，方册所載，未嘗有不做工夫出生死者。其或一聞千悟，得大總持，則知用力多劫所至，今方容易。學者不得執容易

---

① 臼：通"䆫"，舊式門上合樺的槽。
② 輥（gǔn）：翻轉、滾動。

處。若容易領略，人皆不肯做工夫也。

此事非小因緣。佛聞半偈，捨全身，修三阿僧祇劫，大根大量，信之無惑。而今學者，説超佛越祖，出離夗生，以爲常話。我見此説，愧之無地。

生夗事大，無常迅速。説之最險，從上佛祖，不顧危亾。一切處，知無別法。非大志莫出，豈論歲月？

不得逐句尋言，要以念念向己心悟去。心悟無法，法悟心法。法心無心，心自法心。心法了然，何心何法？不可以聰明情量工夫做到，方始達佛契祖。

從上佛祖，皆以實言，欲令實悟，不曾教人學知解，知解乃生夗根本。不然，非但屈負佛祖，亦乃自昧己靈。究生夗，須向意根下研窮不已，歲時不怠。工夫做到，始解自己無量劫來，不異今日。

佛祖種種言説，于我己躬，未嘗道着一字。此生夗，我不去着力，欲待誰人？

此心湛湛，然非湛湛相。絕去來今，只此是無礙圓明三昧。學者不得向這裏浸夗，糸而疑，疑而悟，悟而後得。只箇悟字，猶是多了。

欲糸學，此事先打蕩心地乾淨明白。究所糸學處，用心着力，不負糸學之志。

糸禪最要緊處，在當人用心切耳。苟不心切，雖念念有箇話頭，如水浸石頭，縱千百劫不失人身，也只是守尸鬼，終成何用？

做工夫要有憤發，如一人敵千萬人，莫顧危亾，見箇端的。不然，今日明日恁麽，今年明年恁麽，管取至夗亦只恁麽。欲糸而悟，不得縱恣身心，逐名貪利，坐在欲愛之中。生夗非世間事也。將意識截斷，永無相犯。若容一毫，依舊打入黑漫漫去也。

諸方説做工夫話，正如嬰兒飲水，以少爲足。不知大悟十八遍，小悟不計數。又謂如人入海，轉入轉深，豈容易哉？

如今説箇悟處，多少伶俐向這裏錯過。或者不識好惡，于見聞覺知上，有些入頭處，偷心妄想，顛倒錯亂，縱見釋迦老子，亦不知他向什麽處説。他又不知愧恥，可不傷乎？

或者認箇業識，向古人方便用處，一印印定。將幾册經書搜研，裝一肚墨水，以爲是一員大善知識。逢場作戲，便有許伎倆。不念因果，罪報福業。

欲其念念不妥，心心緜密，更加緜密。有日心神内豁，開諸佛心眼，便能攝香水海于微塵界裏，現寶王刹于一莖草上。誠不欺也。

一念透脱，得大三昧種種殊妙。此非知見文字，口説心授。要以禪定無礙大總持力，方能相應。豈不知《圓覺經》云："無礙清淨慧，皆依禪定生。"

佛謂大摩尼寶王，無量劫來，未曾欠少。大丈夫聞恁麽説，豈肯埋沉大寶，孤困伶仃？彼既丈夫，我何不然？

牛首日録

老僧乃山間木石之類，人事禪道，一無所知。獨得山雲水石，便欲老処。所抱未穩，順于情境。一上一下，迎送往來。雖然，事不獲已①也，喚做一時垂手。老僧本分處看，實未見箇頭尾端正的漢。佛法晚矣，人心不古，于煖熱處大家打鬨②。不惜罪福，不念因果，箇箇道好。此等與論，古風高尚。于冷氷氷處，澹薄相守，佯然不理。與其玉石不分，彼此方得一懽喜。古人云："我逢人則出，出則不爲人。我逢人則不出，出則便爲人。"似此説，古人各取一時之便。或出不出，或爲不爲，自然有箇理路，豈是閒説？且道出與不出，爲甚麽邊事？逢與不逢，當時他在那裏存坐？邇來老僧離浮山，到牛首，是出不出？終日碌碌，人事往來，是逢不逢？以此看來，老僧大似箇無機關之木人。圓悟老師云："若論此事，如馬前相撲，騎虎頭，踞虎尾，擊石火，閃電光，豈許有近傍處？"雖然，大凡一事，也要經歷過，胷襟開闊痛快也。

---

① 不獲已：不得已。見《後漢書・獨行傳・嚴授傳》："（張顯）蹙令進，授不獲已，前戰，伏兵發，授身被十創，歿於陣。"

② 打鬨（hòng）：亦作"打哄"，胡鬧，開玩笑。

法融未見四祖天人供養，百鳥銜花，及見後四稜着地，不妨穩當。到此始知，從前所着，屈受許多拘束。而今而後，使伊做模樣與人相見，自覺面熱。此事豈容有着手脚處？冷地推思，好一場笑。怪祖師忒殺慈悲，于己分上，也把不住。說道理，說心性，大似憐兒不惜醜，也怪不得。路遙知馬力，事久見人心。雖然，老僧夜話方丈，未免順時將錯就錯。以己躬下事，大家研究。不得認着見聞知覺，指龜爲鱉，喚鍾作瓶。牛首靈境，祖師道塲，老僧雖是家空四壁，或茶或飯，自不相欺，一味平等。與諸人同于日用，豈敢輕昧？古人遺風日事之餘，不得不以己事遞相較量。老僧此來，非是共爾等打粥飯過日。你等若得一時閒靜，勿將己事虛費過了。豈不思人命不長，光陰易去，信施難消。老僧日逐間，不知是聖是凡，若僧若俗，一一與論，世諦佛法，將長補短，以權就實，未嘗敢欺侮一人。如此留心，大抵要當人向世事上明得一分佛法，于佛法中，勘破一切世事。豈可離此別做活計？或有人向老僧道，一大藏教，千七百機，總是外事，那裏覓取佛法世事去？老僧向他道，怪我不得。若不與麼，怎得與麼？經云："譬如暗室中，無燈不可見。佛法無人說，雖慧不能了。"

三十年前，老僧行脚，諸方學者，莫道沒有。曾遇幾箇禪和，蒲團上孜孜究心，做朵模樣，晝夜歷煉挨拶①。雖是心事未得發明，至于宗門檢點，亦不忝②古人說朵心之眼目也。又見幾位尊宿，或于山間水邊，清心寡慾，也不見禪道文章佛法。𣃁見者，但言老拙不及後生輩，不可埋沒，佛法大事，扶持顛危。老僧親聞此語三十年後，非但朵心，舉起此事，箇箇笑怪所見皆外道，說一切空，朵箇什麼心地？如此之言，佛祖掃地。

石霜和尚云："休去歇去，一念萬年去，古廟香爐去，臘月扇子去，枯木頑石去，一條白練去。"此是古人教人朵心之語。中峯和尚云："舉

---

① 挨拶：擠來擠去，此處指參禪過程中一言一行有機鋒，一機一用如雷霆，要細緻用功參悟。
② 忝（tiǎn）：謙辭。表示辱沒他人，自己有愧。

心盡屬輪廻路，動念無非生歿根。要與太虛無背向，常吞一箇鐵崑崙。"如此説，總是釋迦老人，也索塞斷咽喉。豈容有一點知見？

古人謂："叅須實叅，悟須實悟。"有等學者聞此語，向孤峯頂上，拚捨身命。恨不一念于生歿之際，坐脫立亾。當念頭起時，真有一念喚不回頭之志。宿有根器靈①骨者，必有箇時節因緣。觸着磕着，發明己事。若是有頭無尾漢，自然挨拶不入，便謂佛法無靈驗，撥無因果。胡言漢語，魔魅人家男女，將謂：飲酒食肉，不礙菩提；行淫行盜，無妨般若。如此之言，縱大悲菩薩奮八萬四千手眼神通，救伊不得。放命之後，鐵圍山間，阿波波，阿吒吒，八寒八熱，萬歿萬生，至彌勒下生，轉寄他方，求出無期。我等既立身空門，視生如歿。縱百年富貴，譬猶彈指。若大事未明，縱放光動地，説得點水不漏，生歿不透，總無用處。將古人方便之言，不顧好歹，從頭熟讀。年久月深，一肚墨汁將白淨心田盡染壞了。祖師教人脫生歿，非教人抱文字。若學之乎者也，于生歿上重加生歿。叅學之流，莫存雜毒知解，只吞箇鐵崑崙。或無字，或萬法在伊心田中，將五臟六腑，七情八欲，六根六塵六識，內外經書文字，一塞塞斷，不容絲毫空隙，自然得其定力。捨身受身，如穿衫脫袴。遇善知識，一聞千悟，決然不惑！

今時道流，稍得一知一見，將謂佛祖相繼亦猶如此。殊不知古人得處，千萬辛苦，及其悟後見人，千萬艱難，或遭痛打，或受惡罵，以至執勞負重，種種精進，念念向前，未嘗斯須退慢。凡于所授，如飲甘露，如獲大寶。一旦時節到來，東西南北，天上人間，自然遮他不住。到此田地，天龍恭敬不以爲喜，況世名利哉！老僧向時見先師無際和尚，受盡惡毒手脚，一時機契理合，敢與古人挽手共行。六祖大師，稱一切人爲善知識，佛願一切人至于果位。學人苟能領畧，一肩擔負，老僧合十加額。

古人舉起這着便捨身命，一勇向前，不顧危亾，真實欲見箇下落。

---

① 【校】刻本原字僅存殘筆，據前文《無字直說》中"無靈骨學者被他惑"，此處當爲"靈"。

及其了明，恐不確的，不惜勞苦，尋禮尊宿，審其所以，豈敢一毫怠慢！更三二十年，向人境四絕處，韜光晦迹，保養靈源，澄澄湛湛。或被龍天推出，只向孤峯頂上，十字街頭，等閑發一言。如大日輪，光無不及。今時叅學者最初行脚，便立處不實。不以生夘大事爲念，又豈肯夘得一片心地，效古人受一段大苦？既無苦志，養其利名溫飽之情，無因果，無羞恥，外寂內搖，做假模樣，受天人禮拜供養，尚未足意。如此，望久後生于化樂，誠難得也。

龐居士云："不與萬法爲侶的是什麼人？"馬祖云："待汝一口吸盡西江水，却向汝道。"若論此事，豈得以小根小器、小知小見，而欲坐致太平，現成受用？龐老與麼問，馬祖與麼答。觀其開口發言立意處，一模托出。但擬心，則無是處。大解脫門，無處不建。大般若智，無處不彰。塵塵刹刹，事事物物，一一歷然。無有一物一事，一塵一刹，而不頭頭相撞，步步踏着。如老僧不惜口業，一時打破家當，盡情搬出。任學者于般若解脫田地上，經行坐臥，俯仰折旋，喫飯着衣，屙屎放尿，得大自在，得大受用。若是上根利智，聞山僧所說，一肩負去孤峯頂上，飽食高眠。佛法世法，都無一念。即此都無一念處，泊然無有一事一物爲障爲礙。如此一念萬年，萬年一念。猶太虛空，不與萬象森羅爲礙，豈不名絕學無爲閑道人也？世尊靈岳拈花，迦葉當機發笑。究其所以，皆不出閑道人日用中。學者果見箇下落，將大藏教典總持機緣，放下也得，拈起也得。頭頭上明，物物上顯。古人道："青青翠竹，盡是真如；鬱鬱黃花，無非般若。"其或不然，且向己躬下究明生夘。此生夘，非從天降地湧，乃當人于無量劫來，不知不覺，頭出頭沒，以至今日。苟不奮大力量、大勇猛，將箇四大五蘊，通身打做一片，下夘志做工夫。今日明日，只是恁麼，挨至眼光落地，縱是大悲菩薩千眼放光，千手提挈，亦難代此生夘之苦也！豈不聞常人說，木匠造枷，自作自受。慎之慎之！

如來出世，爲一大事因緣。四十九年，三百餘會塵說刹說，說之不盡。因甚古人教學者，總不要看文字，一切休去歇去？單單提箇話頭，如大夘人。一旦發明所得，則頓見四十九年，三百餘會，盡是外事。既是外事，且釋迦老人面目向什麼處着落？所以宗門下，獨以超佛越祖爲正見。去此超佛越祖，縱現大神通，說過釋迦老人，總無用處。況學者些小學解文字，貢高我慢乎？

老僧初不知所謂宗門下事。凡見箇聰明伶俐人，便信心向前請問，終無一言感發。後于坐中，自家倒斷，自作主宰。古人箇箇說蒲團上竪起脊梁，晝夜不放倒身。十年二十年，一生兩生，只如此坐，謂之坐禪。我寧外依古人所教坐禪，決不更改。以此久久，方得箇糸悟省力處。一切時中，自然坐得徹。豈敢惑人說我大徹大悟？老僧不欺心，真實與你等大家究竟。務要做到超佛越祖田地，庶不負糸學之志也。豈不思達磨初祖到少室面壁，都無所爲。及二祖神光斷臂立雪，祖云："將心來，與汝安。"神光答云："覓心了不可得。"祖云："吾爲汝安心竟。"只此亦無所爲。後來人皆道祖師西來，不立文字，直指人心，見性成佛。六祖大師云："不思善，不思惡，正恁麼時，阿那個是明上座本來面目？"明言下大悟，到此皆無一字。學者欲造到古人田地，須向生处岶頭談笑而化，除此再無第二法。

臨濟和尚云："汝等諸人，赤肉團上有一無位真人，的當甚的當。"檢點學者分上，雖是移遠就近，且不可認着。其實只道得八成，何謂？佛祖分上始得，學者分上不得自瞞。老僧見學者，箇箇所說禪定脫灑處，人人似龍象蹴踏，立在佛祖頭上，不容一切。及其與伊向痛處深錐痛劄無位真人，手忙脚亂，眼花心醉，不知所以。縱有所答，亦猶方木圓孔。學者切勿自執，要以古人未悟之前，外心做工夫處糸究。古人悟後，方便垂手，將箇蜜果放學者口裏，學者不費工夫，現成受用。將謂自家的，也是箇有道尊宿，受人禮拜供養。貪利養，撥因果。中峯和尚云："妄談般若罪無涯，項上先擔生鐵枷。"誠哉斯言也！豈不知臨濟和尚，三次問黃蘗，三翻被打。後到大愚糸問，又遭大愚訶責。及悟，復歸黃蘗。蘗責大愚，恨不痛與一頓始得。古人豈容易得來？雪峯三登投子，九到洞山。宗門之教，燈燈相續，祖祖相傳，未是小事。學者真箇受一段大苦，廢寢忘飡①，三二十年抱此一志，歹中得活，方許有箇說話處。不然，開口便擔生鐵之枷，百千萬劫，欲求脫去，無有是處。

古德云："山僧爲汝發機却有限，不如山河大地一切音聲及自己心念所起，乃是文殊普賢觀音妙門。"無一處不是自家寶所，無一物不是自家珍藏，無一方不是自己田地。與麼則十方世界，總爲遮那法身。一切衆生，無一人不在裏許。既在裏許，爲什麼事有不了處？學者于禪定上，以不動智精進堅固，磨皮至肉，磨肉至骨，磨骨出髓，盡百千萬劫看來看去，以悟爲期，歹中求活。研磨到此田地，便能入四生六道，善惡淨穢之處，說一味平等法。上不見有佛，下不見有衆生。《般若》云："一切智智清淨，無二無二分，無別無斷故。"佛祖爲我等直恁老婆心切，豈不得委任信受，將一切所爲放下，覓箇受用？于打鬨說雜話處，大家較量，遞相保護，一法不爲，與麼挨究，何患祖風不振，己事不明？

老僧不畏罪福，將佛祖百千萬劫受大苦惱，一着大事，拈來逼拶學者，欲學者得大無礙禪定。饑來喫飯，困來打眠，要行便行，要坐便坐，都無安排計較。舉箇話頭，任事不爲。空勞勞年久不易，得大受用。學者不信，反爲自害。學聰明文字，雜毒入心，狂狂蕩蕩，長篇瀾賦，摔引枝蔓②，以爲一生所務，不負于己。據老僧看來，通身錯了。我出家人，既離塵脫俗，欲效佛祖，當知空門之學，究以生歹。若論生歹，豈有閒暇工夫求學文字言語，諸子百氏之學？雖至經天緯地，不過世間功名富貴。一旦數盡，猶夢中事。古德云："名利擾攘裩③中蝨，智識紛爭檻外猿。"誠哉是言！世間最大唯生歹耳，富貴功名直④得幾文？學者去此別究，皆生歹苦本也。

吾門所貴絕知見解會，如枯木頑石，寒灰歹火。縱佛祖放百寶光明，種種語言，玄之又玄，妙之又妙，見與麼事，聞與麼說，正好當頭着棒，

---

① 飡：同"餐"。
② 蔂：同"蔓"。
③ 裩（kūn）：褲子。
④ 直：通"值"。

令伊遠退。方有糸學之分，其或不然。將箇業識身心，這邊經冬，那邊過夏，十年五載，夗不夗，活不活，也說是箇久糸禪和。及將所糸學的一段大事，與伊定當，都無一點分曉。這等學者，總是釋迦、彌勒、文殊、普賢到來與伊說，亦無下手處。糸學中此等之流，如麻似粟。祖風安保其復振哉？永嘉和尚云："外道聰明無智慧，可不傷乎！"

永嘉和尚云："無明實性即佛性，幻化空身即法身。法身覺了無一物，本源自性天真佛。"老僧多年發明，有箇直截處，直下與學者說破。若或領略得去，喚不回頭。一念萬年，萬年一念，如此的當，三世諸佛也索列在下風，況諸方禪子，奈得你何？且道如何是老僧直截處？老僧當時于無明起處，觀彼十方法界，一切衆生，及彼蠢動含靈，將箇無明所以處糸尋佛性，這裏則不見有佛性。所以既無佛性，則不可喚作無明。無明佛性，二俱假立。以此糸破十方諸佛，一切衆生，法身平等，了無一物。到這裏，方見得婬怒癡，即戒定慧。生夗煩惱，菩提涅槃，無一無二。學者若或信之，依老僧說，向自家心地上勘。若勘破自家心地，便佛祖受用。舉心動念，念念現前，心心是佛。到此正好入窮巖絕壑，艸衣木食，都無所慮。挨到命根絕處，撒手向前，正如脫布衫上牀，摩枕放身安樂打眠。宗門中從上古人，例皆如是。我輩若也貪染世事，馳逐聲華，波波挈挈，不究生夗。大限到來，眼光落地，一場大苦。那時，若要似今日聞老僧與你等說佛祖所教，其實難也！古人悟後，細密工夫。所操守處，孜孜兀兀，猶勝未悟時，念念恐有所失。此事本無得失，看來還要自來理會。觀其所以，却與所見滯着處，大段不同。這裏方解古人所教，轉入轉深。高高峯頂立，深深海底行。他得的人，自然丰彩天資逈常。古德云："鐵牛過牕櫺①，頭角四蹄都過得，唯有尾巴過不得。"豈謂等閑？老僧更有一說，其或渾身和箇尾巴都過了，還我公案來。

德山和尚示衆云："道得三十棒，道不得三十棒。"臨濟問侍者："爲什麼道得三十棒，道不得三十棒？若打，接住送一送看如何？"侍者至彼

---

① 牕櫺（chuāng líng）："牕"同"窗"，舊式窗戶的格子。

理前問，德山便打，侍者接住送一送。德山歸方丈。侍者回舉似，臨濟云："我從來疑者漢。雖然，還見德山麼？"侍者擬議，濟便打。學者看古人方便，通箇消息，于臨濟、德山用處討箇下落，然後蒲團深藏機智。或有箇不然漢，看他又不是此等尋常知見，却要向德山、臨濟未發機前，坐他二老舌頭，使有棒舉不起，有口開不得。老僧記得昔因二講主舉此機緣，贈以偈云："臨濟德山太潦艸，古今天下何處討？月照中山猿夜啼，明暗色空依子卯。"講師講得講不得，得與不得三十棒，五音六律從渠唱。所以問禪道佛法，文章世諦，總要當機利害處發明始得，不然，則吾道凌替①。老僧諦觀，從上古德，箇箇于此糸學，鮮有一人不受大苦行脚。入門入室，便受師家打罵。千磨百難，只是令伊無一點糸禪氣息。然後着伊喫茶糸堂，豈等閑立脚？如今學者，飽着一肚禪道我慢，一味莽撞。及其于未相見時，計較百端。不知心地所蘊，盡是一團生死。老僧曾與禪者說，你等擔包負苦，禮善知識，究生死，如禪者未見老僧。及到此處，動靜語言，偷心伎量，只此便是生死根本。不如放下所來之念，一味平等尋常，都無計較伎倆。從生至死，這裏便是出生死處。一大藏教，千七百機，無過教人如此。老僧看來，若論向上透關一着，且不管你悟與未悟，迷與未迷。德山、臨濟盡用古機，總不出你當人一念之處。思此添一事不得，減一事不得。大力量漢聞老僧說，一擔而去，豈不慶快！經云："狂心不歇，歇即菩提。"

　　老僧久不會通宗達士，嘗切切于懷，恐負學者，未審學者還負老僧也。古人云：是你負我？是我負你？到此看來，却是老僧負學者。何謂？老僧在浮山却較些子，老僧來牛首，却沒交涉。然而千鈞之弩，豈爲鼷鼠發機？此事于解路上看，箇箇成佛成祖；于見諦上看，人人造業造罪。老僧不說，恐負你等。這裏須具正眼，透金剛圈，吞栗棘蓬，逢佛殺佛，逢祖殺祖，一切皆殺。若有一事，則禍事生。要得乾淨，和箇自己也殺之盡淨，方始出得生死。于這殺處，苟存一念護惜，則霄壤矣！古人謂：

---

① 凌替：衰落；衰敗。

"不是心，不是佛，不是物。"老僧與麼的實開說，莫顧危亾于鑊湯爐炭，碓搗舂磨，不舉一念求出之心，經百千劫方可論宗門事。不然，説箇即心即佛，人人都會。更説箇非心非佛，學者也知。若要端的向生処際譚笑脱去，誠不敢望也。譚玄説妙，誣謧先聖，聾瞽後生，眼裏無筋，皮下無血。一盲引衆盲，相牽入火坑，豈虚言哉！

今時糸學人如蠅子，有些腥膻氣味便泊。須與枯却，向無氣味處泊。令安在平白地上，從上作家宗師能爲人者，惟有睦州見你有坐地處便刬①却，從頭刬將去。宗師家要與學者遞究生処，須是不順人情。臨濟入門便喝，德山入門便棒。學者要到古人田地，也須処得自己一片心地。將古人受苦處，向前一一經歷。莫起一毫半進半退、半信半疑之心。拚命不顧生処，如一人與萬人敵。久久不覺磕着撞着，猶十日並照，豈不美哉！如今學者目前世事境緣，尚不能打點，況生処乎？他佛祖箇箇不容易得，大抵將不容易得處，拈學者頂上，使學者依而行之。離此再無別説。

十方諸佛，説一大藏教，令有情無情皆得平等，出生処，超佛祖，洞見本地風光。乃云："一切衆生，皆有如來智慧德相。無明妄想，不能證得。"《楞嚴經》云："山河大地，皆是妙明真心中所現物。"老僧看來，忒殺慈悲。八字打開，把手交付。學者不究此説，于自家知見上强立知見。博學多聞，祇以記持得便是好處，却不信要了生処。老僧且與評論。只如我等所學，無過阿難，尚落邪思。何況我等出家兒遠塵囂，甘寂寞，所究者只爲生処。生処既明，將天上天下，惟我獨尊。生処未明，任有富貴功名，文章佛法，振動寰宇，古今無二，總無用處。大丈夫漢，豈得貪一時之樂，甘末劫之苦。直下將所絆，若名若利，及與知見解會，文章佛法，禪道機緣，一截截斷，再不起第二念。如臘月扇子，任他無人覷着，冷氷氷、灰醲醲去。一念萬年，萬年一念。忽若大事已明，生処已斷，便能超佛祖，煆聖凡，一切欺昧不得。學者或做到與麼

---

① 刬（chǎn）：同"鏟"，削除。

田地，老僧見伊，也索焚香稽首。

　　這一着子非小因緣，若不具宿智，縱遇真善知識，傾腸倒腹和盤托出，與伊不能承領。忽若領畧得去，又不能保守。成風成顛，無有忌憚，一味能所。或然説着生死之難，便乃佯然戲笑。不念前途黑漫漫，于欲死不死之際，求生不得，求死不得。古人謂：生龜退殼，活牛剝皮，豈不大苦？若是真實要了生死的，豈肯埋沒自己，唐喪①光陰？直下舉一念如生鐵鑄就，一切情緣境界盡情擯却，只向無字話頭，心心念念，縣縣密密，打成一片。外不見有山河大地人物風境，内不見有佛祖機用玄妙知見。只與麼去，久久定有悟處。又不得作悟會，連箇前後迷悟都消殞盡。然後將佛祖言教一一印之，似空合空，猶水投水，如鏡照鏡，以心印心。到這裏，都無隔閡。塵塵爾，刹刹爾，左右逢源，死生無礙。于此喚作那伽大定。縱終日行，未嘗動一步；終日説，未嘗發一言。尒學人若不親到此箇田地，舉心動念盡成生死了也！

---

①　唐喪：虛度，徒勞。如宋釋紹曇《偈頌十九首》："五十三年行腳，走遍天涯海角，早知唐喪光陰，悔不閉門獨活。"

第四卷　古庭禪師《山雲水石集・卷之三》

論

知見證性

此論獨以見性爲關要，可即知即見，不可離知離見。離知見是謂捨己投塵，即知見是謂認賊爲子。當知真見真知，知無知知，見無見見，了知見無，即無離是真知見也。知非知，則知知無知，不知知亦知知矣；見非見，則見見無見，不見見亦見見矣。人爲知見所迷，予爲知見所悟。人迷知見而失知見，不知知見之所以；予悟知見，而頓證知見，能知知見之所以。人以知見爲別，知見見則迷矣；予以知見而悟，知見見則悟矣。

心佛眾生，三無差別。《般若經》云："無二無二分，無別無斷故。"此理非出常情，非不出常情，卜度大難摩索。蓋知之者，謂見性；見之者，謂知性。非見性而知性，則無以爲知見一、見性一。佛祖相承以來，不爲別事，以心印心，心外無知，以法印法，法外無見。見知心見，知見知心。如鏡照空，似空涵鏡。無變易，無隱顯，無暗明，無色空。不可滯知于寂，滯寂則知見見知而着偏斷；不可任知于情，任情則見知知見而恣物欲；不可求之于有，求有則有諍論；不可取之于無，取無則落因果。可以實悟，可以真叅。未見性者，被知見所縈。已見性者，以知見爲用。如鳥搏空，卷舒自在。乃佛乃祖，未嘗見一人以文字知見而續慧命者。大凡明見己性者，絕情妄，捐利名，甘心于寂寞，苦志于精進。

举一话头，念兹在兹。至此彻见性原，心空法泯，知见无馀。到此始知佛祖所教，诚不虚也！经云："知见立知，则无明本。知见无见，斯卽涅槃。"今我所著知见论，乃正知见，非别知见。灵兮昭兮，道在文字之前；寂兮默兮，性着知见之外。巍巍乎运腾三界，任佛祖之峥嵘；荡荡乎顺逆十方，超龙象之蹴踏。道名亦非立，何为见性？实虚无不属，真有是知。执知见者，不明己性，被地水火风之所拘管，爱欲不除，随他迁变。或若气散魂飘，决无下落。

予云："见性以性，知见则一，无二无三，亲达原底。"不然，论于口耳，卒不能了。盖性乃太虚之空，了无涯际；性犹湛海之澄，实乃渊广。迦叶一笑，世尊付旨于机前；神光作礼，达麼①继命于言外。古今诸老独以见性为宗，逓②相传证。或竖指，或伸拳，或扬眉瞬目，或辊毬③擲杖，或举拂拈槌，或掌拓相呈，或棒喝点示，打鼓吹毛，搬泥拽石，以至张弓持权，语默呵叱，作多种神变。盖诸祖婆心太切，故以真见真知，觌面当机交付学者。不许伫思④，一肩担荷。学者果见性于机缘动静之外，了心于文字语默之前，方知诸祖尽力处，恩大难酬。其或不然，千劫万劫。且若缘见知性，性无性所，因何立见？若缘性知见，见无见所，因何立性？若言不见，即同生盲；若言有见，是为他妄。去此二途，性何所知？这里，纵佛祖舒广长舌放大光明，确难下口。何故？以我知见而知见亦无，无亦无，亦无无矣！

---

① 达麼：即"达磨"。
② 逓：同"递"。
③ 毬：同"球"。
④ 伫思：沉思；凝思。

書

拜 母

子出家行腳，失孝養，背慈育，倏忽二十餘年，爲罪多矣。雖然，百年幻影，無過一期。苟奉如來教，登佛祖位，出生夗輪，將無量劫來冤親平等，況父母邪？母既捨子爲僧，依佛所言，出家功德，莫可涯量。此之功德，皆歸於母。勸母從今以後，返觀自身四大本空，因情故有，以致生夗相續。母但觀我，我我如空，妙相渾然，當體即佛。母以真際爲子，子以無見侍母。母子既空，心情智寂，惟我老母妙性真常。性者，即子即母。性等虛空，廓無邊際。虛空性中，別起一念。母子情愛之見，早自繫心于輪廻生滅之根本也。若就見中著倒，念念不忘，至于六道四生，從劫至劫，了無出期矣。望母一切處，一切時，一切念，但舉一佛號。這一聲佛，實從我母心地流出。母不必多念，惟看這一句佛出處，無起絲毫想子之心。若起此心，則錯過這一句佛也。母于這裏，但記著念頭，也莫作佛想，也莫作子想，及一切妄想，一切頓除。只此頓除之念，亦莫在念。當念處，即得身心頓融，如虛空相似。母與麼見，則爲十方諸佛佛心之所見也。子即母心，母心即子。世出世間，不捨諸佛，同爲眷屬。蓋諸佛菩薩，亦皆從凡證聖。知一切空而不住著，于不住著而非厭離，心得自在，永超生夗。蓋子爲十方諸佛之子，母爲十方諸佛之母。以母之一念，總持十方諸佛之威德。故以子之一心，具足十方諸佛之真智。故母之念，與子之心無差，子之心，與母之念無別。母與諸佛同坐一光，子與眾生實無二見。無彼無此，無我無人。智齊一切，一切即智，智智恒智，了無間斷。心超諸法，永絕生夗。法以心明，智以法遍。法智一空，一空空空。了見如斯，則佛見也。其餘情妄親愛，子久忘矣！老母高萬福。

第四卷　古庭禪師《山雲水石集·卷之三》

通壽兄古松和尚書

別來已久，形流四散。寂寞甘懷，補敝遮寒。潛心密用，掃跡煙嵐，大休人世。奉先德"念念在定"之遺誡，挸盡命根，夃其心地，生滅幻姿，委具寂然者也。若道眼弗明，祖關弗透，擔生夃于顛危，終無他念矣。蓋爲僧者，非枯生夃海、釋空有心，佛祖大恩，莫由可報。故灰頭土面，如大夃人，日夕孜孜，惟一無二。不知不覺，地轉天翻；而見而明，珠回玉變。是以人法雙泯，非是兩空。佛祖位中，不存朕兆。拄杖子任其拈放，栗棘蓬從其吐吞。山川草木，同發一光；通塞晦明，絕無二見。掀翻佛祖，紗在一毫；捏碎虛空，無勞餘力。不拘真諦俗諦，總一切聲即廣長舌相；豈論這邊那邊，盡一切色是無見法身。傷叢林秋季，去聖時遙，人人爭蝸角之利名，懷鵲臭骨董，不務真實，鼓弄虛頭。開口處，多册子上之鑽研；舉念間，盡情塵中之知見。縱其攢花簇錦，合四六以成文，題實對虛，聡①四五而爲句，空持心所，總失正因。縱然覺發本明，未免認賊爲子。似此之輩，以當宗乘如來正法眼藏，未有如今日者矣。予數于方外，歷遍諸老宿門庭。正統甲子春，到金臺。次年二丑，過西山隆②恩，遇箇老作家。他以盡大地作爐鞴③，□④煉佛祖，手拖拄杖，直去掀翻。如此一場，方得大事了畢。自兹復返雲間，安然靜處。每于木人夜語，石女朝歌。不打諸方葛藤，亦任尮尮自在。山光溪色，足已生涯。月轉雲騰，舊時公案，和盤托出，供養吾兄。煩兄鑑諸煨灰，幸也！

---

① 聡：同"聯"。
② 隆：同"隆"。
③ 爐鞴（lú bèi）：火爐皷風的皮囊。亦借指熔爐。
④ 【校】刻本原字脫，據文意，疑爲"烹"。

跋

雪谷師所書《普賢行願品》跋

予以佛眼觀我雪谷和尚，從首至踵，及彼盡虛空，徧法界，山河大地，森羅萬像，總華嚴一佛刹，極微塵不可思議之法界也。非空非色，亦非內外中間，有種種不可說佛刹世界。而一切佛，一切眾生，未嘗與雪谷斯須相背，且無彼此人法境界。雪谷即一切佛，謂之人空；一切佛即雪谷，謂之法空。其或雪谷與佛念念現前，心心無間，謂之一切智智三昧也。雪谷八萬四千毛孔，皆具八萬四千光明之藏海，化為八萬四千之寶幢。一一幢各具八萬四千之香水海，一一香水海各具八萬四千佛刹世界，為八萬四千摩尼寶莊嚴佛刹世界，謂之諸佛法界。其諸佛法界，皆以極微塵數而數之，猶不可思議而為其說也。是則雪谷之身心性情，至于日用一切事，一切為，有無根塵，幻化空色，見聞知覺，一一轉妙法輪，一一語言文字，俱謂華嚴佛刹。一體一用，與一切諸佛、一切眾生，體用平等。而又一切諸佛、一切眾生，六根六塵六識，一一根，一一塵，一一識，與其人物境界，一一交六根六分，則皆我毘盧受用。普賢行門所貴，當處發明，一一無礙，一一現前，轉物為己。始知目前了無一法，十方世界則是雪谷和尚。無內無外，亦無中間。縱一念生滅，昏沉散亂。一一皆乘普賢行願、毘盧華藏，其一一莊嚴，一一供養，一一變現，一一幻化妙用，皆若①太虛之②無量，雲雨之無窮，以此為智智三昧也。蓋"大方廣"乃普賢三昧之行門，"佛華嚴"乃毘盧一真之根本。無生滅，無去來，絕語言，絕文字。一真實際，無量無邊，不可以智知識識。忽然一念返本，則知諸佛三昧正受，內外如一，生佛平

---

① 刻本"若"與"太"之間原有一空格。
② 【校】刻本此處原多一"之"字，刪之。

等。以根本行願，隨處放光。人事往來，施爲動止，喫飯著衣，經行坐臥，聞聲見色，觸境遇緣。一一理事，無礙無遺。以及空空有有之異，物物欲欲之殊，猶鏡照鏡。遍涉行門，通行大智。孜孜無爲，亦無住著。無爲而爲，無住而住。應化隨機，不拘善惡。故華嚴謂一真之宗教，佛所受用，願行宛然，悲智增廣。語其動也，波澄覺海；語其靜也，日麗萬方。因結方成，果圓諸品。若帝珠寶網，上下影聰，誠德備行嚴遍周。

拈 頌

靈山有萬人天，世尊拈花，迦葉微咲。世尊云："吾正法眼藏，涅槃妙心，付囑迦葉，無令斷絕。"

師拈云："釋迦老人臨行，不得命根斷。迦葉雖然發一咲，大似落湯螃蟹。尋常勘則得，衲僧分上二俱當貶。還有知他二老受貶的落處麼？相識滿天下，知心有幾人？"頌曰：

平地無端屈陷人，鐵圍滿處弄精神。
愧他發咲機前禍，妄指寒梅別問春。

維摩詰問文殊："何等見菩薩入不二法門？"文殊曰："如我意者，無言無說。離諸問答，是入不二法門。"文殊問維摩詰："我等各說，仁者當說，何等入不二法門？"維摩默然。

師拈云："舌未動而已動，機未萌而已萌。賓主糸差，語言矛盾，二俱弄巧成拙，將謂大有不肯。文殊見維摩眼目定動。不然，性命在甚麼處？"師拈拄杖云："莫錯過麼。"頌曰：

夜深誰道黑漫漫，無限松聲瀉月圓。
白雪陽春人和寡，豈知潭底有龍螭①？

思禪師問六祖："當何所務，不落階級？"祖云："汝從作什麼來？"思云："聖諦亦不爲。"祖云："落甚階級？"思云："聖諦尚不爲，落何階級？"祖云："如是如是，汝善護持。"

師拈云："桶底脫，鉢盂跳，衲僧家常茶飯。雖然，摩尼藏裏失却摩

---

① 螭：此處意同"蛟"，"龍螭"即"蛟龍"。

尼，生处海中且非生处。祖师道如是护持，不是好心。山僧点破圣谛不
为，正是落阶级处。"颂曰：

> 几声寒鴈度深秋，落处明明知也不①。
> 试问大虫元是虎，之之绕绕卒无休。

初祖西来，神光乞安心。祖云："将心来，与汝安。"光云："觅心了
不可得。"祖云："为汝安心竟。"光回，光礼三拜。祖云："汝得吾髓。"
　　师拈云："一处不成，两处不就。正眼勘来，不出窠臼。初祖似将军出
塞，犯者不存；神光不顾性命，勇而无退。所以万古声光不磨。即今有向
前的麽？纵向前得，臂不完全。何故？不入虎穴，焉得虎子。"颂曰：

> 祖师只麽坐胡禅，若说安心便不然。
> 九载临行由付髓，金刚眼底日沉烟。

石头到思禅师，思问："从什麽处来？"头云："曹溪来。"思竖起拂
子云："曹溪还有这箇麽？"头云："非但曹溪，西天亦无。"思云："子莫
到西天来麽？"头云："若到，则有也。"思云："未在更道。"头云："莫全
靠某甲，和尚也须道一半。"思云："不辞向汝道，恐後无人承当。"
　　师拈云："西天东土不出拄杖子，拄杖子总在西天东土。思问是则
是，头答是未是。莫全靠某甲，要圆话头。处处溪山，家家明月。"击拄
杖云："还有承当处麽？有何交涉？"颂曰：

> 秋中午夜月团团，光极冰轮②水底穿。
> 若向明头问明白，烟笼雾罩满长川。

---

① 不：通"否"。
② 冰轮：指明月。

武帝問達磨：「如何是聖諦第一義？」磨云：「廓然無聖。」帝云：「對朕者誰？」磨云：「不識。」帝不契，磨渡江至少林。帝問志公，志公云：「陛下還識此人否？」帝云：「不識。」志公云：「觀音大士傳佛心印。」

師拈云：「祖師見武帝，猶夜夢人正夢花落鳥空飛。武帝不契，又不契箇什麼？誵訛不少。武帝只知漢語，不識胡言，所以不契也。」頌曰：

一曲村歌唱未闌，那堪雲雨過前山。
西天東土徒來往，自是胡僧不會閑。

臨濟將示滅，囑三聖云：「吾遷化後，不得滅正法眼藏。」聖云：「爭敢滅？」濟云：「有人問，作麼對？」聖便喝。濟云：「誰知正法眼藏？向瞎驢滅却！」

師拈云：「手眼明白，父子親授卽不無，要且不會正法眼藏。」舉拄杖云：「是臨濟不會，三聖不會？也不消得。」頌曰：

春山處處是花紅，好鳥收聲蒼靄中。
陳爛葛藤千七百，龍吟虎嘯奪全功。

雲巖初參藥山，山問：「什麼處來？」巖云：「百丈來。」山云：「百丈有何言句？」巖云：「有時云一句子，百味具足。」山云：「鹹卽鹹味，淡卽淡味，不鹹不淡卽常味，作麼生是百味具足底句？」巖無對。山云：「爭奈目前生処何？」巖云：「目前無生処。」山云：「二十年在百丈，俗氣不除。」又問：「海兄更說何法？」巖云：「有時道三句外省去，六句外會取。」山云：「三千里外，喜沒交涉。」山又問：「更說什麼法？」巖云：「有時上堂了，大衆下堂次。復召大衆，大衆回首，乃云：『是什麼？』」山云：「何不早恁麼道？」巖于言下有省。

師拈云：「作家師範，語默天然。減一絲，肉上剜瘡，添一絲，眼中著屑。不如不添不減，鬼家活計。雲巖言下有省，見箇什麼道理？藥山總是按牛頭喫草，雲巖亦且俗氣不除。"頌曰：

　　　山花爛熳鳥聲聲，丈六金身醉裏行。
　　　更好多情岩上月，寒光午夜觸人清。

夾山糸船子，船子問："垂絲千尺，意在深潭。離鈎三寸，子何不道？"山擬開口，子便打山落水。纔出，子又云："道！道！"山擬開口，子又打。山豁然大悟，點頭三下。子云："竿頭絲線從君弄，不犯清波意自殊。"山進問："拋綸擲鈎，師意如何？"子云："絲懸綠水，浮定有無之意。速道！速道！"山云："語帶玄而無路，舌頭談而不談。"山云："釣盡江波，金鱗始得。"山乃掩耳。子云："如是，如是。"

師拈云："折拄杖善能伏虎，破砂盆惟得降龍。輸他久歷江湖，到底不虛聲價。落水處心跳眼花，點額時顢頇①儱侗②。夾山雖然會去，要且只得八成檢點。將來全無巴鼻，三番四次，好不唧溜。百拶千錐，受用不盡。古人與麼用意，未審圖箇什麼。還會麼？千鈞之弩，不爲鼷鼠發機。"頌曰：

　　　漁歌殘夕晚風流，獲得金鱗暗點頭。
　　　石女跨鸞裏水畔，木人騎鶴上楊州。

藥山問高沙彌云："我聞長安甚鬧。"彌云："我國晏然。"山忻然曰："子看經得？請益得？"彌云："不看經，不請益。"山云："大有人不看經，不請益，爲什麼不得？"彌云："不道不得，自是不肯承當。"

師拈云："此事向明眼人前舉起，面目無放處。高沙彌道我國晏然，藥山轉身依例回向。縱是明眼人也索檢點，若不檢點，打失鼻孔。"頌曰：

---

① 顢頇（mān hān）：糊塗而馬虎。
② 儱侗（lǒng tǒng）：缺乏具體分析，不明確；含混。

幾人得到深微處，碧嶂寒雲眼放眠。
海底天邊光燦爛，珊瑚撐月正團圓。

雲蓋問石霜："萬戶俱開即不問，萬戶俱閉時如何？"霜云："堂中事作麼生？"蓋無對。經半年，乃曰："無人接得渠。"霜云："道則大煞，道只得八成。"蓋云："和尚又如何？"霜云："無人識得渠。"

師拈云："諸佛不出世，祖師不西來，這些子作麼生道？縱是什迦達磨，經三祇劫修來，亦只嘴釅釅地。若開口，則禍事生也。雲蓋經半年道得一句，尚是八成。若是十成，縱是石霜未敢相許。宗門確無一法繫綴，古人一機一境，借路經過，豈許上人門戶？"頌曰：

象鼻岩高笑輥毬，禾山打鼓絕風流。
不知禍事從天降，識得渠兮接得渠。

肅宗皇帝問忠國師："百年後所須何物？"師云："與老僧作箇無縫塔①。"帝云："請塔樣。"國師良久曰："陛下會麼？"帝云："不會。"師云："吾有法付弟子躭源②，請召問之。"

師拈云："國師膽大心麄，不懼生殺。向尊貴位前，大開爐鞴，星火燒天，高舉鉗鎚，電光掣地。雖然，未③免墮在窠臼，難以轉身。帝云請師塔樣，無理可伸，召躭源，露布不少。"頌曰：

聖智聰明振祖風，國師被拶臉通紅。

---

① 無縫塔：僧死入葬，地上立一圓石作塔，沒有棱、縫、層級，故稱無縫塔。以形如卵，又稱卵塔。

② 【校】刻本原字爲"原"，據《古尊宿語錄》及下文，"原"系"源"之誤。躭源，即耽源應真禪師，南陽慧忠禪師的嗣法弟子，於吉州（今江西吉安市）耽源山創建寶安寺弘揚禪法。

③ 【校】刻本原爲"末"，據文意，"末"系"未"之誤。未免，即不免。

舡源詔問依然錯，白日瞞天打脫空。

僧問馬大師："離四句，絕百非，請師直指某甲西來意。"大師云："我今日勞倦，不能爲汝說，問取智藏。"僧問藏，藏云："何不問和尚？"僧云："和尚教來問。"藏云："我今日頭痛，不能爲汝說，問取海兄去。"僧問海，海云："我這裏却不會。"僧舉似大師，大師云："藏頭白，海頭黑。"

師拈云："佛祖出世，你無星事，他無星事。你支吾，他支吾。要知他父子話頭落處麼？"拈拄杖云："黑白分明，勿勞擬議。走殺衲僧，所以如此。"頌曰：

金風撼樹葉頻飄，萬壑千岩凋不凋。
却笑竹梅松頂月，依然常在伴禪曹。

藥山久不陞座，院主白云："大衆久思示誨，請和尚爲衆說法。"山令打鍾，衆方集。山陞座良久，便下座，歸方丈。主隨後問云："和尚適來許爲衆說法，云何不垂一言？"山云："經有經師，論有論師，爭怪得老僧？"

師拈云："一不作，二不休，蒲團禪板鬧啾啾。一不休，二不作，佛殿三門空落落。經有經師，論有論師，爭怪得老僧？是則是，令人疑著。藥山將此等茶飯，搭在面前，且不問你喫得喫不得。座中有喫得的衲僧麼？不知葛藤遍地。"頌曰：

五教三乘各有師，無端平地溺千泥。
覺花梵苑雖寒落，萬紫千紅獲一枝。

百丈上堂，常有一老人聽法。一日不去，丈乃問："何人？"老人云："某甲于過去迦葉佛時，曾住此山。有學人問，大修行人還落因果也無？對他道：不落因果。墮野狐身五百生。今請和尚代一轉語。"丈云："不昧因果①。"老人于言下大悟。

师拈云:"圆陁陁,光爍爍,活潑潑,轉轆轆,落也古殿寒蟾,昧也天高地潤。這一念子,他因甚五百生作野狐身?正好著眼。學者往往將不昧謂其明也。不知涅槃心易曉,差别智難明。"頌曰:

脱落皮膚换却毛,到家方識主人高。
潙山硬向牛書字,任使叢林自貶褒。

雲門大師云:"光不透脱,有兩般病:一切處不明,面前有物,是一;透得一切法,隱隱地似有箇物相似,亦是光不透脱。又法身亦有兩般病:得到法身,爲法執不忘,己見猶存,墮在法身邊,是一;直饒透得,放過即不可,仔細檢點將來,有什麼氣息,亦是病。"

師拈云:"良騎追風兮,夫子讀文。大鵬搏雲兮,魯班輪斧。通身枷鎖太郎當,劫外如今凵②打鼓。大衆!雲門要且不識法身。膿滴滴,血瀝瀝。檢點將來,幾合消得?何故脱體潰爛,向什麽處下手?好誦訛,爭怪得法身病在。"頌曰:

鳳凰池上幾番來,雲霧彌漫一掃開。
悟道如麻還似粟,與誰把手上高臺。

地藏問修山主:"甚處來?"修云:"南方來。"藏云:"南方近日佛法如何?"修云:"商量浩浩地。"藏云:"爭如我這裏種田博飯喫。"修云:"爭奈三界何?"藏云:"你喚什麽作三界?"

師拈云:"村歌社舞,馬大師不少鹽醬。諸方只知飽食高眠,敢保不會祖意在。且祖師意畢竟作麼生會?三日一風,五日一雨。秋來稻上

---

① 不昧因果:是指對於因果報應清清楚楚、明明白白。
② 凵(kǎn):同"坎",鼓聲。凵鼓即坎鼓,指擊鼓。如《詩·陳風·宛丘》:"坎其擊鼓。"

場,歲歲要如此。地藏與修山主道,未審也曾端的來麼?一人似喫飯未飽,一人飲水著噎。雖然,二俱失利。"頌曰:

種田喫飯家常事,就裏諆訛反妙玄。
默坐少林提正令,一花五葉謾相傳。

廓侍者問德山:"從上諸聖向什麼處去也?"山云:"作麼作麼?"廓云:"勅點飛龍馬,跛鼈出頭來。"山便休去。來日山欲出,廓過茶與山。山撫廓一下,廓云:"這老漢方始瞥地。"山又休去。

師拈云:"一處通千處萬處。通一處,會千處,會萬處,會無量無邊香水海,三千大千華藏界。德山老人嘴盧都,大似脚根未點地。雖然,據我勘,也是囫圇吞棗。廓侍者不識用處,已自百拶碎了。諸方持論,謂之蝦跳不出斗①。"頌曰:

一聲雷雨振前山,萬象森羅盡轉顔。
不語語時真語語,三賢十聖那能攀?

僧問趙州:"狗子有佛性也無?"州云:"有。"僧云:"既有,爲什麼却撞入這箇皮袋?"州云:"爲他知而故犯。"又有僧問:"狗子還有佛性也無?"州云:"無。"僧云:"一切眾生皆有佛性,狗子爲什麼却無?"州云:"爲伊有業識在。"

師拈云:"左眼半斤,右眼八兩。千山萬山春色濃,萬山千山秋氣爽。趙州古佛落有無,大似抓頭不是癢。只如達磨面壁,神光斷臂。此豈不是狗子有佛性?及乎返西天,禮三拜,汝得吾髓。此豈不是狗子無佛性?西來祖意無別説。"頌曰:

---

① 蝦跳不出斗:諺語,一般比喻弱者難以擺脫強者的控制。此處"蝦"喻思想,"斗"喻自性。

自家冷煖自家知，涉水登山更是誰。
才子意高心胆大，筆頭點墨振瑤池。

雪峯示眾云："南山有一條鼈鼻蛇，汝等諸人切須好看。"長慶云："今日堂中，大有人喪身失命。"僧舉似玄沙，沙云："須是稜兄始得。雖然如是，我卽不與麼。"僧云："和尚作麼生？"沙云："用南山作麼。"雲門以拄杖攛向前作怕勢。

師拈云："八面狂風，五湖波浪，飄飄落落兮，也是不著。便只如，上不見諸佛，下不見眾生。長慶、玄沙、雲①門被雪峯惑亂。當下有得手的衲僧，痛與掀翻，一塲慶快。"拈拄杖云："照顧脚下。"頌曰：

一條拄杖從拈弄，萬別千差總豁如。
松直鶴長根本事，莫猶緘口坐茅廬。

風穴在郢州衙內上堂云："祖師心印，狀似鐵牛之機。去卽印住，住卽印破。只如不去不住，印卽是，不印卽是。"有盧陂長老出，問云："某甲有鐵牛之機，請師不搭印。"穴云："慣釣鯨鯢沉巨浸，却嗟駐步輾泥沙。"陂佇思，穴喝云："長老何不進語？"陂擬議，穴打一拂子云："還記得話頭麼？試舉看。"陂擬開口，穴又打一拂子。牧主云："佛法與王法一般。"穴云："見箇什麼？"牧云："當斷不斷，返招其亂。"穴便下座。

師拈云："嫩笋細茶，松風石枕，也索是家裏人方知滋味。風穴權衡太過，不能決斷。牧主饒舌，俗氣未除。凡謂鐵牛之機，將示盧陂出陣當鋒，可惜龍頭蛇尾！大眾會麼？彼彼此此，囉囉哩哩。疑出囚人口，花開石碓嘴。"頌曰：

天賦靈機自陸沉，當人錯過謾追尋。

---

① 【校】刻本原無"雲"字，據前文，"門"前當有一"雲"字，故補之。

窗前梅白枝枝玉，砌下黄花朵朵金。

洛浦初叅夾山，山云："雞棲鳳窠，非其同類。出去！"浦云："自遠趨風，乞師一接。"山云："目前無闍黎①，此間無老僧。"浦便喝。山云："住！住！且莫草草匆匆，須知雲月是同，溪山各異。截斷天下人舌頭即不無，爭奈無舌人解語。"浦無語，山便打。

師拈云："柳綠花紅，鶯啼鷰語。打牛皮，搖牛尾，總不出這些子見解。若向無巴鼻處摸著巴鼻，虛空中擊碎虛空，敢保夾山老人亦且望崖而退。洛浦當時待他道'且莫草草匆匆'，連加兩喝，山亦未免手忙腳亂。大衆，洛浦當時一喝就夃，聽其取斷。若不如此，豈有今日？"頌曰：

釘樁搖櫓夃登登，帶水拖泥赤律藤。
不辯來鋒施一喝，深巖古殿撲寒燈。

太陽明安察和尚問梁山："如何是無相道場？"山指觀音："此是吳處士畫。"陽擬進語，山急索云："這箇有相的。"陽言下有省，禮拜歸位立。山云："何不道取一句子？"陽云："道則不辭，恐上紙墨。"山呵呵云："此上石去，在後果上碑。"

師拈云："塵說、刹說、微細說、橫說、竪說、一切說、與麽說，總不如隨例度日。且明安言下有省，禮拜歸位。這些子，恰似高高峯頂立，深深海底行。梁山知伊安手腳處，不覺失笑。美則美矣，爭奈夃馬作活馬醫。"頌曰：

路窮機喪果無疑，撒手懸崖別是奇。
透出目前聲色境，始知下落舊支離。

---

① 闍黎：又作"闍梨"，梵語"阿闍黎（梨）"的簡稱，意爲高僧，也泛指僧人、和尚。

雪峯在洞山會下作典座①。淘米次，山問云："淘米去沙，淘沙去米？"峯云："沙米一時去。"山云："大衆喫箇什麼？"峯乃覆却盆。山云："得即得，須別見人始得。"後果嗣德山。

　　師拈云："佛法無你造作安排處，要首尾見得透徹，不然情生智隔。且雪峯與道麼，畢竟是會洞山意，不會洞山意？洞山不妨作家，也不分訴，只道箇別見人。只此便見得，雪峯被洞山徹頭徹尾勘破也，後果嗣德山。可謂：珊瑚枕上兩行淚，半是思君半恨君。"頌曰：

　　　　覆却盆兮話未休，那堪頭上又安頭。
　　　　果然不是他家客，閬苑騎驢又別游。

　　洞山到北巖禪師處，巖問："甚處來？"山云："湖南來。"巖云："觀察使②姓什麼？"山云："不得姓。"巖云："名什麼？"山云："不得名。"巖云："還有事理也無？"山云："自有廊幕③在。"巖云："還出入否？"山云："不出入。"巖云："豈不出入？"山拂袖出去。巖來日侵早④入堂召洞山，山近前，巖云："昨日祇對上座話，不稱老僧意，一夜不安。今請上座，別下一轉語。若愜老僧意，便開粥相伴過夏。"山云："却請和尚問。"巖云："不出入事如何？"山云："太尊貴生。"巖乃開粥同過夏。

　　師拈云："語言文字，見聞知覺，用則一切總用，不用則一切總不用，所以我爲法王。于法自在與麼，有一法即得，無一法即得。有無無

---

① 典座：僧寺職事名。掌管大衆齋粥之事。
② 觀察使：觀察使是當時地方的最高行政長官，禪宗用以象徵自性。它"不得姓""不得名"，卻"自有廊幕在"。（《洞山錄》）這個"廊幕"亦即表層的、肉體的我。在肉身的裡面還有一個靈性的自我，這就是主人公，即自性，喻爲觀察使。"我"的一切活動，都是自性的作用，本體則如如不動，禪宗還用"不動尊""不病者"來象徵。（本注參引吳言生《臨濟宗禪髓詩研究》，《五臺山研究》1999 年第 1 期）
③ 【校】刻本原爲"即幕"，據《洞山錄》，"即幕"當爲"廊幕"，有覆蓋、遮蔽之意。
④ 侵早：天色將亮時，拂曉，也作"侵曉"。

有，總然即得。大衆，北巖鼓粥飯氣，昨日公案八字不成，今日眼睛洞山有眚①。是則許他，爭奈处水不藏龍。衲僧家到與麼田地，切不可坐成大病。須是興波作浪，攫霧拏雲，始得。"頌曰：

窠臼彌天何太微，霏霏拂拂又依稀。
金輪王子然尊貴，出入誰知犯禁闈。

雲巖、道吾自南泉回藥山。巖問藥山："如何是異類中行？"山云："吾今日困倦，且待別時來。"巖云："某甲特爲此事來。"山云："且去。"巖便出。道吾在方丈外，聞雲巖不薦，不覺咬得指頭血出。吾却下來問巖兄："和尚那因緣作麼生？"巖云："不爲某甲說。"吾便低頭。

師拈云："喝佛罵祖，鍛聖鎔凡，却不是你胡笳曲調。趙璧燕金，珠回玉轉，要且向孤峯頂上，大洋海底，坐臥經行，出入自在。不然，藥山道今日困倦，待別時來。此等之談，使人忩家失業。這箇处漢，已被埋却。只如道吾咬指出血，正謂東家人处，西家助哀。即今還有當機得活的漢麼？有則不負古人。"拈拄杖云："大衆看。"頌曰：

機前用外任于于，孰不隨言被遣拘？
未合作家垂手處，一隅難以返三隅。

夾山上堂云："明不越戶，穴不棲巢。目不顧他位，脚不踏他位裏。六戶不掩，四衢無踪。學不停午，意不立玄。千劫眼不惜舌頭底，萬劫舌頭不顧眼中明。峻機不假鋒鋩②，事到這裏，有箇甚麼事？闍黎，竿頭絲線從君弄，不犯清波意自殊。"

師拈云："打虎之機，拏雲之手。八面威風，十方坐斷。大悲千臂，

---

① 眚（shěng）：眼睛生翳。
② 鋩：同"芒"。

趨向無門。摩醯①三眸，顧鑑無所。只須向佛祖行不到處薦得，方始不受羈絆。要坐便坐，要行便行。且謂夾山上堂，無端傾出這一落索葛藤遍地。端的勘來，未免有損有益，有利有害。殊不知將軍氣宇憑王劍，縱坐清平肯陸沉。"頌曰：

　　靜如止水動行雲，千聖從茲耳不聞。
　　月落窗前終夜事，誰云夏至與秋分。

僧問夾山："撥塵見佛時如何？"山云："只須揮劍。若不揮劍，漁父棲巢。"后僧問石霜："撥塵見佛時如何？"霜云："渠無國土，何處逢渠？"僧后舉似夾山。山乃上堂舉了云："門庭施設不如老僧；入理深談，猶較石霜百步。"

師拈云："兵隨印轉，將逐符行；耀古洞今，珠輝玉振。金剛玉劍，孰敢當鋒？摩尼寶輪，誰能酬價？只此當機不當機，還他言言說到。見諦非見諦，須是步步行來。且如石霜與麼酬唱，夾山與麼披離，果然較百步不較百步？據山僧見，爭之不足，讓之有餘。諸方試檢點看。"頌曰：

　　踏遍千山與萬山，轉身須是脚頭閑。
　　眼空四海無人識，野鶴孤雲任往還。

漸源典禪師②一日持鍬上石霜法堂，東顧西顧。霜見，乃云："作麼？"源云："覓先師靈骨。"霜云："洪波浩渺，白浪滔天。覓什麼先師靈骨？"源云："正好著力。"霜云："一物也無，著什麼力？"源持鍬便

---

① 摩醯（xī）：摩醯首羅，是印度教神話體系中的人物，在色界之頂，為三千界之主，原系印度教所崇奉之創造宇宙的最高主神，佛教視之為色界頂色究竟天之主。
② 漸源典禪師：即潭州漸源仲興禪師，道吾宗智禪師之法嗣，曾為道吾和尚之侍者，並充典座。

行。太原孚云："先師靈骨猶在。"

師拈云："工夫不到，句不方圓；語默不同，終非眷屬。所以一切法，不礙一切事。物物上明，頭頭上顯。此箇道理，一動一靜，見得明白，不妨終日言而未嘗言，自然明暗相通，遐邇一至。漸源、石霜，一人似平地骨堆，一人似因風吹火。孚上座云：'先師靈骨猶在。'畢竟在甚麼處？只是草莽無人。"頌曰：

舍利靈根非好事，何須東去復西來。
還他獅子兒獅子，百獸羣中顯大才。

洞山价禪師解夏上堂云："秋初夏末，兄弟或東或西，直須向萬里無寸草處去。"良久云："祇如萬里無寸草處，又作麼生？"顧視左右，云："欲知此事，直須枯木上生花，始與他合。"石霜云："出門便是草。"後明安云："不出門，亦是草漫漫地。"

師拈云："從上佛祖，有甚麼大奇特處？他只是箇了事凡夫，尋常行履。如紅爐點雪，到與麼田地，語言機境自然合轍，却不是計較思惟中出。摩尼珠，如意寶，要用信手拈來，皆是精金美玉。如今學者，不究此等之妙，知知覺覺上著道。且价禪師與石霜道則且置。明安謂'不出門，亦是草漫漫地'，這裏大好著些精彩，不可放過。"頌曰：

大地山河無寸土，脚頭不動草漫漫。
動於未動較些子，萬國千邦總一般。

僧問洞山："尋常令學人行鳥道，如何是鳥道？"山云："不逢一人。"僧云："如何行？"山云："直須足下無私去。"僧云："祇如鳥道，莫便是本來面目？"山云："闍黎，為什麼却顛倒？"僧云："什麼是學人顛倒？"山云："若不顛倒，為什麼却認奴作郎？"僧云："如何是本來面目？"山云："不行鳥道。"

師拈云："向上一路,千聖不傳;擬議之間,一失永失。所以千聖不傳之妙,即諸佛莫盡之玄。一言之下,心地開通;一軸之中,義天朗耀。學者果能向語言知見上勘得破,無泥滯,深造奧室,一一無二無三,却與三大阿僧祇所悟,更無兩樣。其或不然,三乘五教,皆是障道之因緣,障自心地。學者聞說,切忌認奴作郎。且洞山與麼不放一絲之罅①,未審明甚麼邊事。"頌曰:

竪拂拈鎚賞俊英,一機一境立權衡。
魚行鳥道無人處,垂柳陰陰暗轉鶯。

蛤溪道者相看洛浦,浦問云:"自從梨溪相別,今得幾載?"溪云:"和尚猶記得昔時事。"浦云:"見說道者,總忘却年月也。"溪云:"和尚住持事繁,且容仔細看。"浦云:"打即打會禪漢。"溪云:"也不消得。"浦云:"道者住山事繁。"

師拈云:"作家手眼決不尋常,語脉貫通,天然自在。爾恁麼道,我不恁麼道。爾不恁麼道,我却恁麼道。雖不恁麼,却恁麼的恰好。蛤溪、洛浦,語言返復酬酢②。賓主上勘來,主中有賓,賓中有主,賓主歷然。只如主中主一著,二老未夢見在。此事且置,畢竟是住持事繁邪,住山事繁邪?具眼禪和,試徵別勘。"頌曰:

天翻地轉兩相酬,倒岳傾湫徧地流。
剔起眉毛開豁眼,毘盧頂上輥花毬。

黃山輪糸夾山,山問:"甚麼處來?"輪云:"閩中來。"山云:"還識老僧麼?"輪云:"和尚還識學人麼?"山云:"不然,子且還老僧草鞋

---

① 罅(xià):裂縫。
② 酬酢(chóu zuò):斟酌;考慮。

錢了，然後老僧還子廬陵米價。"輪云："恁麼①則不識和尚。未審廬陵米作麼生價。"山云："真獅子兒，善能哮吼。"

師拈云："機輪轉處，彼此相吞；正令當頭，外活未放。珠走盤，盤走珠。劫外風光，目前茶飯。井覷驢，驢覷井，不妨箭中紅心。要且君臣道合，父子相投。真獅子兒，善能哮吼。雖然，爭奈只具一隻眼。"再拈拄杖云："觸之則瞎，背之則喪。不觸不背，夾山與黃牛，畢竟向甚麼處相見？"頌曰：

千里同風不異求，夜深明月轉高樓。
弄潮無限人誇賞，幾箇當場得出頭。

九峯虔②在石霜作侍者，石霜遷化，眾欲請堂中第一座接續。峯不肯，乃云："待某甲問過。若會先師意，某甲當如先師侍奉。"遂問首座云："先師道休去歇去，一念萬年去，寒灰外火去，古廟香爐去，一條白練去。且道明什麼邊事？"座云："明一色邊事。"峰云："恁麼則未會先師意。"座云："你不肯我邪？裝香來。"座乃焚香，云："我若不會先師意，香烟起處，脫去不得。"言訖，便坐脫。峯乃撫其背，云："坐脫立亡，則不無先師意未會在。"

師拈云："眼橫鼻直，頂圓足方，耳朵連腮，兩片頑皮，嘴唇搭舌，一張臭口。通身儱侗，脫體顢頇。有時南嶽天台，有時西乾竺國。三更日午，來去自由。什迦達磨，綽然不識。這裏還有識得的麼？只如九峯道，首座坐脫立亡，則不無先師意未會在。大眾，九峯與麼不肯首座？

---

① 【校】刻本"還"與"則"之間脫落九字，據《五燈會元》卷六黃山月輪禪師參夾山公案，缺字為"子廬陵米價輪云恁麼"，故補之。此公案茲節錄如下：撫州黃山月輪禪師，福唐許氏子。初謁三峰，機緣靡契。尋聞夾山盛化，乃往叩之。……一日，夾山抗聲問曰："子是甚麼處人？"師曰："閩中人。"山曰："還識老僧麼？"師曰："和尚還識學人麼？"山曰："不然。子且還老僧草鞋錢，然後老僧還子廬陵米價。"師曰："恁麼則不識和尚也。未委廬陵米作麼價？"山曰："真獅子兒，善能哮吼。"乃入室受印，依附七年。

② 虔：同"虔"。

果有什麼意在？若無，則生陷首座；若有，則埋沒石霜。檢點將來，九峯合貶。且石霜道此六箇去字，畢竟明什麼邊事？大眾，若是老僧，再加幾箇去字不妨。若是學者，一箇也多了。"頌曰：

紅爐燒雪燄飛空，首座言明一色功。
坐脫立亡何處去，石霜花放鳥聲通。

湧泉㤭禪師騎牛于路，值強、德二上座。強云："蹄角甚分明，爭奈騎者不鑑？"泉拍牛避路。二上座至樹下憩息，煎茶。泉出，乃問："二上座近離甚處？"強云："那邊。"泉云："那邊事作麼生？"強提起茶盞子，泉云："此箇猶是這邊事，那邊事作麼生？"強無語。泉云："莫道騎牛不鑑。"

師拈云："日上曉，山色青，金鎚擊碎玉崑崙。花影濃，鳥聲切，三乘五教無邊說。七尺烏藤顛倒用，拈來打破維摩默。看來此事，如馬前相撲，如石火，如電光。豈許立機境，作知解？擬議之間，喪身失命。強上座好箇問頭，自家不曾通變，有頭無尾。泉亦老婆心切，轉身回位，向他道，莫道騎牛者不鑑。雖然，總不如拍牛處最玅。"頌曰：

一拍牛兮未較遲，真機言外有誰知。
癡人說夢知無限，却是將拳嚇小兒。

鳳翔石柱禪師到洞山，山垂語云："有四種人：一人說過佛祖，一步行不得；一人行過佛祖，一句說不得；一人說得行得；一人說不得行不得。那箇是其人？"柱出眾云："一人說過佛祖，一步行不得者，祇是無舌不許行；一人行過佛祖，一句說不得者，祇是無足不許說；一人說得行得，祇是函蓋相稱；一人說不得行不得者，斷命求活，如石女兒披枷帶鎖。"洞山云："闍黎分上又作麼生？"柱云："皆通分上，卓卓寧彰。"洞山云："祇如海上明公①秀士又作麼生？"柱云："幻人相逢，撫掌呵呵。"

師拈云："一代時教，詮註不著；一機之境，意自無窮。火熱水冷，風清月白，唯許道人受用。會則已過新羅，未會途中生受。石柱洞山，一唱一和，按拍相應，中間空隙，難爲具眼。二老有許多說話，畢竟在那一句是他空隙處？衲僧家，到這裏若放過，行脚事黑漫漫地，試具眼勘。"頌曰：

四種人將立問端，中間勘破不爲難。
長安最是風花境，幾箇歸家酒不闌②？

雲居膺禪師上堂云："得者不輕微，明者不賤用，識者不咨嗟，解者不厭惡。從天降下則貧寒，從地湧出則富貴。門裏出身易，身裏出門難。動則埋身千丈，不動則當處生苗。一言迥脫，獨拔當時。言語不要多，多則無用處。"

師拈云："萬機俱罷，一句當天。一語相函，諸方易識。宗通說通，說至宗至。除他大処甦來，自然貼體全妙。佛法不落語言文字，不執知覺見聞，不減喫飯著衣，不拘施爲動靜。且如雲居上堂，發多種之語誨人，是他知有衲僧本分事。衲僧家直須眼底空空，胸間落落。許爾逢場作戲，竿木隨身，柳巷花街，挨排任運。門裏出身則且置，身裏出門，畢竟如何？雲居也只說得，其後恐具眼人檢點，急急收拾，却謂語多無用。以此看來，實未夢在。諸方還有檢點的麼？団！老僧也未夢在。"頌曰：

山花簇簇錦重重，日煖風和春正濃。
身裏出門門裏出，灰頭土面髮鬖鬆。

---

① 【校】刻本此處脫落兩字，據《五燈會元》卷六鳳翔石柱禪師參洞山公案，缺字爲"明公"。明公乃舊時對有名位者之尊稱。

② 【校】刻本原字字跡不清，形似"闌"，據文意當爲"闌"。

青林虔禪師。僧問："學人徑往時如何？"林云："尒蛇當大路，勸子莫當頭。"僧云："當頭者如何？"林云："亦無廻避處。"僧云："正當恁麼時如何？"林云："失却也。"僧云："未審向什麼處去？"林云："草深無覓處。"僧云："和尚也須隄防始得。"林撫掌云："一等是箇毒氣。"

師拈云："雙明雙鑑，雙用雙行。物物全彰，頭頭顯露。真機獨脫，異類中行。語默全超，不存矩則。這僧謂'和尚也須隄防始得'，林撫掌云'一等是箇毒氣'。且道這僧毒邪，青林毒邪？又畢竟喚什麼作毒？在三乘十二分教，謂之語言文字經論毒；在達磨西來不立文字，謂之直指成佛毒；在衲僧分上，謂之絕佛絕祖毒。其如不與麼，謂學者別道看。"師亦撫掌云："莫與麼毒好。"頌曰：

> 頭頭物物總融通，任運施為妙不功。
> 春暮花闌時已去，子規哭在野田中。

曹山寂禪師。僧問："五位對賓時如何？"山云："汝今問那箇位？"僧云："某甲從偏位中來，請師正位中接。"山云："不接。"僧云："為什麼不接？"山云："恐落偏位中去。"復問僧："祇如不接，是對賓不是對賓？"僧云："早是對賓了也。"山云："如是如是。"

師拈云："衲僧用處，如石火電光。萬仞崖頭，放身捨命。聞底見底，如栗棘蓬吞；來底去底，似金剛圈透。豈可癡呆落魄？雖終日飯，未嘗咬一粒米；終日眠，未嘗睡一隻眼。賓主互換，偏正不拘。至位融和，所謂無礙。山不接意，當面埋沒。這僧惑亂，雖然忩失家業。如是如是，豈是好心？座上還有知得的衲僧麼？"頌曰：

> 太多漏逗老曹山，正去偏中孰敢攀？
> 雲鎖殿沉燈影寂，夜深月下有僧還。

白水仁禪師上堂云："老僧尋常不欲向聲前句後，鼓弄人家男女。何故？聲且不是聲，色且不是色。"時有僧問："如何是聲不是聲？"水云："喚作色得麼？"僧云："如何是色不是色？"水云："喚作聲得麼？"水復云："且道對闍黎話爲闍黎説。若向這裏會得，許你有箇入路。"

師拈云："青山白雲，鳥噪猿啼。衲僧摩摩娑娑拄杖，烏烏律律隨身，必用觸物洞明，善能入理深談，那容絲毫間礙？白水與麼道，似與聲色之有遺害，所以云喚聲得麼。不然，白水莫別有長處？可謂菩提涅槃真如般若，盡是外邊事。不涉機境，絶知見，離意識，却較些子還會麼？色聲轉身易，身轉聲色難。"頌曰：

　　青天白日啟柴門，野鹿山猿任往屯。
　　聲色兩頭俱坐斷，嵐光拂拂雨渾渾。

臨濟和尚示衆云："有一無位真人，常在汝等面門出入，初心未證據者看看。"時有僧出，問："如何是無位真人？"濟下禪牀，扭住。僧擬議，濟托開，云："無位真人是甚麼乾屎橛①！"

師拈云："迷悟親疎，聖凡差別。一得永得，一了百了。承當得去，人間天上任意消遙，虎穴魔宮隨情放曠。"拈拄杖云："此是無位真人、非無位真人？且如濟下禪牀，費許多心力。道'無位真人是甚麼乾屎橛！'殺活體用，一時發露。大衆，這裏釋迦老子四十九年，橫説豎説，一切説，總説不著。若要明白，試勘上文。"頌曰：

　　盡力提持謾自誇，當機猶自眼周遮。
　　一言發出傾心膽，幾箇男兒親到家？

洛浦臨終示衆云："今有一事問你諸人。這箇若是，頭上安頭；若道

---

① 【校】刻本原爲"撅"，據下文"無位真人是甚麼乾屎橛"，"撅"系"橛"之誤。乾屎橛，即廁籌，古時拭糞的小竹木片。佛家比喻至穢至賤之物。

不是，卽斬頭覔活。"時首座云："青山常舉足，日下不挑燈。"浦云："是甚麼時節，作這箇説話？"有彥從上座出，云："去此二途，請師不問。"浦云："未在更道。"從云："某甲道不盡。"浦云："不管你道盡道不盡。"從云："某甲無侍者，祇對和尚。"浦便休。至晚，喚從上座，問："你今日祇對甚有來由，合體得先師意。先師道：目前無法，意在目前。他不是目前法，非耳目所到。且道那句是賓，那句是主？若檢點得出，付鉢袋子。"從云："不會。"云："汝何不會？"從云："實不會。"浦喝出，云："苦哉！苦哉！"僧問："和尚尊意若何？"浦云："慈舟不棹清波上，劒峽徒勞放木鵞。"

師拈云："殺人刀，活人劍。殺者殺，活者活。風落落，水潺潺，雲片片，日杲①杲。到底是他威令，重倚天長，劍偪人寒。言前句後，獨脫縱橫。這畔那邊，勿勞擬議。與麼則鉢袋子也，不消得賓主主賓，有甚交涉？且如洛浦臨終示衆，除言語心意識外，畢竟爲甚麼邊事，再三再四？可憐撲碎珊瑚枕，夢破教人離恨多。"頌曰：

善哉鉢袋無交付，亙古今兮恨怨深。
一曲陽春傷已盡，再求誰是我知音。

南陽忠國師。僧問："如何是本身盧舍那？"國師云："與我過淨瓶來。"僧將淨瓶到，國師云："却安舊處著。"僧復問："如何是本身盧舍那？"國師云："古佛過去久矣。"

師拈云："光明寂照，處處逢渠；事出尋常，頭頭撞著。氷河發燄，不拘殺火寒灰；枯木開花，那論春前秋後？羅龍之句，切切親親；陷虎之機，來來往往。老國師亦自退身有分，進步無門。大衆，這僧若是作家，將淨瓶向國師擊碎，國師只得懡㦬②。且道國師果然會這僧問，不會

---

① 杲（gǎo）：明亮的樣子。《説文解字·木部》："杲，明也。"
② 懡㦬（mǒ luó）：慚愧的樣子。

這僧問？據正眼勘，國師也只知量邊事，要且不識這僧問頭。"師云："國師在這裏，本身在甚麼處？"頌曰：

> 擒來縱去展干戈，無奈身中盧舍那。
> 妙手神通徒攪攘，龜毛鎖住月婆娑。

大隨和尚。僧問："劫火洞然，大千俱壞，未審這箇壞不壞？"隨云："壞。"僧云："恁麼則隨他去也。"隨云："隨他去。"僧問龍濟："劫火洞然，大千俱壞，未審這箇壞不壞？"濟云："不壞。"僧云："爲甚麼不壞？"濟云："爲同大千。"

師拈云："一句了然，通身明白。那得東倚西靠，任是你南我北，一一合轍，不廢工夫。爍迦羅心，金剛正眼，無處不徧，無處不明。且如大隨龍濟答這僧問處，語言雖異，緇素相同，見處分明，翻爲不是。壞也隨他去，不壞同大千。灼然古佛放光明，爭奈當機多錯過。"頌曰：

> 大千壞盡劫火然①，壞不壞兮太可憐。
> 試問諸方叅學者，話頭早晚得方圓。

仰山問僧："甚處人？"僧云："幽州人。"山云："汝還思彼中麼？"僧云："常思。"山云："能思是心，所思是境。彼中山河大地，樓臺殿閣，人畜等類，反思思底心，還有許多麼？"僧云："某甲到這裏，總不見有。"山云："信位即是，人位未是。"僧云："和尚莫別有指示否？"山云："別有別無，即不中據。汝是處只得一半，得坐披衣，向后自看。"

師拈云："啗啄莫入，密不通氣。耀古耀今，鑑天鑑地。明明百草頭，明明祖師意。山前雲片片，磵下水洽洽。花放鳥啣來，果熟猿摘去。舊時公案，一一現成，不隔絲毫。且仰山道'反思思底心，還有許多

---

① 然：通"燃"。

麼？'這裏正是陷坑埋沒太甚，將正眼看，漏逗不少。大衆，仰山變砒霜鴆毒爲甘露法幢，只是無人服得。何故？服之疾殀。"頌曰：

禾山打鼓雪峯毬，不風流處總風流。
誰謂祖師心印別，花開紅白艷春不？

三聖問雪峯："透網金鱗，未審以何爲食？"峯云："待汝出網，來向汝道。"聖云："一千七百人善知識，話頭也不識。"峯云："老僧住持事繁。"

師拈云："大藏小藏，全提半提。一切祖意，一切教意，一切語言，一切聲色，瓦解冰消。既是與麼，且雪峰三聖知此事麼？不知此事麼？若知，爭解與麼道？不知，又爭解與麼道？一人大似錦上簇花，一人還似花間簇錦。是則也是，話頭未圓。大衆，畢竟什麼處是他二老未圓話頭處？洪波浩渺，宇宙荒汢①，打破虚空，方與你説。"頌曰：

相談不必問如何，透網金鱗駕碧波。
二老鋒戈平地展，果然頭甪②與天摩。

中際能禪師示衆云："萬古長空，一朝風月。不可一朝風月，昧却萬古長空；不可以萬古長空，不明一朝風月。且道如何是一朝風月？人皆苦炎熱，我愛夏日長。熏風自南來，殿甪生微涼。會與不會，切忌承當。"

師拈云："露柱燈籠三門佛殿，終日轉大法輪；鉢盂拄杖蒲團禪板，終日聚頭寂聽。且道露柱燈籠三門佛殿，畢竟説箇什麼？鉢盂拄杖蒲團禪板，畢竟向甚麼處聽？諸方禪德，向這裏若有箇入處，則長空風月，

---

① 汢：同"茫"。
② 甪：同"角"。

萬古一朝，明則任他明，昧則任他昧。與麼則佛句祖句，賓句主句，總與麼阿轆轆地①，更有什麼如之若何？大衆，中際不免打失鼻孔，山僧亦且舌頭拖地。"頌曰：

  佛法那容閑理論，一機一境透無門。
  金剛玉劍從揮劃，佛祖相親逼膽魂。

---

① 阿轆轆地：禪林用語。又作轉轆轆地。阿，語助詞；轆轆，車輪滑行之聲音；地，語尾助詞。即事物不停滯而一直在進行之中；形容無礙自由、圓轉自在之境地。此外，形容口才無礙亦稱阿轆轆地。《碧巖錄》第五十三則："丈云：'我適來哭，如今卻笑。看他悟後阿轆轆地，羅籠不住，自然玲瓏。'"

第五卷　古庭禪師《山雲水石集·卷之四》

偈　贊①

先師無際和尚道感文并偈

　　我東普無際老師，乃古佛之應示也。不捨悲願，向二千年外，大弘如來之正法眼藏。凡一語一默，一機一用，不着于文字生滅。不思議海深而無底，縱十方諸佛諸祖莫測其端，況二乘知見了師之秘藏乎？蓋師之道，通播十方已四十餘年。天上人間，咸炙其光，獲益無量。洪惟大明聖帝宗嚮師道，詔入闕下，加賜恩寵。僧俗叩室請益，旦夕相繼不絕。師示以慈悲無畏之相，將所證心旨咸爲普説，如天一雨，山川艸木各得其潤。化道既畢，忽日告衆遺誡，説偈端坐而逝。時白毫貫天，聖燈夜燭。

　　皇上遣官造龕諭享，今嗣法徒善堅，謹以師實行普示人天，布于無窮。讚曰：

　　　　我師大威德，弘道于末運。一語一默中，具含無量義。
　　　　大不思議海，心珠曜十方。内外中不着，寂滅證圓通。
　　　　一切諸國土，塵刹妙宣揚。山海悉動搖，天地俱旋轉。
　　　　微塵諸佛相，光體普圓通。無去亦無來，湛來體圓妙。

---

① 贊：同"讚"。

一言一切法，超世諸文字。了然心境明，猶處虛空座。
說法如雲雨，機用若電雷。乾坤悉震動，邪魔碎微塵。
密中言莫及，句外難度量。大千諸世界，攝入一毫頭。
普放大光明，照徹諸佛國。不可思議力，照大總持門。
如月明衆象，實非二光體。似日輝大地，能悅衆生心。
說法法無說，法說非非法。句義妙難思，洞超諸佛祖。
所演一切法，字字放光明。所說一切偈，言言總玄妙。
不着諸衆相，不捨世間心。成就大菩提，道明于今古。
妙相無空色，應物現真形。紫磨光充滿，不可盡稱讚。
惟我大導師，真實具斯事。妙讚不虛說，最上仁師子。
光體若虛空，不礙諸佛相。光體恒不動，不捨諸國土。
巍巍現本尊，大全師子力。我今稽首禮，稱讚真實相。
唯願諸人天，受持轉流布。世出于世間，決定不退轉。
無上大導師，古佛應于世。光明照十方，蒙光得解脫。
世有種種言，莫能讚師行。而我授師記，故已徹爲讚。
師忽寂滅定，白毫光充滿。夜每聖燈現，驚動諸人天。
感佛之大化，不捨師滅度，亦不捨涅槃。
師既逝去已，法身相常住。非去實非來，凝然光寂滅。
惟予知此事，所演偈讚歎，普告諸人天，知師諸實行。

古拙老祖真讚

扚①折雲門之棒，機如掣電，用若流星；勘破趙州之無，理出尋常，詞汪巨海。入白雲老翁之室，謂有倒座之謀；示古拙拔萃之容，且無敎子之道。通身手眼，家破人亾。徧地戈矛，塗窮計盡。其生也，黃花翠竹；其殁也，青嶂白雲。謂如此兮，花攢攢，錦簇簇；非如此兮，日杲

---

① 扚（ǎo）：同"拗"。彎曲使斷、折的意思。

杲，月團團。總不如此兮，萬紫千紅，茶坊酒肆。咄！還會麼？諸方要與祖翁相見，請看有後句：禪板橫拈道路窮，更無伎倆與人通。老翁家國無雄特，不必當機問券功。

釋迦佛出山相贊

三十二相相何相，八十種好好何好？
到此依然跳不出，未見通身入荒艸。
入荒艸兮，雲渺渺，海肉天涯無處討。
末後拈花笑飲光，狼籍一場自放倒。

大悲菩薩相

機力盡時消息盡，波原是水水原波。
大悲心智難描貌，說與俙觀事不多。
多不多，四智三身總落魔。
道人向此知端的，勿勞三四問如何。
萬與一法，空畢千眼。
分明親的的，一片白雲橫太虛。
任東任西，任南任北，卷舒出入。

魚籃相

短柳依依水石間，携籃來去幾曾閑。
相思一點情無看，不遇佳人空自還。

達　磨

諸方還知這老子有褒貶處麼？老僧貶伊，與我不同國，不同家，不同生，不同夥。却又褒伊，斷神光臂，末①後付與皮，付與肉，付與骨，

---

① 【校】刻本原爲"未"，據文意，"未"系"末"之誤刻。末後，即最後、後來。

付與髓。蒼天蒼天，恩大難酬，所以如此。

善財南游圖

剎剎塵塵烟水洲，幾經寒暑去叅求。
惑他五十三人鬧，直至而今鬧未休。

羅　漢

寒山枯坐待春來，一片迷雲撥不開。
頑鐵鑄成生面孔，烟塵灰土任空埋。

歌

了一歌

君不見，若了一，萬事畢，誰向一中能了的？便了的，且何益？笑我頭陁全不識。說與君，莫敎昧，逆順縱橫我無二。那勞再四與再三，舉起依然猶錯會。從兹了得無箇疑，聊向歌中一一推。三不多，一不少，百千三昧徒之繞。倒指數來難斷頭，何如放下一時了！了不了，不了了。堪笑毘耶老古錐，文殊一拶通身倒。良久去，如何會？誵訛千七總成累。其中妄想與無明，喝佛罵祖當游戲。不說知音天下無，地老天荒誰管轡？了一歌，意何說？沒絃琴弄諸音絕。鐵牛昨夜上崑崙，觸着虛空眼滴血。只得乾坤闇點頭，無端大地都傾泄。一非一，了何了？修多羅敎落荒艸。如來禪與祖師禪，天上人間誠不少。飲光一笑至如今，祖祖相承都未了。了了了，一一一，二五原來是一十。不須擬議半毫分，棘目曲兮松自直。選佛場，會及第，天下叢林少相繼。翻復復翻仔細看，豎起脊梁眼觀鼻。呵呵呵，誠可惜！佛祖都來言不及。老婆心切爲誰家？聻聻聻兮，太真實。

皮袋歌

君不見，這皮袋，無量劫來捏虛怪。自家心地不回光，剛與無明輥作塊。或憎愛，或是非，些兒不順便蹺蹊。一點光明被遮覆，都緣只是這張皮。日用處，惟恣自，妄想貪癡罟無忌。思量皮袋子昏花，出入皆緣不潔處。肉一團，骨一聚，施爲粧點成何計？百年眼見不爭多，座中且勿爭閑氣。這皮袋，休止住，百骸會合假安寄。一息不來萬事休，換面改頭隨業去。貪皮袋，真箇呆，摩尼珠寶被他埋。欲愛昏盲無厭足，敗壞場中去復來。幾回生，幾回死，位至諸侯也如此。若能勘破自知之，了心直搆如來地。皮袋子，聽我教，共你商量你莫㧣。尋師擇友去糸玄，見性明心真可道。一鉢食，一毳①被，塞耳藏頭惺惺地。脊梁竪起眼睛開，一切有無盡拋棄。皮袋子，莫懶惰，寒暑無拘只麼坐。年深月久自然成，驀把虛空忽拶破。到斯時，方瞥地，喝佛罵祖當游戲。皮袋果能信我言，三藏多羅成唾涕。苟或悟，豈徒然？妙用縱橫在己邊。柳綠花紅皆可可，不方圓處總方圓。皮袋子，多寶藏，四十九年成虛誑。一千七百外邊談，佛與衆生皆等量。

真樂歌

君不見，我之樂，非庸樂，無憂無慮無拘縛。去住都緣只一身，且無情愛與爭奪。不求心，不滯教，放蕩疎狂以覺照。生生外夕實堪悲，辱辱榮榮真可笑。外生榮辱本無關，自是迷夫心妄造。不恣非，不強是，此卽山翁真樂處。會得猶癡物外閑，未會怃然心暗昧。坐兮坐，臥兮臥，且無佛法苦擔荷。飛來海月共山雲，愛我閑中時復過。春之夏，秋之冬，年來年去總相同。住久巖阿無可見，陰晴榮落幾番空。知世事，皆類此，安保升沉不到已。笑吾野散在深幽，土面灰頭而已矣。不趨貴，不干榮，榮貴只②如水上萍。智者忘懷順天命，庸愚強向背其中。不悟心，焉知止？諂詐矜狂太乖理。縱能會盡古今文，未出興以何足齒！野頭陀，性剛硬，一切妍媸③情不紊。縱令好事塞天來，于我樂中皆沒分。説此樂，且非惑，試問當機只一摑。就中有顆摩尼珠，曲示兒孫苦拋擲。誰拋擲？晝夜光暉能映奪。若然解契此摩尼，曠劫苦輪當下脱。欲悟我，且休人，人我休休樂水雲。與君説箇真消息，生處熟兮熟處生。我真樂處將易樂，縱悟歸來且還錯。三賢十聖尚難容，知解輕浮安着脚？俛石巖，依澗水，卓箇尖頭屋藏己。絕他人事與沉浮，但把

---

① 毳（cuì）：鳥獸的細毛經過加工而製成的毛製品。
② 【校】刻本原爲"知"，據文意，"知"系"只"之誤。
③ 妍媸（yán chī）：表示美和醜，出於陸機的《文賦》："混妍蚩而成體，累良質而爲瑕。"

自家心地外。不妄作，何有爲，地爐撥火共相偎。饑時爛煮和根菜，飽後沿溪去復回。我兮樂，樂兮我，我樂樂兮我樂我。樂我我兮我亦無，我樂無兮真憿懻。我無我，樂何樂？爲驚①吾門諸玄學。趂②今年少好休心，來伴老夫把頭縮。

---

① 驚：通"警"，警省。
② 趂：同"趁"。

詩

七言絕句

題牧牛圖（併引）

夫謂牧牛者，譬人性之狂掉①也。覺乃佛祖之真源，逸則輪廻之妄性。靈光則一，迷悟從殊。迷之遂業緣心，悟也惟心無業。謂此心非雜染造作之心，乃無爲無垢之真心也。良由衆生不覺，憎愛無明，顛倒昏迷，自心自障故。且以牛喻說，指月明心，欲人人棄妄歸真，舍迷達本。達斯本源，卽如如佛。蓋人之妄造，猶牛鼻未穿，頑劣生獰，猖狂自恣，生処臨頭，決無下落。忽然惺悟，放下通身，仔細追窮。如牧童討踪尋迹，一旦逢渠于古路，驀鼻牽回。痛下無情毒手，時時馴制，左右莫違，收放隨人，頭頭管顧。功施已久，劣轉淳回。出入荊棘，分明無閡②。到此牛忞頓寂，齁齁③蘚石濃眠。豁然天地平沉，人法雙泯。這裏則廓廓玄玄，虛虛碧碧。一道神光，無邊無際。轉身獨步，返本澄源。撒手空空，功不浪矣。淫坊酒肆，醉臥橫行。挨身于古廟之中，作笑于花樓之上。天上天下，出入崢嶸。世出世間，往來任運。阿呵呵！倒騎千聖唱哩囉，心佛物兮渾未是，石人橫跨海門歌。到這裏，更有一着大不思議事。佛祖從來猶未夢在，且道是箇甚麼？唵悉唎悉唎蘇嚕蘇嚕。

入山尋牛

曠劫相拋今欲尋，山雲迴漠雨泥深。
唯聞羣鳥聲花裏，未見猙獰遞一吟。

---

① 狂掉：誑諂與掉舉的簡稱。掉舉意爲心神散亂、躁浮不靜。如《唯識三十頌》："誑諂與害憍，無慚及無愧。掉舉與昏沉，不信并懈怠。"
② 閡（hé）：阻隔不通。
③ 齁齁（hōu hōu）：熟睡時的鼻息聲。

荒谿見迹

月瀰宇宙亂峯多，幸有行踪豈恁麼。
帶雨和煙迢遞去，不辭勞苦必擒他。

見牛必獲

窄徑相持作一聲，崾巖鼓動出雲青。
雖然狂性遊郊久，頭肉新新總十成。

得牛馴制

拚命懸崖獲得渠，未加鞭策性安除？
鼻頭拽轉勤調御，再不容伊出舊居。

牧牛受策

牧牛已熟漸隨身，覺盡偷心始脫塵。
簑笠鞭繩俱頓脫，相將左右逐羈人。

騎牛歸家

獨跨獰牛返故家，橫吹鐵笛見煙霞。
歸來豈住中途地，直待乾坤伸爪牙。

忘牛存人

半彎蘿月曜崇山，牛既忘兮我獨閒。
谿外淡雲涵碧嶂，寥寥清寂夢濃間。

人牛俱忘

人也空兮法也空，絕無名相可窮通。
明明佛祖非基位，豈有毫釐繼此宗？

返本澄源

無欠無餘熟用功，谿山側聽若為聾。
盈眸聲色全彰體，月白風清日轉紅。

入鄽垂手

破衣垢面入鄽來，腦後分明別有腮。
野老家風渾氣象，廓天門戶大掀開。

囑悟心禪客

勉子歸山去莫遲，祖庭繼囑合如斯。
冷水氷處隨宜用，塞耳藏頭更待時。

宗門揀要

《楞嚴經》云："汝元不知，一切浮沉，諸幻化相，當處發生，隨處滅盡。"《宗鏡錄》云："先以聞解信入，後以無思契同。若入信門，便登祖位。"《山雲水石》云："生滅之法，不出心念。無生滅法，卽心念不出。所以佛祖語言皆的的要旨，但能信受，總持不忘，則糸學事畢。保重勿贅。"

其一

論教談禪兩太迷，凡情聖解使人疑。
通身有口誠難説，落葉西風滿地吹。

其二

欲叩吾宗壁觀禪，卻無長短與方圓。
工夫做到忘機處，始信心光總一然。

道人山居

構屋山居物外禪，繞窗白石與清泉。
年來識破安心法，衲被蒙頭自在眠。

尋隱者

爲訪山人入路偏，山中風景自悠然。
到門得見雲松主，相對無言卽是禪。

贈明道禪者

禪機盡載語言中，老我無言佛法空。
說似同袍明道者，曾無一字與人通。

爲海嶼菴書

山藏海嶼海藏山，利祿榮華苦莫攀。
欲問出羣高一着，請將心鏡照衰顏。

爲清道人書閑寂軒

四簷空碧道人家，一段風光不市華。
靜坐蒲團無箇事，殘暉倒影入牕紗。

送禪者隱山

古人口䶩衣鶉縷，直入千巖萬巖底。
子下冰寒鐵石心，敢教佛祖無依倚。

爲老宿山隱

翛翛茅屋倚巉巖①，白晝閑雲爲掩關。
自是年來心地外，蒙衾終日到三竿。

無客軒爲獨翁題

柴爐煨老平生友，打戶無人到此間。
莫謂晚來蕭索甚，清風明月伴幽閑。

---

① 巉巖（chán yán）：高而險的山岩。

爲清滿智淨德五禪客乞

其一

禪到大忘人法處，案山頭點欲伸言。
因君記得當年事，月到中天哭夜猨①。

其二

禪到語言文字外，洞然不載祖師機。
禪公今日携囊去，秋雨人家半掩扉。

其三

禪到無心無亦無，時清才子孰歸湖。
唐言梵語泥今古，縱得全提滯半途。

其四

禪到無糸始寂寥，秋空孤月照岧嶢②。
此行策杖江南去，待看來年三月潮。

其五

禪到歸源絕悟迷，機前句外落尋思。
老胡弄巧翻成拙，隻履西歸脚帶泥。

擬古德十可行十首③

寥寥忘睡亦忘炊，靜坐怡然亦不知。
未等痴禪空守默，至今佛祖絕狐疑。

入室

不着語言文字外，當機滯句早相欺。
鋒芒未敵猶傷犯，擬欲生心亦是迷。

---

① 猨：同"猿"。
② 岧嶢（tiáo yáo）：高峻；高聳。
③ 刻本上僅存九首。

普示

此事叢林古鑑模，大家齊力去相扶。
作麼擔重加精銳，肯作人前大丈夫。

粥飯

鉢盂收轉尋常事，飯後東行又到西。
試問滿堂諸上座，和南誰不把頭低。

洗衣

破衲和煙幾片絲，半零半落浸寒漪。
今朝天氣初晴爽，掛在當風日景遲。

掃地

時時掃去時時有，未審有時何處來。
索性一番連地捲，眼空方不惹塵埃。

諷經

一軸伽陀記未周，日來月去幾時休？
見童聚首空王殿，鬪①到如今盡白頭。

禮拜

釋迦相體黃金色，一種風流意氣深。
禮拜起來珍重立，相逢漫道我無心。

話道

夜爐茶話共同糸，幾箇開懷最上談。
一句合題超古德，石屏分月浸寒潭。

---

① 鬪：同"鬥"。

四照用

眼上眉毛眉下眼，從生至殁未嘗移。
江湖大有通方士，出得泥團是幾時？

四賓主

有禪可悟心猶易，無法應難起念危。
縱奪當機誰自任，水雲相向謾支離。

四喝語

舉起一番新一番，驢鳴犬吠寄同糸。
若將此事爲容易，豈免傷鋒犯短長？

三玄要

春妍萬卉發新條，葉綠花紅境富饒。
歲歲東君神不減，當陽何必叩糸寮！

示客問念佛糸禪之意

糸禪擬欲狂心歇，念佛狂心欲擬空。
若向一頭安腳穩，百千門路自然通。

金臺書示學禪人

選佛當年絕有談，聖凡情解盡掀翻。
五車三藏從君背，啐啄[①]機前下口難。

---

① 啐啄：學人請求禪師啟發，譬之如啐；禪師啟發學人，譬之如啄。據《禪林寶訓音義》載，啐啄，如雞抱卵，小雞欲出，以嘴吮聲，名爲啐；母雞欲小雞出，以嘴嚙殼，名爲啄。故禪林師徒之間機緣相投，多以"啐啄"一詞喻稱之。若修行者、師家機鋒相應投合，毫無間隙，稱爲"啐啄同時"；而與禪者機鋒相應之機法，則稱爲"啐啄機"。《碧巖錄》第十六則載："大凡行腳人，須具啐啄同時眼，有啐啄同時用，方稱衲僧。如母欲啄，而子不得不啐。子欲啐，而母不得不啄。……所以啐啄之機，皆是古佛家風。"

僧老獨居

半間禪室誰同老，影子相依兩箇僧。
八萬四千毛孔裏，石牕深鎖月爲燈。

示衆

粥去飯來休理論，生兮外也只如斯。
老夫到此難批判，說與闍黎只自知。

侍者擊鼓粂鐘

向上鉗槌一擊中，機輪活脫露全功。
禪門舉手焉輕放，要使乾坤徹底空。

從生放下休

嘴盧都①處安心坐，滿口道來一字無。
除此再非□□②透，珊瑚枝上月輪孤。

坐中聞猿啼

宗門大③段太風流，滾滾江湖說未休。
半夜猿啼巖上月，光明彌滿四神洲。

春吟曉處

尋春不放一朝閑，踏遍千山與萬山。
好是晚來詩就處，銀鈎照眼欲彎彎。

---

① 嘴盧都：撅着嘴。
② 【校】刻本原字脫落，據文意疑爲"禪關"。
③ 【校】刻本原爲"太"，據文意，"太"系"大"之誤。

禪蒲二首

其一

撥地火灰煨茶①食，編蒲葉褥放身眠。
山翁只解與麼說，有口何曾會說禪！

其二

没面孔人没可把，足無卓錐頭無瓦。
三賢十聖猶喑啞，是佛是祖遭唾罵。

夏日與友登山

夏日登山與友遊，笑談不覺到層樓。
相携更上顛崖望，無限浮雲在脚頭。

送僧歸蜀

故鄉日暮聽啼鵑，歸到家山三月天。
送子松門分首處，野雲寥落滿山川。

侍者別我

二冬侍我在爐頭，榾柮②頻燒費茗甌③。
正好看梅辭我去，明年此日再來不？

雲林精舍

黄金未博幽人趣，白玉難移道者心。
試問腰金衣紫客，可能消得此雲林？

---

① 【校】刻本原字下部殘缺，據字形、文意，當爲"茶"。
② 榾柮（gǔ duò）：木柴塊，樹根疙瘩。可代炭用。
③ 茗甌（ōu）：茶杯。

述懷

萬峰深處更深處，土面灰頭一野僧。
規矩全無多懶楒①，未嘗開口得人憎。

請道者隱居

坐臥經行三昧定，尐生老病一團神。
庵中道者無他聽，惟有泉聲清耳邊。

答張文勝

不落前思又後思，此時活計許誰知？
宗門棒喝如雲雨，豈肯將拳誑小兒！

示鑷者

擔刀爲我入巖阿，林下頭陀懶楒多。
亂髮一鬐經歲久，不勞將裪②與檀那。

善道者居山

山居道者只居山，城市誼譁③總不關。
驚破石牀空夜夢，海天飛月上欄杆。

述己心事

左右思量皆不得，如今索性没躊躇。
飢來喫飯困來睡，一任生涯在艸廬。

---

① 楒：同"慢"。
② 裪：同"禍"。
③ 誼譁：即"喧嘩"，聲大而嘈雜。

述懷

半間低小尖頭屋，白晝閑眠一老僧。
松竹經年清兩眼，自思無法上傳燈。

寄琴士

火柴頭上多琴意，折脚鐺中意更深。
流水高山閒日用，子期猶謂我知音。

分歲

殘僧幾輩在寒爐，話好年窮事亦無。
惟有七斤衫子在，大家披去嘴都盧。

開道者遊眉山

髑髏①眼底眉山老，拄杖頭邊着意看。
蜀道難兮川水惡②，巴歌和出腦門寒。

次古人韻示衆五首

其一

無量劫來閑日月，微塵剎數舊生涯。
雲門北斗藏身句，天上人間總一家。

其二

雲滿千山又萬山，茆房深鎖寀③寥間。
海天紅日飛牕上，撲碎崑崙梦未還。

---

① 髑髏（dú lóu）：一般指死人的頭骨。
② 【校】刻本原字模糊不清，據字形與文意，當爲"惡"。
③ 寀：同"寂"。

其三

山花山景對空顏，春色融融碧嶂間。
欲問古人山隱趣，白雲來去日閑閑。

其四

老我年光似不多，堪嗟身事太蹉跎。
坐禪禮誦全無力，惟有工夫久不磨。

其五

山中久住事多便，樹葉藤花屋肏邊。
笋焙茶烘收拾了，閉門一任倒頭眠。

示觀教

轉讀轉多心轉煩，何如放下念頭安。
翻思拾得寒山子，赤手相攜入鬧欄。

送禪子

子去勞吾到竹門，屋頭松老不知春。
相期若要歸來早，共與鋤山種白雲。

游少林乞語

少室風光若與論，湘潭雲接楚山雲。
石人肝膽頻傾盡，不到一回安歹心？

示空有之執

有禪可悟爲魔語，無悟爲禪更是魔。
除此兩叚①公案外，何妨道者口波波。

---

① 【校】刻本原爲"葭"，據文意，"葭"系"叚"之誤。

月庵

皎皎虛空掛玉輪，當牕懸若祖師燈。
四檐光浸茆房白，忘却禪牀冷似氷。

維舟

維却孤舟擲却竿，掀天捲地亦閑閑。
年來長袖絲綸手，心在眠鷗浴鷺間。

祖心

九年面壁若爲通，一旦思歸伎倆窮。
父子不傳真秘訣，無端鳥語竹籬中。

山宇吟

其一

山宇清寒一枚衣，夜寒爐火尚希微。
多燒黃葉身餘煖，不着人間是與非。

其二

地火煨烹待夘時，人間無事可貪爲。
口封白醭灰封面，倒岳傾湫似不知。

其三

昨夜睡濃人在夢，忽然記得去年時。
猿來偷我樹頭菓，扳折當牕那一枝。

其四

庵鎖雲巒樹鎖烟，淡淡蒼翠筆難傳。
石邊添個頭陀坐，一幅丹青世外懸。

其五

了心心了何心了，心了心無無亦無。
到此若言諸祖意，猿聲啼處月輪孤。

其六

住山年久客情疎，雲水相氽厭起居。
不必擔禪來問我，老夫心念尚空虛。

其七

身事與誰閑理論，自家做夢自家知。
天翻地覆無干己，坐臥經行總若痴。

其八

山雲水石道人家，方寸常開不謝花。
風味與人真個異，夜深撥火自烹茶。

其九

山人自適山中景，紅白花開杜宇天。
笑我形模無可據，惟憑翠竇度長年。

其十

聖量凡情路已窮，宗門氽叩若為通。
鳥飛牎外頻頻語，一樹山茶放晚紅。

其十一

三春已謝夏方除，蟬噪風寒秋欲餘。
木葉滿巖冬又近，柴牀煙火日干午。

其十二

掃石跏趺默坐間，春深幽鳥亂啼山。
白雲愛我庵前地，與我常年共放閑。

其十三

怪底山家與事休，刀耕火種日無求。
平生伎倆惟餘此，半榻雲埋在石樓。

其十四

縛木爲牀芔作氈，山中富貴只如然。
絕無車馬來林下，門掩潺潺落澗泉。

其十五

水石烟霞不自誇，目前境物盡生涯。
未知人世何更變，常見巖臺有落花。

示海清巖

示有堂堂觸處知，無來去也更無依。
子規啼落中天月，滿樹花開血染枝。

示喜巖

欲成佛去有何難，無奈人心自不安。
舉起話頭休放逸，通身掙得骨毛寒。

贈泰講主從禪

弃却心囊叩祖禪，始知雜毒自相瞞。
黃花翠竹分明處，認着依然又隔天。

寄陶仁能居士

深山侷石今年冷，雲氣終朝逼體寒。
獨對紫爐烘脊背，任他人事苦茫茫。

五言律

山行

我獨愛山居，空冥烟水餘。行非公務迫，吟爲野懷舒。
入水逢僧話，沿崖見艸廬。相携歸作宿，又過一菴居。

宿晚邨

眺望前村近，桑麻路欲迷。過田衣拂水，緣徑履沾泥。
遠嶠寒烟合，空林夕照低。村翁留我宿，也解説禪機。

遊廢寺

古寺是何年，山門自悄然。殿空容鳥入，樹老引藤纏。
有客獨題句，無僧共坐禪。息陰依樹坐，怪見虎當前。

與僧懷省別之蜀

巴江雨欲收，去去莫淹留。風景應牽思，煙波不斷頭。
猿從危石嘯，舟向急灘流。如過黃牛峽，方知險處游。

遇隱者

杖策雲間去，迢迢入薜蘿。踐崖登白石，行徑踏青莎。
樹密連居址，橋危隱竹坡。人烟皆四絕，惟我獨經過。

入古峰寺

樓閣微無有，雲霞最上層。扳蘿緣屈曲，踐石度崚嶒①。
蘚壁三尊佛，龐眉一老僧。倚巖如幅畫，夜對一龕燈。

---

① 崚嶒（léng céng）：形容山勢高峻。

宿荒院

行歸山院晚，烟火隔人家。垣倒自來鹿，艸深多聚蛇。
空廊無月照，古殿有雲遮。年代尋碑辨，文章半蘚花。

羨翠巖道者

結廬潛遁久，絕足道名奇。雲外猿聲斷，松間鶴梦危。
人緣從此盡，世路已相違。翠鎖千巖壑，幽懷只自知。

進庵山舍

庵結雲深處，脩然遠世間。猿扳枝落地，鶴背日還山。
溪水心同淨，巖雲趣與閑。道人居此處，何事得相關。

寄玉林居士住山

茆屋最幽清，玉林久棲止。松音風遞來，山夢猿驚起。
坐臥外無禪，心情皆至理。回視紅塵中，誰能得如此？

書木葉寄友

述我山居事，寫葉頻寄與。意匪外葉間，情還出葉底。
泥牛產犢兒，石女生孩子。此說古之疑，不疑能有幾？

爲道深題墨竹

誰寫雙資篁，半晴半帶雨。榦①直挺青琅，葉疎攢翠羽。
清容禪室懸，瘦許山僧侶。倘遇老香嚴，定將公案舉。

---

① 榦：同"幹"。

讀《林間錄》

太古淳風絕，期誰寄此音。掃空文字迹，直指祖師心。
法類皮猶髓，林編古亘今。追思何已矣，三嘆付瑤琴。

山房獨坐

山房無一事，西日送殘曛。飯取胡麻羹，香將柏子焚。
草坡聞牧笛，松塢響樵斤。怪底牕昏黑，簷前一片雲。

山興寄魁太初

盡日巖房老，幽居自獲便。外生無定日，坐臥任長年。
豈謂禪非學，惟知夢是顛。身前身後事，鳥語竹籬邊。

寄友人

孤客發吟懷，悵望雲樹久。江頭浩浩波，堤上依依柳。
分榻在今秋，合單思故友。斷鴻飛不連，何時得同首？

船出江東

小艇出江東，江流曲似虹。盟鷗閑倚棹，聽雨暫推篷。
兩岸翻波急，三山擁翠濃。新河多故識，款我日從容。

因事感懷

懷古期誰話，臨風慷慨多。世情難測度，光景易消磨。
驛騎驚晨鼓，官船發夜歌。世人忪不着，令我笑呵呵。

山水圖爲李用之書

良工善丹青，所得意外意。紙上移江山，筆端轉天地。
楊柳護烟村，雲霞鎖蕭寺。索我一題詩，對之起幽思。

山趣吟

其一

我趣山幽逸，山深任宲寥。種松緣徑側，架木倚山嶕。
巖瀉千尋瀑，園滋百品苗。爲何人少到？陡澗不橫橋。

其二

我趣山幽逸，依然覺興長。懶從諸事變，推去一生忙。
簾捲溪光碧，牕含樹色蒼。閉門回俗轍，應笑自家狂。

其三

我趣山幽逸，秖緣事不多。銜芝纔鹿去，扳菓又猿過。
短杖扶筇竹，輕衣綴薜蘿。何勞加別念，有念即成魔。

其四

我趣山幽逸，山幽豈易言。但容來老衲，未許過高軒。
泉眼石邊活，鳥聲花外喧。紅塵無路入，風景似桃源。

其五

我趣山幽逸，柴門無客敲。屋頭鴉報曉，松頂鶴爭巢。
供粥燒新筍，烹茶摘野蒿。彌彌心所以，天地豈容包？

其六

我愛山幽逸，平生酷愛山。高登那畏險，飽翫①不知還。
選地幽深處，誅茅②一兩間。因兹清己智，竟不與塵扳。

舟泊

其一

泛舟隨所住，相與俗情違。興得五湖樂，心閑萬事非。
人疑天上坐，鷗訝鏡中飛。晚泊蘆花渚，猶如紙帳圍。

---

① 翫：同"玩"。
② 誅茅：芟除茅草，引申爲結廬安居。

其二

水國微茫處，凝眸景趣多。天光船底漾，雲影棹邊拖。
動我清幽興，聞他欸乃①歌。不知臨去晚，落日蕩狂波。

其三

行舟與泊舟，誰解悟心眸。身世搖雙槳，功名起一漚。
纜離楊柳岸，又入蓼花洲。識破塵勞事，撐歸彼岍頭。

其四

海闊天空際，山僧夜放舠②。撥烟雙短棹，穿月一長篙。
蜃吐千層閣，虹垂五色橋。幾番衝逆浪，直欲上重霄。

其五

江靜雨初收，湖光滑似油。岍如隨棹轉，山欲趁波流。
牽興多浮荇，忘機足野鷗。夜聞漁父笛，吹破一天秋。

其六

我住船兒小，悠悠興轉多。微風吹短棹，細雨拂輕蓑。
頗似陸魯望，難同張志和。欲歌般若偈，惟恐驚黿鼉③。

其七

巨浪轟雷作，扁舟不險凶。搖搖隨順逆，泛泛任西東。
天地浮沉際，蛟龍出沒中。漚生復漚滅，誰與共磨礱④？

其八

五板尖頭艇，撐來傍柳橋。清流堪濯足，長石可伸腰。
罷繫蕭僧鉢，將捐許子瓢。笑他躋要者，如弄海門潮。

---

① 欸（ǎi）乃：象聲詞，指搖櫓聲，出於唐元結《欸乃曲》："誰能聽欸乃，欸乃感人情。"
② 舠（dāo）：刀形的小船。
③ 黿鼉（yuán tuó）：中國神話傳說中的巨鱉和豬婆龍（揚子鱷）。
④ 磨礱（lóng）：切磋、砥礪。

其九

何處占清涼，烟波望渺茫。暫離兜率界，直入水雲鄉。
小艇乾坤大，短舟日月長。晚來龍女獻，放出寶珠光。

其十

來去復來去，猶如水上萍。衝烟過荻渚，隨水傍沙汀。
渡口求漁叟，船頭狎鷺人。相逢惟一笑，即是息心銘。

七言律

紙帳

一團虛白墜輕柔，護我禪牀分外幽。
身在芸暉堂上臥，神于銀色界邊遊。
素雲助煖春常在，霽月凝光夜不收。
好是枕邊蝴蝶遶，梅花有夢到羅浮。

寄洱水道庵居士

機前一着虛空笑，說與吾家居士知。
洱水味同滇水味，今人眉似古人眉。
春巖鳥語陳心賦，靜夜猿聲繼祖辭。
鐵壁銀山通放倒，叮嚀珍重莫狐疑。

道中望靈峰寄秦上人

海門烟霧日沉東，曙色濛濛帶雨風。
古寺半空丹壁裏，幽林一望畫圖中。
雲埋鶴夢松聲細，石近龍泉水眼通。
勝覽江山觀未足，寫懷留寄梵王宮。

遊山寺

招提住近水邊山，我亦驅馳策杖扳。
萬境不關情寂寂，片懷常靜日閑閑。
樹頭鳥自雲邊到，渡口僧從月下還。
坐久不思心所以，就中端的外人間。

省病

其一

病繫牀間豈奈何，如今既好莫蹉跎。
患中苦楚心當省，世上雄豪眼莫過。
撚①指光陰安久計，落山日色去無多。
慇懃爲報同衣友，切忌平原自起波。

其二

無量劫來憎與愛，相非相是更相悲。
幾經妄誕徒生受，如許牽纏何了期。
個念灰時真智慧，此心歇處即菩提。
悟迷迷悟空花翳，堪笑堪憐類不知。

拄杖付徒永昇作

昔年行脚賴携持，倒握橫擔總得宜。
撥亂雲根天地塞，攪空華藏佛魔迷。
隨高就下乘渠力，涉險經危苦不疑。
付與吾徒收拾去，兒孫萬古作標題。

---

① 撚（niǎn）：用手指揉搓；搓撚。

書壁間

無量劫來今日事，何須向外苦追尋？
山雲水石平生志，淡薄烟霞不老心。
萬法已從當處絕，片懷曾不與時情。
道人索性渾淪說，一點靈光亘古今。

自省寄寶峯

一別金陵又九年，閑情只在水雲邊。
茆簷三尺低頭入，柴火一爐縮腳眠。
聚散如雲安久計，人情係妥暫留連。
山夫見解惟如此，懶慢無聊與說禪。

廚丁言盡炊

茆屋深居烟雨邊，四時風味只如然。
勿勞計較來朝事，且自安閑今日便。
鉢內無食尋野食，坐中有客但隨緣。
老夫已不將身口，策杖區區造市廛。

臨老述懷

待夙朝生一老禪，滿頭白髮九旬年。
鉢盂飯飽堆堆坐，心地空餘默默禪。
有口懶能尋話說，忘機寧肯再談玄？
所言千古人間事，夢幻空花總自然。

示眾

老病夙生皆預定，昔非今是總妄求。
欲休歇處宜休歇，得自由時且自由。

殘日聽其來去速，漏形安保夕辰留。
坐推湖海多禪老，幾個蒙余得到頭？

送懷德上人

一錫閑雲到處禪，花濃柳翠正春妍。
多年埋没無生話，今日方知有是緣。
開眼自然明物理，歸源切忌亂心田。
老夫相送憑何據，任爾東西南北邊。

猿鶴山林

日遲睡起坐披尋，高望誰人得滿心。
萬事總成雲聚散，一身都付夢升沉。
功名未必空爲有，富貴安能古到今？
却笑頭陀癡老問，尾巴真箇説如新。

分歲次中峰韻二首

其一

山居分歲冷如水，和影渾無只個僧。
老病一身煨地火，坐眠半榻倍巖藤。
欲言有道誠魔説，更謂無心續祖燈。
莫道新年聞佛法，舊年佛法又何曾？

其二

叢林藥石已情灰，豁眼惟觀窗外梅。
截斷聖凡無繫綴，掃空雲水絕徘徊。
低頭合掌期誰共？運土搬柴獨自回。
老我説禪唇齒冷，破牎燈影照巖臺。

示衆

糸禪家教説如何,切忌聰明知解多。
欲認識情神鬼窟,已成知覺見聞魔。
面皮裂轉加精進,志願堅來悟刹那。
脅下放眠高舉話,時來刻去勿蹉跎。

達磨見武帝

達磨西返豈千年,面壁巖中淚若懸。
不識柳烟金鎖殿,空遺蘆影玉街禪。
當時歌管蛩聲墮,去日風雲雨色連。
惆悵蒼茫無限恨,後人將作話頭傳。

雜　體

擬儒書語

其一

仰之彌高,寶劍分明未是刀。
凜凜寒光逼人膽,虛空匣裏久收牢。

其二

鑽之彌堅,游春公子勒金鞭。
不到黃河心不夘,到了黃河亦只般。

其三

瞻之在前,青山一片白雲漫。
謾到村坊問王老,向言昨夜爲燒錢。

其四

忽焉在後,白日鬼迷思念呪①。

---

① 呪:同"咒",舊時僧、道、方士等念以除災、降災或驅鬼降妖的口訣。

玄關金鎖不能藏，直入蟭螟①眼裏走。

旅癡十首擬寒山意

其一

鬅頭齬齵子，事絕人難跂。養氣塞乾坤，混跡居鄽市。
欲去則便去，欲住則便住。住兮與去兮，縱橫無礙處。
何用苦勞形，百年聊寄寓。舉世一推之，宜笑還宜睡。

其二

拾得與寒山，顛風②面不洗。吟詩無偶對，談笑有條理。
來去莫捫摸，隱約無依止。逢人只是笑，人錯認癡子。
而我慕斯人，學癡而已矣。

其三

我癡真個癡，癡中人鮮知。放曠復放曠，俱無安與危。
作佛乃虛緬，成仙在何時？相逢有青眼，不須亦不須。

其四

寒暑一衲衣，且無富與貴。人笑我如癡，我笑人莫會。
豈無悲與歡，亦有驚與懼。所以我逢人，愈加笑而戲。
二者何了然，無榮亦無瘁。

其五

世人俱發粲，獨我作旅癡。我請人洗耳，聽我癡論之。
天地一癡物，有道猶不知。天地既如此，我癡復何疑。
回首望西山，日薄無多時。

---

① 蟭螟（jiāo míng）：古代傳說中的一種極小的蟲子。
② 風：通"瘋"。

其六

一朝又一朝，癡人何所係？舉首見青天，白日繩難繫。
從人笑我非，惟我容人是。我于非是外，斷不分譏譏。
一笑兩儀間，無處着癡字。

其七

我已知我我，人莫知人人。我知身是幻，誰意知爲真。
年來已作癡，和光混其塵。若癡人未會，有夢休云云。

其八

東街剛鬣嫩，西市柔毛肥。宰人大恣縱，市者無度思。
寒拾曾有言，自殺自食之。仲尼忘肉味，子輿遠庖廚。
爲僧遵佛戒，不食非吾癡。

其九

學禪禪莫會，學詩詩莫成。學得癡中理，百事都無能。
人來問我法，喝不轟雷聲。人來索我句，吟且爲蟬鳴。
衣麻勝衣□①，隱姓勝登名。世無閭丘公，孰能知我情？
寄言肉眼兒，莫以我爲憎。

其十

我癡癡無學，學之貴穿鑿。癡無鑒聖凡，癡不會吟作。
人情萬卷書，我知我弗如。人全三窟計，我知我皆輸。
癡兮癡非錯，而能有先覺。視天天蓋頭，視地地承脚。
跳出天地間，慎勿被他縛。

---

① 【校】刻本原字脫落，據文意，疑爲"錦"。

第六卷　大巍禪師《竹室集》

妙峯山後學周理　輯
滇南學人陶珙　　閱

大巍禪師《竹室集》序

　　必有非常之智識，而后能具非常之眼力；必有非常之根器，而后能任非常之事業；必有非常之造就，而后能立非常之格言。是固鐘一方山川之間氣，爲一代人物之英豪；展一生問學之底蘊，作一教人天之眼目。其氣清，其鑒明，其力勇，其行決，其得真。故其發於言也，得古人不傳之旨，擴古人未發之蘊，而足以爲後人之公案之指歸之梯航者，吾於大巍禪師所著《竹室集》見之矣。

　　師名淨倫，號大巍，本滇南昆明康氏，父諱泰，母何氏，宣德丁未誕生。師幼卽超卓不凡，正統庚申出家，禮太華無極泰和尚受禪學。天順癸未，得法於浮山古庭和尚，爲臨濟下廿四世孫，蒲團工夫及①盡玄旨。成化乙酉，卓錫都城東隅，開創萬福禪刹，宗風大著。緇白來者，迨無虛日。師本好寂靜，歲久厭於酬應，至戊戌②，遂謝事退居西軒，種竹自怡，號曰"竹室"，偃息於中。癸卯，登五臺訪文殊師利聖跡。丙午歸，飯僧米麥之需，遠近輻輳不假勸募。弘治庚戌，復遊五臺，蓋顯通

---

① 及：表示程度，相當於"極"。如《水滸全傳》："原是本府六案孔目出身，及好刀筆。"
② 【校】刻本原爲"戍"，"戍"系"戌"之誤，後文同。

寺旺覺義敦請撫衆脩淨業也。壬子，復歸竹室，閲大藏經典。

師不但爲宗門山斗，而又旁通儒學，所著《上堂示衆》《拈古》《頌古》，與夫賡酬獨唱之作，士林君子見之莫不起敬起慕。其徒道宗、道義二上人恐其久而失遺，相與掇拾成帙，名曰《竹室集》，鋟①梓欲傳，然尚亦有失。拾者多謂余與師有方外契，持以過余，請序首簡。

余授而展玩至再，雖未究其精義，然觀其間亦有脗合於吾儒者，不能無所感焉。其曰："百城煙水不出一毛，十世古今匪移當念。"豈非吾儒一貫之體用動靜乎？其曰："如是孜孜不捨，生死坐臥，與之根定，行到用力不得處，忽然大悟，橫竪左右，得大受用。天真明妙，圓湛虛活，拈來用去，不期而然，初無容心於其間。"又非吾儒之深造自得，居安資深，左右逢原者乎？至若竪拂子以示色，擊卓子以示聲，與夫《絕照篇》云："未若打破鏡、撲滅燈來與汝相見，看是甚麼面孔。"又豈非吾儒之"'德輶②如毛。'毛猶有倫。③'上天之載，無聲無臭'④"之旨乎？其餘吟詠，雖皆感⑤時應物而發，然理致之言，混然天成，機杼⑥自別。非升堂入室者，未易窺其端際，吾何能贊一辭邪？

由是有以見其鑒之明，行之力，得之真，故於繼徃開來，有不得辭其任者矣；由是有以見其鍾滇雲之秀氣，闡象教之幽微，延禪宗之命脉，故於提撕警覺，有不得已於言者矣；由是有以見其大智識、大根器，得最上一乘造就，故能具大方之眼力，成無爲之事業，立方便之格言，雖不待傳而自不容於不傳者矣。

---

① 鋟（qǐn）：雕刻。
② 輶：輕。
③ "德輶如毛。"毛猶有倫：出自《詩‧大雅‧烝民》："人亦有言：德輶如毛，民鮮克舉之。我儀圖之，維仲山甫舉之，愛莫助之。"鄭玄箋："人之言云，德輶輕，然而衆人寡能獨舉之以行者，言政事易耳，而人不能行者，無其志也。我與倫匹圖之，而未能爲也。"
④ 上天之載，無聲無臭：出自《詩‧大雅‧文王》："命之不易，無遏爾躬。宣昭義問，有虞殷自天。上天之載，無聲無臭。儀刑文王，萬邦作孚。"指上天化育萬物無聲無息，統治者應用道德感化民衆。
⑤ 【校】刻本原字脫落，據文意，當爲"感"。感時，即感慨時序的變遷或時勢的變化。
⑥ 機杼：織布機。這裏引申爲事情的關鍵。

閱是集者，苟能因言會意於一話頭，反覆玩味，忽爾築①着、磕着，偶一覺悟，從而入之，脫脫灑灑，圓圓陀陀，得大自在，則所謂世界中心、西來祖意、無縫塔、塩官皷②，悉在個中矣！否則業識茫茫，甘受輪轉，雖古佛與居，不能化而入矣，尚何怪其有宗門寂寞之嘆也哉！然則師自謂其言如虛空鳥跡，而吾又復爲之序，寧不剩矣哉？要知筌本在魚，得魚斯忘筌矣；蹄本在兎，得兎斯忘蹄矣；言本在意，得意斯忘言矣。噫，安得夫忘言之人而與之同言哉！因其請書，以塞白云。

弘治九年歲次丙辰夏六月望
賜進士第奉政大夫脩正庻③尹　光祿寺少卿致仕李紳縉卿拜首序

---

① 築：撞擊。

② 塩官皷："塩官"即"鹽官"，指杭州鹽官鎮海昌院齊安禪師，俗姓李，參見馬祖道一禪師而得法，因往杭州鹽官海昌院，故以"鹽官"爲號。圓寂後，唐帝諡號悟空禪師。"鹽官皷"源於齊安禪師的一則公案，載於《五燈會元》卷三："師一日謂眾曰：'虛空爲皷，須彌爲椎，甚麼人打得？'眾無對。有人舉似南泉，泉云：'王老師不打這破皷。'法眼別云：'王老師不打。'"

③ 庻：同"庶"。

示　衆

　　五臺山大顯通寺淨業堂念佛道場圓滿，示衆指座云："據師子座，善師子吼，煞有知音，虛空點首。"拈香云："此香綂①天地以同根，會萬物而一體。金鑪②乍爇，法界蒙熏，端爲祝延：'今上皇帝聖躬萬歲、萬歲、萬萬歲。欽願：至聖至明，如日如月，惟福惟壽，同地同天。'"又拈香云："此香奉答本師臨濟二十三葉古庭大和尚。極難忘處③，初不曾容易道一字；惹惡心處，④末後來老草⑤唱三玄。"又拈香云："此香敬爲大吉祥顯通堂上署庵宗主大和尚、懺主無方和尚并合堂及本山、諸山諸方，今日同臻此會，江湖龍象師德。每惟願：惟道同尊，惟德同仰，若帝綱珠，垂光範範，如玻璃鏡，寫影團團，在在處處，陰翊皇圖，光揚佛日。"垂語云："我此臺山，無孔鐵鎚當面擲，黑漆崑崙攔路阻，莫有挨拶得入、拈弄得出底麼？出來道一句看！"僧出問："如何是臺山境？"師云："不是下雨便是天晴。"進云："如何是境中人？"師云："金剛寶窟萬菩薩。"進云："尋常所談何事？"師云："清風吹幽松，近聽聲愈好。"又僧問："如何是佛法的大意？"師云："今年調雨水，農家好春麥。"僧又問："如何是祖師西來意？"師云："飯仙山轉身，即向汝道。"師乃云："拈砒霜作醍醐，亦曾有也；撒珍珠如瓦礫，誰箇不然？開眼上樹特地喪全身，夢昇兜率也是揚家醜。未動情思，轉魔女盡成菩提寶器；不勞腕力，指娑婆便是妙喜淨邦。長水潛岳積而來，琅琊覺水消而去。信步踏翻琉璃穽⑥，等閒擊碎珊瑚枝。三聖振威一喝，正法眼裏撒沙。南泉

---

① 綂：同"統"。
② 鑪：通"爐"。
③ 極難忘處：指真實自性，一見不能忘也。
④ 惹惡心處：指最初自己也不喜歡的知見。
⑤ 老草：沒有除盡的蒿草葛藤，借指老婆舌。
⑥ 穽：同"阱"，陷阱。

白刃①高揮，古佛宗風掃土。何必不必，探竿子豈在人手？湘之潭之，塔樣子脫體持來。不萌枝上放春回，烈焰堆中揚雪片。有斯大畧，可謂其人。雖然，誰家井底無天，到處波心有月。體相用三大齊彰，塵塵攝入；因果智五周②頓證，法法圓融。百城烟水，不出一毛；十世古今，匪移當念。紅藕開時，水香觸着蟭螟蟲半邊鼻；青山低處，天濶展開瘦蚊子一莖眉。百川競注而水體不流，萬竅共吼而風本自寂。金師子不妨踞地吼，水牯牛隨分納些些。動容滿目家山，依舊青天白日。即日恭喜大吉祥，顯通堂上奉勅提督，臺山華梵僧徒自在修行，僧錄左街覺義署庵旺公大和尚，起居納福卽大聖文殊之影響。繼萬鍾欽命之高蹤，建兹淨業高堂，浩集江湖龍象，助宣佛化，丕贊宗猷。三載熏修，今日云滿。普諷《華嚴》之大典，津濟水陸之冥③陽，携手法界含靈，高步同遊嘉會。可謂盡善盡美，全始全終。是以俾我山僧來上此座，然一炷香，先爲祝延聖壽，仰答洪庥。次爲序謝一期同緣大衆。因兹記得《華嚴經》中有箇念佛三昧，拈出供養大衆。經中道："若有如是如是思惟，則有如是如是顯現。若無如是如是思惟，則無如是如是顯現。"這箇三昧甚有誵訛。後來善財童子叅見解脫長者，廣説念佛法門，道我若欲見安樂世界阿彌陀佛，隨意卽見。山僧道：若有如是如是思惟，則有如是如是顯現，在解脫長者得之矣。若無如是如是思惟，則無如是如是顯現，便是解脫長者到此，也須茫然。是你諸人三年在此，松月流輝，蓮花滴漏，心湛湛，口叨叨，費盡多少殷勤，這箇三昧還透得過麼？其或未然，曲垂一偈：

---

① 刅（chuāng）：兩刃刀。

② 因果智五周：卽華嚴五周因果。《華嚴經疏》卷三、卷四將《華嚴》一經（八十華嚴）所詮之義理，分爲五周之因果：一是所信因果，謂于華嚴第一會菩提場宣説如來依正之果報法門，是爲一周；二是差別因果，又作修正因果、生解因果，謂于第二會普光明殿至第七會重會于普光明殿中，宣説十信、十住、十行、十回向、十地、等覺之差別因果之法門，是爲一周；三是平等因果，又作修顯因果、出現因果，謂于第七重會普光明殿中，宣説平等因果，是爲一周；四是成行因果，又作出世因果，謂于第八會重會于普光明殿中，宣説成行因果，遠離世間法，是爲一周；五是證入因果，謂于第九會逝多林中，宣説證入法界妙門，是爲一周。

③ 寘：同"冥"。

十方龍象總英賢，三載熏修不偶然。
如是思惟渾坐斷，五臺峯頂放青蓮。

示眾云：真淨文禪師示眾云：「頭陀石被莓苔裹，擲筆峯遭薜荔纏。羅漢院裏一年度三箇行者，歸宗寺裏糸退喫茶。」應庵華因僧舉問：「此理如何？」華云：「他是關西子，愛說川僧話。」師云：「我這裏一年度一箇行者，一日喫一鉢白粥，也不管五峯頭晴雪抱頂，那羅洞晚雲橫谷。若有問者，是汝諸人不可也道『老僧愛說川僧話』好。」

冬至，示眾云：五頂瓊瑤堆，千松珠玉枝。盡臺山，泉石烟雲，飛樓湧殿，總是文殊師利一隻智眼真光。是你諸人，常在於其中經行及坐臥，還知初不會動著伊一莖眉毛麼？若也與麼見得，便爾小大千於毫頭，廣塵沙包法界，也不為難事。其或未然，切忌東卜西卜，且更聽山僧為你諸人真實告報！道：今朝冬至一陽生，珍重！

示眾云：無著誤入金剛窟，曼殊老問：「南方佛法如何住持？」著云：「末法比丘少奉戒律。」又問：「多少眾？」著云：「或三百或五百。」師云：「實頭人難得。」無著却問：「此間佛法如何住持？」曼殊云：「凡聖同居，龍蛇混雜。」又問：「多少眾？」曼殊云：「前三三，後三三。」師云：「實頭人難得，山僧與麼稱賞，其間還有頭高頭下者麼？若人撿點得出，許他親見曼殊老。」

示眾云：嘗聞老豐干要來五臺禮文殊，直至如今不見消息。噫！日間莫說人好，這老漢堂堂來也。且你這一隊飯袋子，畢竟著那一箇代文殊師利與伊祇對得過？老僧幸是傍邊人，無事且休去。便下座。

示眾云：山高海濶，月朗風清。松蒼石白，夏暑冬寒。如是歷歷分明，一一成現。且衲僧分上成得箇什麼邊事，莫有道得者麼？不妨出來道看。若無，老僧自道去也。拈拄杖便下座。

示眾云：古德道：「糸禪糸到無糸處，糸到無糸始徹頭。」又云：「糸禪糸到無糸處，糸到無糸未徹頭。」師云：「古人固是赤心片片，要且自語相違，只如糸到無糸處，還容你開口得麼？」良久云：「一夜瀟瀟雨，滿山松籟寒。"

示衆云：江月照，松風吹，永夜清宵何所爲？莫可便是已過量，無有量大人之境界麼？喝一喝，云："永嘉大師來也，莫寐語。"

示衆云：松風淡淡，溪月溶溶。山蒼蒼而不盡，水茫茫而無窮。伶利漢一坐坐斷，便見福城東際底，便是普賢毛孔裏底；普賢毛孔裏底，便是福城東際底。如師子兒獨行，更誰可爲伴侶？喝一喝，云："你是誰家子弟？得與麼自由？"

萬福元宵，示衆云：須彌燈王佛與無量光如來，相把手於萬井笙歌叢裡，千門燈火光中。遊戲一上，却來僧堂裏，爲汝諸人慶元宵，道好箇時節因緣。是汝諸人，還見麼？還聞麼？若不然，則到更深月落，燈滅不見色時，被伊扭住鼻頭，莫道老僧不說來。

示衆云：我曾於教中見外道，持一莖草插於地上，云："此是世界中心。"世尊移草插於傍，云："此是世界中心。"因此會得些子用處，當是時不自覺，有偈云："在天天高，在地地厚。一莖草上，應時應候。"自後來無往不得。大衆，且道外道與佛相去多少？遂以拂子柄向空插，云："你等諸人，切忌也道'是世界中心'好。"

示衆云：目前無法，意在目前，他不是目前法，非耳目之所到。白雲自占青山，明月誰分流水。

示衆云：是汝諸人朝三暮四。如許多時，在這裏會得箇入頭處也未？睦州道："若未得箇入頭，須得箇入頭。若得箇入頭，不得辜負老僧。"我道："若未得箇入頭，須得箇入頭。若得箇入頭，不得辜負眉①毛。"

示衆云：長沙岑大師道："盡大地草木人畜，總是般若真光。"師乃召云："大衆看看，老僧上黃鶴樓上去也，只見'晴川歷歷漢陽樹，芳草萋萋鸚鵡洲'。是你諸人也還見麼？"喝一喝，下座。

示衆云：雲門道："扇子跨②跳上三十三天，築著帝釋鼻孔。東海鯉

---

① 眉：同"眉"。
② 跨：同"蹦"。

魚打一棒，雨似盆傾。"妙喜道："此是禪悅法喜之樂。"師云："同聲相應，在妙喜即不無。我不與麼道'扇子踍跳上三十三天，築著帝釋鼻孔。東海鯉魚打一棒，雨似盆傾'。雲門一上神通，不同小小，冷地看來，也只是一把破扇子。"

示衆云：古人道難難難，我道也不難，賊來須打，客來須看。熱則到處熱，寒時天下寒。寒山逢拾得，撞着老豐干，相喚相呼歸去也，珊瑚枝上月團團。

示衆云：香積界中喫飯，新羅國裏穿衣，且道是甚麼人？切忌道是胡張三、黑李四，糹！

示衆云：居一切時不起妄念，於諸妄心亦不息滅；住妄想境不加了知，於無了知不辯真實。我要你會，你作麼生會？直曉你會得七穿八穴，也正是好肉上剜瘡。

示衆云：你有拄杖子，我與你拄杖子。你無拄杖子，我奪你拄杖子。古人得任麼不惜眉毛，且即今誰是知恩者？只如雪竇道"拄杖子吞乾坤"，又作麼生？師乃驀拈拄杖下座。

示衆云：演祖道："有一則奇特因緣舉似諸人，欲說又被說礙，不說又被不說礙。"師云："大小演祖，大似靈龜拽尾，一言既落入耳，如何又諱得住？山僧這裏，也有一則奇特因緣，索性舉似大方，使他依門傍戶者，一箇箇壁立千仞，也不爲分外。"下座。

示衆云：機分大小，教殊半滿。我這裏打一皺，則無邊刹境一聞；按一指，則十世古今一念。衆中莫有收拾不盡者麼？出來，老僧爲汝雪屈。喝一喝，下座。

示衆云：我這裏也不說東村李大郎太儉，也不說西社王二姐太奢，也不會安角呼兔，也不會添足畫蛇。早起一碗白粥，午後一椀清茶，更誰管他陳年爛葛藤冷地開花。展兩手云："你等諸人來這裏，討甚麼乾木查！"

示衆云：機先一著，搆得着搆不着，不免打折①你脚，句後承當底，

---

① 【校】刻本原爲"拆"，據文意，"拆"系"折"之誤。

且緩緩。

示衆云："不着佛求，不着法求，不着僧求"，是甚麽人分上事？雖然，猶欠掌在。

示衆云：德山木上座，臨濟金剛王。潙仰一串圓相，雲門體露金風。洞山吾常於此切。法眼曹源一滴水，趙州青州布衫重七斤。其真叅實悟底，猶落在第二頭，況語脈理尋討者，三千里外沒交涉！

示衆云：高坐空寂之牀，大握無爲之化，使盡大地草木、人畜、情與無情，一時立地成佛，同入涅槃真際。初不曾用少心力，且道"是甚麽人得與麽自在"，我要與汝諸人將出，恐他道我多事。下座。

示衆云：演祖道："頻呼小玉元無事，只要檀郎認得聲。"若是箇人，也須悟去始得。這些子事，不是你説了便當得底。昔佛果老人，忽然悟於日下之雞。當是時，常所謂機智語言還用得着麽？比來叢林寥落之甚，蓋爲希見這般本色之人故耳。今既祖禰①不了，屈爲諸人露箇消息去也。師乃驀召大衆云："頻呼小玉元無事，只要檀郎認得聲。"

示衆云：古德謂："卽此見聞非見聞，更無聲色可呈君。"又云："卽此見聞非見聞，勿於聲色乍盲聾。"師云："不歸那畔，獨脫今時，在古人卽不無。我今不惜老性命，橫身於聲色裏，與汝諸人相見去也。"竪起拂子云："這箇是色還見麽？"却擊香卓一下，云："這個是聲還聞麽？"乃云："不因夜來鴈，爭見海門秋？"

示衆云：趙州道："三十年前在南方火爐頭，有一則無賓主話，直至如今無人舉著。"師云："好一則無賓主話，可惜許。"拈拄杖云："莫動著，動著三十棒一棒也較不過，雖然也是賊過後張弓。"

示衆云："石上栽花活不得，水中捉月拈不得"，未爲好手。我這裏"石上栽花春滿寰區，水中捉月光含萬象"。遂以拂子柄向空畫一畫，下座。

示衆云：金峯謂："金峯三十年前有老婆心，三十年後無老婆心。"僧問："如何是三十年前有老婆心？"峯云："問凡答凡，問聖答聖。"

---

① 祖禰：本源，起始。

"如何是三十年後無老婆心?"峯云:"問凡不答凡,問聖不答聖。"師云:"將謂將謂,元來元來,噫!這老金峯教壞人家男女不少。衆中莫有爲伊救得此過者麼?出來道看,莫道你道不得道得也,依舊可憐生。"

浴佛示衆云:遵布衲於藥山會裏浴佛次。山云:"汝只浴得這個,且浴不得那個。"遵云:"把將那個來。"山便休去。師云:"又是早晚時也,然他家用處固是不同。若是我,纔見道'且浴不得那個',聲未了,舀一杓驀面便潑。識者必謂'九龍吐水未似今日',是説且置。即今杓柄子在手,不肖兒孫灌沐半偈作麼宣揚?一夜落花雨,滿城流水香。"

示衆云:拈過倚天長劍,擲下住山鈯①斧,使他大地含靈,個個成佛作祖。可謂:大施門開畧無險阻,只有一個喚不回頭底,寧死不肯入這裏許。大衆,你道是誰推倒無縫塔,不打鹽官鼓?

師一日對衆云:今早忽然憶起,我天順癸未臘末糸見古庭老和尚於浮山。一日,老和尚問:"爾從大方不憚遠來,所爲何事?"我謂:"特來巾瓶②和尚。"老和尚云:"老僧與闍黎甚麼時曾相識來?"我道:"將謂和尚忘却。"老和尚云:"即今事作麼生?"我乃呈偈云:"叢林處處播春風,此日尋師到別峯。末後聲前句非句,寫在山河大地中。"老和尚喜而容我入室,我後來悔之不及。大衆且道悔個甚麼?悔不當時見道"即今事作麼生",攔腮便掌,劈面便喝。若與麼,也未可便不容我入室,雖然,也是過後見識。

弘治丙辰二月八日,尚膳監太監周公③請妙應淨業堂示衆。祝香云:"此香體極中和,薰陶治業,謹熱金爐,端爲祝延:'今上皇帝聖躬萬歲、萬歲、萬萬歲。欽願:壽同天地、道並唐虞、千載雍熙、萬方寅化。'"又拈香云:"此香奉爲大功德主,尚膳監太監周公輔。惟願:近須彌而同共寶色,入滄海而潤其波瀾。光贊佛乘,永膺天眷。"(問答不錄)拈拂

---

① 鈯(tú):鈍的,不鋒利的。
② 巾瓶:指僧徒侍奉住持禪師。大型禪院侍者有多人,其中管理禪師巾布、淨瓶者稱爲巾瓶侍者,故以"巾瓶"代指侍奉。
③ 【校】刻本原字脫落,據後文"尚膳監太監周公輔",此處當爲"公",故補之。

云："拈將黃檗蒿枝，慣打鹽官大鼓。相逢不識，誰敢當機？揮德山棒，倒嶽傾湫；肆臨濟喝，轟雷掣電。寫出虛空鳥跡，直穿水底月痕。移淨瓶，推枕子，從上爪牙，喫①茶去，採藥來。宗門格調，誰問他廬陵米價？且脫去鶻臭②布衫，飽齁齁無證無脩，赤骨律有憑有據。枯木巖前立雪，不萌枝上拈花。搜空涅槃心，點出正法眼。雖是當人本具，覓他起處無踪。"喝一喝，云："獅勐一奏，羣響絕聞。即日雪消，少室春滿。"

皇州恭惟功德主太監公，荷聖情於北闕，明祖意於西齋，內府良才，法門外護，建茲淨業堂於妙應，集大比丘眾於叢林，萬善同歸。一期嘉會，分六時之禮誦，爲三載之良規。幸得我僧錄講經，信庵諒公大和尚，宗通、說通、名稱、德稱，月三八日，降此敷揚；本山方丈昺公長老，本山耆舊成公、瑄公，與夫堂中江湖龍象，并內外檀越③緇白人等，輪誠樂助，決非偶然。是以謁我山僧，肅臨此座。焚一炷香，上答皇猷，助宣佛化。因茲，記得世尊與衆行次，以手指地上云："此處宜建梵剎。"天帝釋持一莖草插於地上云："建梵剎已竟。"雖云"塵中能作主，化外自來賓"，殊不知世尊、帝釋到這裏公案現成，曾誰有作？所以這些用處，如走盤珠，在在而圓，旨絕詮量，自不期然而然。祇如我太監公換瓦礫作珠珍，轉穢邦爲淨土。樹引七行，寶殿堦前枝布影；蓮開九品，金波池上水生香。人人口吐古佛嘉名，個個毛含遮那法界，一塵一念互徧互融，堪酬莫大之恩，共入無生之智。可謂"紅爐點雪，碧海挑燈"。一種也是建箇梵剎，且太監公與天帝釋，還有古今相隔也麼？更聽垂偈：

　　信手拈來一莖草，堂堂梵剎眼中新。
　　乾坤一色黃金界，萬象咸彰刼外春。

---

① 【校】刻本原字脫落，據《妙峰山志》及文意，當作"喫"，故補之。
② 鶻（hú）臭：猶狐臭。
③ 檀越：施主。指以財物、飲食供養出家人或寺院的俗家信徒，又稱檀越主、檀那主、檀主。平時出家人也用來尊稱一般的在家人。

拈　古

舉南泉、歸宗、麻谷禮拜忠國師，泉於路上畫一圓相云："道得卽去。"宗於圓相中坐，谷作女人拜。泉云："恁麼則不去也。"宗云："是何心行？"

拈云：南泉與歸宗、麻谷，半路做個抽身計，以爲自勝，然千説不如一見。

舉香巖垂語云："如人上樹，口啣樹枝，手不攀枝，脚不踏枝，下有人問西來意，若不對，違他所問，若對，又喪身失命，正當恁麼時，作麼生？"卽是有虎頭招上座云："樹上卽不問，未上樹請和尚道。"香巖呵呵大笑。

拈云：叢林謂之虎頭，可謂虎頭者也。然據虎頭收虎尾，須是香巖老作！何也？不見道"樹上道卽易"。

舉雲居宏覺禪師，僧問："如何是沙門所重？"宏覺曰："心識不到處。"

拈云：宏覺乃洞下尊宿，恰不聞如馬之騬①之説歟？

舉潙山、五峯、雲巖同侍立，百丈大師云："併却咽喉唇吻，作麼生道？"潙山云："却請和尚道。"丈云："不辭向汝道，恐已後喪我兒孫。"五峯云："和尚也須併却。"丈云："無人處斫額望汝。"雲巖云："和尚有也未？"丈云："喪我兒孫。"

拈云：老百丈耄矣！爲子孫故忘於言，而也不知舉城東老母與佛同時而生，一生不願見佛，一日及見佛來，周廻上下皆避不得，乃以手掩

---

① 騬（zhù）：左後脚爲白色的馬。

面，十指掌中悉皆見佛。

拈云：城東老母不願見佛，恰不知在己通身是佛。殆見佛後，又不能於無佛處藏身，將謂這婆子有多少奇特！

舉陸亘大夫問南泉："弟子家中有一片石，有時坐，有時臥，欲鐫作佛，得否？"泉云："得。"陸云："莫不得否？"泉云："不得。"

拈云：陸大夫一片好石，不遇南泉幾喪淳矣！

舉玄沙示眾云："諸方盡道接物利生，忽遇三種病人來，如何接得？患盲者，拈槌豎拂他又不見；患聾者，語言三昧他又不聞；患瘂者，教伊說又說不得。若接此人不得，佛法無靈驗。"

拈云：玄沙三種病人，使盧扁再世也只可拱手，況庸醫者乎！

舉德山示眾云："今夜不答話，問話者三十棒！"時有僧出禮拜，山便打。僧云："某甲話也未問。"山云："爾是甚處人？"僧云："新羅人。"山云："未踏船舷，好與三十棒。"法眼拈云："大小德山話作兩橛。"圓明道："大小德山龍頭蛇尾。"雪竇云："二老宿雖善裁長補短，捨重從輕，要見德山亦未可，何故？德山大似握閫外威權，有當斷不斷、不招其亂底劍，諸人要識新羅僧麼？只是撞着露柱底箇瞎漢。"

拈云：若是德山當時只說到"今夜不答話"處便住，免見後來惹起這許多葛藤。又云：我是新羅僧，見德山纔開口，呵呵一笑便出。

舉雲門示眾云："老胡生下，一手指天，一手指地，周行七步，目顧四方，云：'天上天下惟我獨尊。'當時若見，一棒打殺與狗子喫，却貴圖天下太平。"

拈云：雲門雖是報恩有分，苟當時有人，則亦須喫棒。所以往往瞻前多是不知顧後。

舉臺山路上有一婆子，凡有僧問："臺山路向甚麼處去？"婆云："驀直去。"僧纔行，婆云："好箇阿師又恁麼去也。"僧舉似趙州，州云："待與勘過。"州亦如前問，至來日上堂云："我爲汝勘破婆子了也。"

拈云：趙州勘婆話，千百年下，我聞恰如親見這老漢一般，未知諸方作麼商量。

舉投子問巨榮禪客："老僧未曾有一言半句挂諸方耳目，何用要見山僧？"僧云："到這裏不施三拜，要且不甘。"子云："出家兒得恁麼沒碑記！"僧繞禪床一匝而去。子云："有眼無耳朵，六月火邊坐。"

拈云：這僧沒碑記，何似投子沒碑記？當時若見，也放這老漢不過。

舉布袋和尚頌云："彌勒眞彌勒，分身千百億，時時示時人，時人皆不識。"

拈云：時人且止，布袋還自識麼？

舉睦州問武陵長老："了卽毛端吞巨海，始知大地一微塵，作麼生？"陵云："和尚問誰？"州云："問長老。"陵云："何不領話？"州云："我不領話，你不領話。"

拈云：若是睦州待武陵云"和尚問誰"便爾休去，豈不千好萬好？却云"問長老"。噫！不亦剩矣！

舉太原孚上座問鼓山："父母未生時，鼻孔在甚麼處？"山云："卽今生也，鼻孔在甚麼處？"孚不肯，乃云："你問，我與你答。"山云："父母未生時，鼻孔在甚麼處？"孚乃搖扇而已。

拈云：我是鼓山，但向伊道：扇子且從你搖，切忌築著磕着。

舉雪峯云："飯羅邊坐地，餓死人無數；海水邊坐地，渴殺人無數。"玄沙云："飯羅裏坐，餓死人無數；海水沒頭，渴殺人無數。"雲門云：

"通身是飯，通身是水。"

拈云：老雪峯一門，父子說飯說水，自有意味。我則不然，不見道，不貪香餌味，須是碧潭龍。

舉趙州云："老僧答話去也，有解問底，致將一問來。"時有僧出禮拜。州云："比來拋磚引玉，却引得箇墼①子。"下座後，法眼舉問覺鐵觜："此意如何？"覺云："與和尚舉箇喻，如國家拜將相似，問云'誰人去得'，有一人云'某去得'，答云'汝去不得'。"法眼云："我會也。"

拈云：纔見道"老僧答話去也"，便與喝散大衆，尚且不堪！後來覺鐵觜、法眼強說兵機。嗚呼，蹉過趙州遠矣！

舉《法華經》云："止止不須說，我法妙難思。諸增上慢者，聞必不敬信。"

拈云：長鯨一吸海水盡，團團露出珊瑚枝。

舉崇壽指凳子云："識得凳子，周匝有餘。"雲門云："識得凳子，天地懸殊。"

拈云：識得凳子，千株松下好坐歇涼。

舉梁武帝問達摩大師云："如何是聖諦第一義？"大師云："廓然無聖。"帝云："對朕者誰？"大師云："不識。"

拈云：作家君王幾被大師熱瞞一上，因兹故，直得少室冷雪光生。

舉白雲端禪師因郭功輔到，示衆云："夜來枕上作得箇山偈，謝功輔大儒，說與大衆，請已後分明舉似諸方。此偈非惟謝功輔大儒，只要與

---

① 墼（jī）：未燒的磚坯。

天下有鼻孔衲僧脫却着肉汗衫。"乃云:"上大人,丘乙己,化三千,七十士。尔小生,八九子,佳作仁,可知禮也。"①

拈云:此偈謝功輔大儒,卽得要脫他衲僧着肉汗衫則未可!何也?猶帶筆墨氣在。

舉保寧勇禪師示衆云:"大方無外,大圓無內。無外無內,聖凡普會。瓦礫生光,須彌粉碎。無量法門,百千三昧。"拈拄杖云:"總向這裏會去。蘇嚕蘇嚕,悉唎悉唎,娑婆訶。"

拈云:若是這老漢,只說到"無量法門,百千三昧"處,便驀拈拄杖下座,至今天下人不奈這老漢何。

舉如來大集會中,一切諸大衆奉如來命,皆發菩提心,惟大力魔王云:"待一切衆生成佛盡,衆生界空時,我乃發菩提心。"

拈云:噫,名下不虛人,真可謂大力者也。

舉阿育王飯三十萬比丘衆,賓頭盧尊者居上座,王問:"尊者親見佛耶?"尊者以手舉眉毛,視王曰:"我見於如來於世無譬類。"王又問:"何處見佛?"尊者曰:"如來將五百阿羅漢俱王舍城安居,老僧亦在其中。"

拈云:惜乎賓頭盧,將見佛一隻眼失却了也!若是育王見舉起眉毛,便與踏倒飯床,也且當得一時齋會,却又問何處見佛,可謂相見不如初。

---

① 古時兒童初學寫字的描紅字帖,其大意是上大人孔夫子,以一己之身教化弟子三千,其中有七十二聖賢。你們這些小孩子,只有八九歲,要好好修身做人,知仁達禮,最後才可能成爲一個有作爲的人。在宋籍藏《古尊宿語錄》(卷二十九)中記載,北宋詩人郭祥正(1035—1113,字功父,一作功甫),在拜謁白雲禪師時,白雲禪師就在禪堂上對他說:"上大人,丘乙己,……可知禮也。……言雖粗淺,理實甚深。若不會上大人,如何登孔聖門,通曉六經子史、百氏詩書?縱使身名顯達,不曉上大人,如何佐國安邦,使功成身退?至於百工伎藝、負販庸人、孩稚小童,無上大人,如何成就能事?山林河海,日月星辰,上聖下凡,無上大人不能安立。"

頌 古

舉世尊降生云云，頌曰：

指天指地獨稱尊，誰爲銘肌共報恩？
莫道兒孫渾不肖，也知未上有雲門。

舉梁武帝問達麼大師云云，頌曰：

廓然無聖又不識，長安大路如絃直。
得來謁君不得君，翻成萬里關山隔。
一蘆江上去茫茫，闔國人追追不及。
少林冷坐纔九秋，千古清風蕩八極。

舉僧問趙州："如何是趙州？"州云："東門，西門，南門，北門。"頌曰：

直指東西南北門，堂堂大道接天閽。
行人好去不歸去，回首雲泥又夕昏。

舉道吾至一家吊慰，漸源撫棺問："生耶？死耶？"吾云："生也不道，死也不道。"源云："爲甚麼不道？"吾云："不道不道。"頌曰：

不道不道還不道，泥牛夜吼海天寒。
若使其人聽得見，方知雪曲和應難。

舉乾峯示衆云："舉一不得，舉二放過，一着落在第二。"雲門出衆

云:"昨日有人從天台來,却往徑山去。"峯云:"明日不得普請。"便下座。頌曰:

眼眼相看不見眼,更於何處覓知音!
如今要識韶陽老,南岳天台沒路尋。

舉世尊與衆行次,以手指地云:"此處宜建梵刹。"帝釋將一莖草插於地上,云:"建梵刹已竟。"世尊微笑。頌曰:

信手拈將一莖草,青山滿目舊家邦。
怡然一笑不知處,月在西林水半江。

舉茶陵郁和尚悟道偈云:"我有明珠一顆,久被塵勞關鎖。今朝塵盡光生,照見山河萬朶。"頌曰:

斗笠騎驢過水西,莓苔朝雨滑如泥。
不防一踏溪橋斷,回首青山天際低。

舉雲門因齋次,拈胡餅示衆云:"我這箇只供養江西兩淛①人,不供養向北人。"時有僧問:"爲甚麼不供養向北人?"門云:"天寒日短,兩人共一碗。"頌曰:

□②箇胡餅討甚汁,雲門一衆皆充足。
向北人,向北人,爲君別甑炊香粒。
咄!天寒日短,兩人一椀。

---

① 兩淛:"淛"同"浙",兩浙指浙東、浙西。
② 【校】據文意,"箇"前疑缺一"幾"字。

舉船子誠禪師囑夾山云："直須藏身處沒蹤跡，沒蹤跡處莫藏身。吾三十年在藥山，只明斯事。"頌曰：

> 三十年來明底事，踏番水底一片天。
> 無蹤跡處無蹤跡，誰說華亭有受傳。

舉定上座問臨濟："如何是佛法大意？"濟下禪床，擒住與一掌便托開，定竚立，傍僧云："定上座，何不禮拜？"定方禮拜，忽然大悟。頌曰：

> 下床一掌托開去，大用全機如掣電。
> 當下不容佇思間，直教萬疊雲山斷。

舉僧問夾山："如何是夾山境？"山云："猿抱子歸青嶂後，鳥啣花落碧巖前。"法眼拈云："老僧二十年只作境會。"頌曰：

> 秋林風掃凋霜葉，曉嶂雲穿落澗泉。
> 二十年來花下路，不知遊徧洞中天。

舉僧問瑯琊覺和尚云："清淨本然，云何忽生山河大地？"覺云："清淨本然，云何忽生山河大地？"頌曰：

> 清淨本然是何物，山河大地是何物？
> 江漢一霜天地秋，籬邊開徧黃金菊。
> 須恁麼，勿輕忽！六六元來三十六。

舉石頭示眾云："言語動用沒交涉。"藥山云："非言語動用亦沒交涉。"頭云："我這裏針劄不入。"山云："我這裏石上栽花。"頌曰：

石女解吹無孔笛，木人能鼓沒絃琴。
　　石頭路滑非君到，千古誰傳此叚音？

舉世尊臘①月八日明星出時，忽曰："奇哉，一切衆生具有如來智慧德相，但以妄想執着不能證得。"頌曰：

　　須彌橫海露全身，沒奈衆生眼有塵。
　　忽見明星當五夜，雪深寒谷變陽春。

舉僧問寶壽："萬境來侵時如何？"壽云："莫管他。"僧禮拜。壽云："莫動着，動着打折你驢腰。"頌曰：

　　萬境來侵總不干，呼蛇容易遣蛇難。
　　當時不得驅耕手，爭現全身百尺竿？

舉雲門問僧云："光明寂照徧河沙，豈不是張拙秀才語？"僧云："是。"門云："話墮也。"頌曰：

　　光明寂照徧河沙，何事無端舉似他！
　　眨眼不知何處去，遠山無限落晴霞。

舉張拙秀才問長沙岑大師曰："三千諸佛，但聞其名，未審居何國土，還化物也未？"沙云："黃鶴樓崔顥題詩後，秀才曾題麽？"拙云："不曾。"沙云："得閑題取一編也好。"頌曰：

---

① 臘：同"臘"。

詩家千載羨崔君，黃鶴樓高飛白雲。
爲恨長沙好知識，如何還似不聞聞？

舉兜率悅禪師三關云："撥草瞻風，直圖見性，且道性在甚麼處？"頌曰：

東西南北人間天上，滿目青山一條拄杖。

云："既得見性，便脫生死，四大分離，作麼生脫？"頌曰：

四大分離與君訣別，兔角杖頭挑潭底月。

云："既脫生死，便知去處，眼光落地，向甚麼處去？"頌曰：

元來鼻孔沒有半邊，覓伊去處徒費鞋錢。

囑大宗宣禪人

一陣兩陣秋風生，千里萬里秋空碧。
體露堂堂無位人，從來共住不相識。

囑月潭清禪人問答時有此語成偈付之

佛祖位中留不住，却行異類且輪廻。
放伊三十婆心切，芳草溪邊任去來。

囑曉堂明禪人

傳他佛祖不傳燈，須是叢林一箇僧。
倘有未知歸路客，要伊指出火中冰。

囑普門智禪人

百草頭邊真祖意,持來默默相分付。
法門重任自當知,未可於人輕吐露。

囑海藏深禪人

臨濟當年第一機,只傳活棒不傳衣。
果然做得他家子,喝下承當也是遲。

行　脚

　　師一日謂衆曰："淨倫，滇南昆明康氏。父泰，母何氏。生子四，倫居末，生宣德丁未。正統丁巳年，甫十一入學。庚申，是年十四，出家，受業本府太華無極泰和尚。戊辰春，年二十一，因請給，遂謁大方，究明大事。天順癸未臘末，糸見古庭老和尚於浮山，是年已三十七矣。自戊辰及癸未十六七年間，江南江北，經寒經暑，話頭上，冊子裏，掠得些子古人汗臭氣。迨見老和尚，總不當得。成化乙酉秋九月，別浮山。丁亥三月，京開山萬福，遂自領衆。戊戌夏，謝院事閑居。癸卯春，之五臺掛錫顯通，約有年餘，常與數輩禪流者，朝夕論其本有。丙午，京中飯僧。弘治庚戌秋赴顯通，請淨業堂撫衆。壬子夏，是年六十有六，卽京之舊隱，俟其終身。然幻迹去在又未必其何如？於戲！人之有生爲難，棲身方服之下更是爲難。古云：衣線下未明大事，誠爲苦也！可不勉哉，可不勉哉？因姑述此，以冀吾徒糸學者，慎勿我效焉。"

诗

七言律

次喬武庫縉金山勝覽韻

妙高臺上昔年遊，想徧山中景物幽。
出洞白雲含海曙，映窗晴雪湛江流。
好音常聽樹頭鳥，相對不飛沙際鷗。
西望金陵千古意，蓊蓊佳氣帝王州。

洞口閒雲淡不飛，亭高真與世途違。
青山綠樹環千里，霽月晴嵐滿四圍。
定裏閣愁簾影靜，講餘窗午磬聲微。
一回獨倚闌干外，天水分陰半落暉。

次韻送太常卿任先生坦然歸田留別

參差泉石舊巖廬，千里携歸一篋書。
松露滴苔三徑滑，茶烟凝竹六窓虛。
非心行處同誰到，卽色空時可自居。
溢目青山雖熟路，半途爭肯息肩輿？

明月清風信有緣[①]，衣冠歸去洞中仙。
黃茅恰好三間屋，白粥尋常數畞田。
道在目前全是理，心先物外亦循天。
未知此事同誰得，高枕青山日打眠。

---

① 【校】刻本原爲"緣"，據文意及韻腳，"緣"系形近字"緣"之誤。後文《山居雜吟》中亦有："我馬青山信有緣，青山與我更相便。"

新春日閱《華嚴經》有作次韻

帝綱重重演妙嚴，我生何幸且粗諳！
耳聲眼色皆同入，塵佛毛區等會談。
不異不同還不一，非前非後亦非三。
百城烟水春風裏，物物頭頭盡指南。

擬濟川航僧錄早春望湖亭

烟隔孤村呌①午鷄，登臨人立小亭西。
雪厓日暖飛空翠，泉谷風寒吐白蜺。
原上燒痕初得雨，隄邊新柳未拖泥。
茫茫湖水渺天際，無限青山眼外低。

送清泉洪首座南歸

來往京華究上乘，挑雲聊荷一枝藤。
草鞋踏遍千巖雪，古路曾逢幾個僧。
秋水拖藍寒瀲灩，晚山削碧瘦棱層。
叢林有則舊公案，誰肯拈將繼祖燈。

秋早過盧溝

鷄鳴茅店過盧溝，灘急桑乾淺水流。
霜冷斗牛低北漢，風清山月下西樓。
金鞭策馬人行早，竹杖挑雲我自由。
一望柳堤三十里，蒼涼紅日上瀛州。

---

① 呌：同"叫"。

憶受業太華次韻

故國太華峯頂寺，我年十五始初登。
月邊幽唳青松鶴，雲外高眠白晝僧。
到岸舟橫流水曲，尋溪路入落花藤。
昨宵因憶石窓下，曾也尋經分夜燈。

城市山林擬天目和尚作

長安車馬日縱橫，中有幽棲何許清。
種竹護烟林下趣，開池來月水邊情。
門閑自與紅塵遠，路滑誰嫌綠蘚生。
住處樂然貧道者，從他人世不知名。

銀山僧院松棚

小院寥寥半畝寬，老松傍石壓簷盤。
一窓風度夜聲碎，滿地月窺秋影寒。
鐵榦①低扶青雨盍，虯枝細織碧雲團。
山僧白日森陰下，無限塵緣了不干。

龍泉山行　癸卯入臺山有作

路入龍泉逸興悠，春風千里片雲浮。
遠青近碧山無數，東曲西彎水自流。
幾個人家花發處，一聲啼鳥樹高頭。
誰知未過松關外，已在清涼地上遊。

---

① 榦：同"榦""幹"。

投宿迷解寺次壁間韻

杖錫飄飄五頂遊，去心不管鬢毛秋。
半竿落日孤城遠，千里分沙一水流。
清夜做回天上夢，白雲攔斷世間憂。
草鞋明早溪橋外，疊疊青山任自由。

次顯通署菴僧錄淨業堂詩韻

白業精修預者稀，一堂風淡景淒淒。
燈懸宴坐一肩並，粥罷經行千指齊。
天樂響時知去路，藕花香處定歸西。
這回得見黃金父，誓徧塵區指導迷。

遠繼前賢高躅稀，蓮花漏刻畫淒淒。
幸同持遠千年事，當與劉雷一輩齊。
晴疊青山金沼上，冷懸紅日畫樓西。
即時踏着還鄉路，越死超生更不迷。

幾年禪悅費多吟，雞叫前村月半林。
清磬一聲千嶂曉，白雲數點萬山深。
盡將南閣題詩夢，都作西樓念佛心。
白髮願求歸去日，滿天飄下雨花陰。

十方佛讚古彌陀，舌覆三千見也麼。
片雪爐中觀淨土，漚花影裏度娑婆。
比於兔角長些子，却較龜毛短不多。
星月夜深垂斗柄，眉間毫相照山河。

五峯廓爾一精藍，古鷲巖前著小菴。
撈月有時空自笑，觀心無處共誰諳。

雨中山色長年露，天外松風盡日談。
睡起倚窓閒看雪，尋梅未必到江南。

過晹白谷靈峯寺次韻
青鞋布襪過南溪，小嶺崎嶇似躡梯。
石咽泉聲能斷續，雲連山色自高低。
樹頭落子偷松鼠，崖畔飛霜叫竹雞。
一飯靈峯秋日短，杖黎回首野橋西。

送友人求進未遂之南回
雞叫霜林夢未醒，如何滿得世間情。
雲橫天際暮山遠，潮落江頭秋水平。
千里去程勞跋涉，幾人回首笑功名。
爲憐空劫已前事，又着聰明背一生。

五言律

西山夕照
好山千萬疊，高倚碧樓西。橫谷生雲淡，隔林歸鳥啼。
窓開秋景霽，簾捲夕陽低。遠接岷峨色，嘉名入品題。

葛仙聳翠
山中有仙跡，千載亦悠悠。黃鶴一飛去，落花閒自流。
琴空雲洞古，劍化石潭秋。路入青蒼裏，烟霞不盡頭。

古柏參天
庭堂清晝永，古栢上參天。挺挺一千尺，遲遲五百年。
霜皮堆綠蘚，鐵榦繡寒烟。曾説丘墟變，高標①只迥然。

---

① 摽（biāo）：高揚。

銀山

白銀峯

景仰白銀峯，層臺隔幾重。半天晴削出，千丈碧芙蓉。
猿叫洞門月，鶴盤雲外松。倚窓僧笑指，高處有靈蹤。

古佛巖

蒼松盤古巖，下有白雲屋。仙梵隔烟霞，洞門鎖幽谷。
忽逢掃業僧，不見啣花鹿。來此禮空王，苔碑再三讀。

說法臺

偶來松下坐，苔護石臺平。谷口山泉響，林梢花雨晴。
此時誰說聽，千古意分明。回首日將夕，雲堂鐘磬鳴。

東林別意寄太初元上人

向作東林別，年華白我頭。此情無共語，斯道不堪憂。
簾卷禪房晝，月高經閣秋。五臺山色裏，還似夢曾遊。

竹室自適

披衣終日坐，惟道可爲憑。蒼雪千竿竹，白頭一個僧。
雨苔迷石徑，山氣冷龕燈。門外幾多事，生來都不能。

南山訪友

訪友過南山，悠悠翠靄間。松皮山舍小，石子野溪彎。
丘止鳥飛倦，洞藏雲自閑。紛紛身外事，誰不厭躋攀。

與聰、元二上人過南山，覩其人境俱秀，雲鶴同閑，遂次前韻聯句，筆之于壁，以紀一時之興。云：

策杖上南山，（倫）千峯指顧間。（聰）池開天鏡小，（元）簾挂月鈎彎。

僧與山同瘦,(倫)鶴隨雲共閒。(聰)優游清絕處,(倫)乘興一躋攀。

七言絕句

清凉山詠

雪高五髻爛堆銀,迥比人間境界新。
山外好山千萬疊,不來空老夢中身。

清凉頂

白雲藏盡千峰碧,微露摩空五頂圓。
高步清風生足下,不知身在幾重天。

清凉洞

松風流入洞門深,策杖優游我一尋。
回首秘魔巖上雨,暮雲歸去碧潭陰。

遊祕①魔巖

道得不得杈下死②,絕無衲客到蘿門。
至今巖畔松風冷,吹着行人也斷魂。

遊廬山尋竹林跡

山色晴開一逕深,落花流水入春陰。
不知坐石看雲處,遊徧無門聖竹林。

---

① 祕:同"秘"。
② 秘魔岩秘密寺始建於北齊,唐時高僧木叉和尚在此開創了聞名全國的禪宗道場。木叉和尚在佛家史傳中多被稱爲秘魔和尚。据《五灯会元》記載:"五台山秘魔巖和尚,常持一木叉,每見僧來禮拜,即叉卻頸曰:'那個魔魅教汝出家?那個魔魅教汝行腳?道得也叉下死,道不得也叉下死。速道速道!'學徒鮮有對者。"

進庵

竿頭一步要親登，不枉江湖做個僧。
更會轉身一步子，歸家合掌見南能。

德雲

閒閒一片太空中，忽爾興騰事不同。
普使大千霑一雨，歸來不住妙高峯。

別峯

聞言不與衆山同，知在烟霞第幾重。
一到德雲高步處，至今終不更迷宗。

曙庵

月落潭空夜色濃，穿雲誰伴下危峰。
歸來趺坐不知曉，窻外日高松影重。

無敵

一片當年鐵石心，龍蛇陣上慣能臨。
于今勳業渾忘却，高臥白雲深處深。

臥雲

我愛青山全是道，青山與我亦忘年。
日長無事青山裏，高枕烟霞只打眠。

雲菴

一片兩片晴不飛，三日五日茅簷宿。
悠悠常伴道人閒，謾作甘霖出巖谷。

山居雜吟

道人活計任天成，山自高兮水自平。
一榻樹陰眠白日，不知身似一毛輕。

我與青山信有緣，青山與我更相便。
源頭活水松頭月，此道無時不見前。

自入青山世路遙，烟霞養得性情高。
幾回日轉松陰去，安枕柴床睡正牢。

野性生來愛住山，住來住去自空閑。
秋霜冬雪不知老，瘦鶴枯松碧嶂閒。

喜禽飛到立庭柯，枝動身輕語更多。
無限風情冬日暖，底須說似老頭陀。

示鬱上人

少年清質出家兒，大事須明及早時。
不做一番窮的的，何能容易樂無爲？

示滇南洪上人

忙忙走得草鞋穿，只爲無端要學禪。
踏破滇池波底月，元來佛祖不曾傳。

寄廣道者

爲僧未得個心明，自是叅禪正念輕。
寄語上人當自勉，莫交此度又虛生。

示徒英侍者

我苦旃檀樹色秋，吾兒何不也添愁。
出家若不修僧行，誰料番爲佛祖讐？

示增上人

唯有死生真大事，其餘都是可商量。
此生若不分明了，何刼方歸本分鄉？

送傑峯昂長老下山

一句彌陀記得牢，自然傑出五峯高。
丁寧①再四不依說，辜負眉間白玉毫。

送僧淨僧髮

一枝佛祖未傳燈，枯木巖前夜發明。
不向個中知瞥地，累他無事半千僧。

五言絕句

浮山別意

天光寫秋碧，林葉脫秋黃。
片帆雲外去，歸興與秋長。

九月逸興

清清秋風吹，泠泠秋露垂。
伊誰同晚節，黃菊發東籬。

白水池阻雪寄中巖

昨朝春雨多，今日山堆雪。
拄杖欲尋師，雲深去不得。

---

① 丁寧：叮嚀，反復囑咐。

采藥雲深

洞口流來水，溪邊帶出花。
偶因尋藥物，不覺入烟霞。

晝寐

野禽聲隔樹，幽草碧侵簾。
身外無他事，藤床午睡甜。

松陰小憩

風來石上松，僧坐松下石。
洗鉢將煮茶，溪流漾晴碧。

盆石菖蒲爲蘄州姚揮使題

雲根漱碧泉，劍氣涵秋冷。
移近讀書窗，燈夜分清影。

沈周墨芭蕉

晴空開雪景，寒綠到欄干。
寫透幾千葉，淋漓墨未乾。

七言古

碧雞山雙月塔爲義明二上人題

塔目何緣題作雙月名，道人高行堪將評。
虛懷彼彼冰霜清，小朗大朗爲弟兄。
三十清黃節不更，只觀百歲如長庚。
日常一鉢和羅羹，庵前誰把春風耕。

有時對月陶幽情，有時坐石談無生。
此身不啻一點晴雲輕，身外何事能營營？
虛空無縫藏枯形，却把雲根苦鑿成。
巖壑含虛兩鏡明，海天寫影雙珠擎。
碧雞午夜空山鳴，溪頭眠雪泥牛驚。
肯似南陽一默話頭行，千古萬古遺嘉聲。

萬玉飄香墨梅爲聰慧菴題

溪上同雲壓地黑，遙空亂亂飄瓊屑。
玉龍何處蟠祇園，烟逕水濱尋不得。
綠衣仙子羅浮來，芳心細把輕冰裁。
天風吹徹素屏曉，不知滿樹梅花開。
吟罷自覺有如許，千朶萬朶凝寒蘂。
翠羽不啼林影橫，黃昏似向低低語。
竹爐靜煑茶，索笑山僧家。
癯肌淡烟掃，忘卻歸蓬島。
上人坐倚蒲團青，硯池凍合空賓賓。
暗香冷襲清夢去，寂寂柴門晝不扃①。
昨夜西湖峯頂月，來我窗前吐虛白。
試問江南多少春，都在僧房，散在枝頭雪。

---

① 扃（jiōng）：关门。

第七卷　朗目和尚《浮山法句》

妙峯山後學周理　輯
滇南學人陶珽　閲

浮渡山大華嚴寺中興尊宿朗目禪師塔銘并序

賜進士出身翰林院編修叅學優婆塞邑人吳應賓　撰文
賜進士出身翰林院編修龍眼居士邑人何如寵　篆書

浮山華嚴寺者，宋圓鑑大師遠録公爲歐陽永叔因碁説法處也。其在國朝，則古亭和尚以《山雲水石》作大師子吼，去而還滇百年許，而朗目禪師復自滇來浮渡，稱中興尊宿云。師，曲靖李氏子也，法諱本智，初號慧光，余同年黄舍人道月以朗目更之。曲陽之城有朗目山，師之薙髮在焉，志初且旌法眼也。山之主人曰白齋和尚，始出家，有子弱而慧，龍性難馴，白齋窘之。北方數年，得其傷足之便，乃負而趨爲之剃染，卽師也。白齋捨富人居，修遠離，行華嚴法界，勤勇念知。其住鷄足，住會城，皆以師從，聞熏發起良厚。將順世①有爲②，師請遺教者，白齋曰："是惡知不旦莫③爲人壻④耶？"蓋激之也。師乃發憤，請益諸方。是時，武當不二，伏牛大方、印宗，南岳無盡，廬山大菴，薊門徧融、月

---

① 順世：佛教稱僧徒逝世。
② 有爲：佛教用語，有因緣造作之法。
③ 莫：通"暮"。
④ 壻（xù）：夫也。夫者丈夫也，然則壻爲男子之美稱，因以爲女夫之稱。

心、性天輩皆倡導。師所至，有結夏者，有三年淹者，有發踪者，有安鼻孔者，有搖首者，有揚眉瞬目者，有點頭者，有爲之停機注思者，雖咄咄逼人，未嘗自喜。清涼、峨眉、落伽、天臺、少林、蘆芽之屬，咸極幽討，庶幾遇之。其後乃登天目蘭風之門，風以"見佛了生死"爲問，師方擬說，輒呵之。一日，風肩柴次，遙見師，擲之於地曰："見佛了生死。"師不言，直前肩其柴，大呼曰："見佛了生死！"風深契之。於是，臨濟之金剛王，時從面門放光出入，稱藂①林白眉矣。往余讀蘭公所著《宗鑑》，而歎師之能肖其哮吼也。而蘭公常以方便攝諸外道，賊具借資，頗滋不譽，波及師，愛者請有以自貳②。師曰："譬如飲水，冷暖自知，奈何以外人齒頰而背吾心耶？"而師所摧伏外道，以謝蘭公，亦復不少。《易》曰"幹父之蠱"③，師之謂也。

　　師既具擇法眼，以婆心故，不辭泥水門人於方之內，前後所得，當名人魁古，無慮數十輩不具載，載其慕用④之尤者。過六安時，劉大夫垓爲新中峰山，居之刹曰華嚴者，以憩瓶錫，既成，去而遊白下⑤。鍾給事宇淳⑥、陶比部允宜，皆莫逆焉。居數年，比部左遷廬州，別駕視篆⑦於六安⑧，出俸錢，創鏡心精舍，以待師問。行至合肥，則黃舍人片言投契，上首自雄作《朗目禪師小傳》，而余小子應寘用。萬曆甲午，從四衆範文，六天人師，歸於浮山之金谷巖。當事之嚴，而師飄然一衲，挂搭菩提場中，悲仰請加者，累月像成，然後去。既見君子，我心則夷，同

---

① 藂：同"叢"。
② 自貳：指自別於人。
③ 幹父之蠱：出自《周易·蠱》："幹父之蠱，有子，考無咎。"幹：承擔，從事；蠱：事、事業。繼承並能勝任父親曾從事的事業。
④ 慕用：仰慕信賴。
⑤ 【校】刻本原爲"曰不"，對照憨山德清《皖城浮山大華嚴寺中興住山朗目禪師智公傳》，"曰不"系"白下"之誤。白下爲南京之別稱。
⑥ 【校】刻本原爲"字滴"，對照憨山德清《皖城浮山大華嚴寺中興住山朗目禪師智公傳》，"字滴"系"字淳"之誤，"淳"爲"淳"之異體字，即鍾宇淳，人名。
⑦ 視篆：掌印視事，官印例用篆文，故稱。
⑧ 【校】刻本原無"安"，據前文並對照憨山德清《皖城浮山大華嚴寺中興住山朗目禪師智公傳》，"六"後當有一"安"字。"六安"，地名，位於安徽。

心之言，雲興瓶瀉，二三寅契，皆曰"未曾有也"。蓋自古亭之去浮渡，而華嚴燼矣。支提覤山和尚從余請以慈聖皇太后法寶駐錫金谷，爲蘭若前茅。明年復如，支提久之示寂，則遂以金谷戴①師。始至自六安②，首爲遠公舉揚十帶，慈濟堪忍，衆是以和。波句③滋蠹至剖，龍宮而馬鬣之，師曰："真宰豈有異方便耶？"禱於三洲包腰而去。而如來所遣劉司空東星以中丞建節淮，濟慈示之不忘，急開士，邂逅師于④龍興，覩大機之用，而喜可知也。靜室用二輩禮館之左舍，大索竺墳⑤，請所以報德者三，而師不應也。無已，乃言浮渡因緣⑥，亟下令⑦，所司治反金地，諸使者、郡邑大夫順流更始，闡提章章⑧，歸我汶陽而會。

上大轉三藏法輪於菩薩住處。師自濟之普照如京師。中丞之聲，實爲前導，遂得□請一時英碩。諸所推輓⑨，若臂若舌，語具余内兄⑩胡粲知瓉所成《浮山志》中。肇自戊戌迄於壬寅，首尾五夏，而浮山護國大華嚴屹然表於龍象之窟。

璽書貝氎⑪，特地配天。歐遠一會，儼然未散。惟兩大士尸⑫之，怪乃沁水之車，浮山之笠，千里一日，不異合符，豈人力也哉？所從來久遠矣；師氣韻閑曠，目無貴高，取大宰官，惟法幢之是務建。食不力珍，

---

① 戴：尊奉，擁護。
② 【校】同前文，"六"後當有一"安"字，即"六安"。
③ 波句：佛教中的魔王，又稱魔羅，經典中常作"魔波句"。此魔王常隨逐佛及諸弟子，企圖擾亂他們修行。
④ 【校】刻本原爲"子"，對照憨山德清《皖城浮山大華嚴寺中興住山朗目禪師智公傳》，"子"系"于"之誤。
⑤ 竺墳：竺指天竺，墳爲古代的典籍，竺墳即佛經。
⑥ 【校】刻本原無"因緣"，對照憨山德清《皖城浮山大華嚴寺中興住山朗目禪師智公傳》，"浮渡"後有"因緣"二字，故補之。
⑦ 【校】刻本原無"令"，對照憨山德清《皖城浮山大華嚴寺中興住山朗目禪師智公傳》，"亟下"後有"令"，爲"亟下令"，故補之。
⑧ 章章：畏懼不安貌。
⑨ 推輓：由後推進或由前牽引。語本《左傳·襄公十四年》："衛君必入，夫二子者，或挽之，或推之，欲無入得乎？"後人遂用以比喻引進、薦舉。也作"推挽"。
⑩ 【校】刻本原爲"内凡"，據文意，"内凡"系"内兄"之誤。
⑪ 氎（dié）：細棉布。
⑫ 尸：執掌，主持。

卧不下帷，入爲寶瓶，出乃香積，三藏之函，三寶之塔，秋毫皆四事之自出也。操觚之技，慧業夙成，林下水邊，味其韻語，爽然若致身中峰之側。書法潛心右軍①，往往以遒勁見賞，然皆不竟學，取能莊嚴第一義爲悉檀之助而已。高山仰止，麈②尾是瞻，楮墨齒牙③，應接不暇，或時體爲之敝，師亦不知也。輕重不立於懷，讚毀不止於耳。二施四攝所起佛種，使有籌室④，何啻闍維⑤！余同年竇廉訪子，俌⑥喻之淨月處空，影涵萬水，倔彊者不覺心下。所至非有求人，人者求之。于開府若瀛、汪中丞可受、陶祭酒望齡、袁洗馬宗道、黃庶子輝、李侍御天麟、王職方舜鼎、張大糸淳，皆許絕倫之目，而王太史陛、雷太史思霈、王給諫元翰、朱武部世昌、陳觀察佇、蔡工部善繼、李評事□□、張令尹慎言、吳州守澄時、阮州守以臨、陶進士斑、司空之胄子劉□□，並總已北面稱浮山優婆塞者也。僧伽藍摩⑦經綸伊始，則付囑其徒圓白，而脫身爲竿木之遊。廻見業因有力者，復祖堂。之寧海，使白之兄圓教居之。至沁水，置蒭⑧於司空之墓。

而是時，潘藩以金湯爲刹利中最，尤好華嚴，所居諸座主執經侍側，居然五十三糸中一。數聞師名，因其入都致之。既至，長揖不拜，發以敬田，神情整暇，慈旨清婉。潘邸爲之改容肅客，法喜滋熏。明日遂納師資禮，所供獨受一紫伽黎及水晶素珠，爲浮渡之鎮。而潘邸不復南面，朝釋子矣。師於紫柏老人後而未往，挂錫薊門，而紫柏示受王難，譸⑨張

---

① 右軍：晋王羲之曾任右軍將軍，後稱其爲"右軍"。
② 【校】刻本原爲"塵"，據文意，"塵"系"麈"之誤。麈（zhǔ），古書上指鹿一類的動物，其尾可做拂塵。
③ 楮墨：即紙墨。齒牙：指言語，文辭，論説。
④ 籌室：佛家指說法證果之室。
⑤ 闍（shé）維：佛家語，指僧死後加以火化。
⑥ 俌：同"俌"，稱讚。
⑦ 僧伽藍摩：梵語音譯。謂佛教僧團所住的林苑，一般指佛教寺院。《四分律》卷一九："舍夷城中諸婦女俱梨諸女人，持飲食至僧伽藍中供養。"也作伽藍、僧藍、僧伽藍摩、僧伽藍磨。
⑧ 蒭：草把，此處指弔唁。
⑨ 譸（zhōu）張：欺詐，誑騙。

之徒虎且域，招提①大恐。師以空寂，我國晏然，作書抵吾家客部用先②，讚嘆紫柏逆行方便，甚難希有。由斯以譚，師之親見紫柏久矣。而山陰錢經國所述兩公鍼芥之語，實傳聞於紫柏之門。知師者，何必在弟子耶？

居數月，受慈聖請，自寶塔徙居蘆溝之廣慈，精藍③大建，然師所懷來④，故在浮渡，日夜欲有所會以濟南轅。而慈聖將周三百六十甲子，眾請以《首楞嚴法》增上祝延，師躊躇數四，若將弗克，至"同分別業二種妄見"，忽下座，告大眾曰："緣盡矣！"以水灌掌，跏趺而逝。時乙巳之十二月二十四日也，距生乙卯歷五十朞⑤而符其月日。僧臘以十計者四焉。

訃聞，慈聖震悼，憫卹有加，賜金返靈骨，塔於浮渡妙高峯之南麓，從師志也。師嘗問蘭公和尚："知是般事便休，何自苦？"蘭公云："恁麼則法有住處矣。"師伏膺之。五載修般舟行，以剋正性而違現業，入草驀鼻⑥念佛自呼，終其身脅罕至席。金谷安居，率眾長跽⑦，以華嚴音聲潋灡觀察，而方山之論觸目會心，自是更喜修多羅藏，蘭風一句不復作奇特想矣。師十二驅烏，十九行腳，三十年，一聞家耗，還書慰喻，諸法空幻外，了不及私。嘗爲余言今是昨非，相觀末後，脫洒有以也！百身可贖，絕塵而奔，以追六千比丘之鞭影，即彌勒樓閣彈指立登，何論梵剎哉？

初後住處皆曰華嚴，最初所事師、最後所囑大弟子皆華嚴善知識。

---

① 招提：梵語音譯。原爲四方僧的住處，後泛指寺院或僧房，引申爲出家僧侶。

② 用先：即吳應賓之侄明代兵部尚書（大司馬）吳用先（1558—1626），字體中，號本如，晚號余庵，安徽桐城人。著有《周易·筮語》《寒玉山房集》《撫蜀疏草》《蓼我集》等。

③ 精藍：佛寺，僧舍。精，精舍；藍，阿蘭若。

④ 懷來：招徠，吸引，招納。

⑤ 朞（jī）：同"期"。《説文解字》注："（期）會也。會者、合也。期者、要約之意。所以爲會合也。假借爲期年、期月字。"

⑥ 入草驀鼻：以牧牛喻參禪悟道。據《五燈會元》之"撫州石鞏慧藏禪師"記載：一日，鞏在厨作務次，馬祖問石鞏云："作什麼？"鞏云："牧牛。"祖曰："作麼生牧？"鞏曰："一回入草去，驀鼻拽將回。"祖曰："子真牧牛。"

⑦ 跽（jì）：長跪。兩膝著地，挺直上身。

而余讀《古亭碑》，亦以法界之門①與離文字印②爲鳥之二翼。往師在滇時，嘗熟覩古亭肉身於歸化寺，而記名字於浮渡者，誤以亭爲藤後在□王舍。滇人向以《山雲水石集》而後知歸化肉身之爲浮渡主也，二刹相去萬里。百餘年間，去來如連環，憶忘如蕉鹿③，可不謂大異乎？當師護藏返錫，余贈之詩曰："古庭歸路爲來路，遠錄宗乘入教乘。"蓋實錄也。幻因幻果，谷響泉聲，十帶十玄，搬柴運水，未知見佛了生死者，到此還有末後句也無？嗣師法者，圓忍、圓教兩座主，後先戮力，咸有庸施；而白書記代師領衆者五年，深入緣起，得菩薩戒於古心和尚，在羯摩中說法第一；其末以浮渡推紫柏之高足鎧，君子謂之善繼善因。此三比丘與師少所偕行脚。圓性座主相繼觀化，皆以闍維之燼，從師於窣堵坡之左側。忍之徒佛觀、佛香，教之徒佛開，白之徒佛志、佛來，若守若從，不爲無樹。而開與來也，親祝髮於師手，嚴淨毘尼，勤求般若，師之慧命在焉。汪中丞嘗與師言於金臺之下："師號朗目，何不朗吳太史目？"師笑曰："遠公黑白未分一著子，非渠無眼人不能覰也！"余小子未之敢承，然師之所以朗余目者亦已多矣。天刑未寬，無能爲役，中心藏之，何日忘之？乃因舍人小傳益摭④甲午以後所聞見於師者，勒之於塔而系以銘。銘曰：

　　臨濟之宗遠錄橫吞曹洞，浮山之帶古亭混入華嚴。人境俱奪兮，龜毛兔角之薪盡；事理妙叶兮，山雲水石之火傳；天目之返擲兮，顯法身向上之用；歸化之出定兮，了昔人猶在之緣；支茆建刹兮，看殘棊於局外；微塵經卷兮，聽摣皷於聲前；開示衆生兮，從來一十九路；莊嚴佛土兮，向後百千萬年。有塔涌地，有舌彌天。帝網重重而無盡，金輪刹刹以俱圓。其斯以爲朗公之禪。

---

① 法界之門：指華嚴宗。
② 離文字印：指禪宗。
③ 蕉鹿：見《列子·周穆王》："鄭人有薪於野者，遇駭鹿，禦而擊之，斃之。恐人見之也，遽而藏諸隍中，覆之以蕉，不勝其喜。俄而遺其所藏之處，遂以爲夢焉。"蕉，通"樵"。後以"蕉鹿"指夢幻。
④ 摭（zhí）：搜集，拾取。

夢禪語

王舜鼎（會稽人、兵部侍郎）

乙巳臘月念①有四日午時，朗目和尚無疾坐化。次日其孫幻際來報。越數日，將歸靄②骨，建塔原住浮山，問銘於予。予惟和尚生平夢見這著，十方三界既已空却，今日何須更從空裏重牽葛藤夢中説夢？意欲借筆端點出光明，且莫匆匆草草。無已③姑取舊時相見一二夢語，舉似明眼人共圓此夢，何如？

記壬寅年，偕陶石簣、趙石梁諸老訪師于寶塔寺。石簣舉《楞嚴經》中"喪本受輪"語問："如何是本？"和尚不答。復問和尚，應云："若再問便喪却了也。"復云："必欲究竟此事，尚須細詳，期以異日。"衆遂別顧，余心動不能已，尋④與左心源約再訪。盤桓竟日，頗悉和尚行脚事與提策學人語，剖出心肝，努破睛珠，入泥入水，曲爲學人。嘗云："吾嚮於宗門，見些光景，自謂妥當。一機一境，當甚麼事！汝等學者，須著實用力，時時覺照，始有少分相應。"又云："《金剛經》須細讀。降伏其心，只在無我、人、衆生、壽者四相。後云'應如是知、如是見、如是信解，不生法相'，學者直須恁麼始得。"亹亹⑤開示，可謂至拳切矣。嗣後，和尚以送藏歸浮山，余以使事歸會稽，年餘不相會。比⑥甲辰抵京復晤寶塔寺，再與石簣諸丈會譚慈慧寺。石簣細叩此事，和尚再四徵詰，舉《心經》"照見五蘊皆空"語問："今見有五蘊如何能空？經中説深般若，此般若人人本有，只是不顯，顯卽五蘊空矣。"儘力提示大約，欲學人照破幻相，透出本地風光耳。慈悲心切，不無落草之談，要

---

① 念：廿的大寫，即二十。
② 靄：同"靈"。
③ 無已：不得已。
④ 尋：頃刻，不久。
⑤ 亹亹（wěi wěi）：勤勉不倦貌。《爾雅·釋詁》："亹亹，勉也。"
⑥ 比：及，等到。

以空諸所有，一切皆是，一切無著，此等境界，和尚蓋親受用久矣！

寥寥末法，衲子幾人，予與和尚形跡似疎，道味頗契。予嘗寄柬，以不相見而見。和尚答云："汝既如是，吾亦如是。"化之先數日，和尚以一緣事相託。予答柬尾有云："歲將暮矣，滴水滴凍，目下如何？"意以相勗①。不謂逾日，遂辭世去也。目下消息畧通一線，身世何有？去來翛然，和尚庶幾得自在法門矣！聞先一夕，夢四大皆空。早起語人"生死事亦只尋常，吾今覺無身一般"，然猶升座，講《楞嚴》至"別業同分二妄見"處，罷講歸禪室，端坐瞑目而化。道俗見聞，歎未曾有。茶毘日，丘太史王給諫至蘆溝橋北，皆長跪合爪誦佛至火滅乃已。

總之，同分妄見本無生死，妄見生死。現在生死，妄見無生死。種種臆想，種種戲論皆夢也。打破此夢，仍夢也。即今有不夢者麼？試扶起朗目和尚與伊摸却眼睛，點出光明看。

---

① 勗（xù）：同"勖"，勉勵之意。

浮山九帶序

咄！這老漢遭葉縣省①雷鳴雨棓②，忍得氣充環宇。受太陽玄③皮履直裰④，付諸方，不直半錢。那堪坐大宋仁宗皇祐勅賜浮山大華嚴，令四海仰如星斗，至今聲價彌天，指點文忠子，黑白未分前一著，畢竟落在那邊？敘宗門九帶葛藤，猶存一帶未完，累天下學人紛紛把作話頭糸。余是祖師第二十四代覺胤⑤，越一萬八千程，來究當時未了底公案。不免替祖師代轉法輪，爲諸人聊通一線。使楊廣山頭異草翻茂，會聖巖前怪石開蓮。闢開大通洞口，拈出九帶枯禪，蓋天蓋地，彌古彌今，普現諸人面前。用之則任汝敲風打雨，不用則從他墮海堆山。諸人到此還見吾祖師第十帶宗旨麼？將拂子向空中一點，便下座。

---

① 葉縣省：即葉縣歸省禪師。
② 棓：同"棒"，棒擊也。
③ 太陽玄：即太陽警玄禪師。相傳遠録和尚參拜曹洞宗祖師太陽玄禪師，玄師以直裰皮履授之曰："洞宗無人，以此傳之。"遠録奉命前往浮山，成爲浮山曹洞宗的開山祖師。
④ 皮履：鞋，僧鞋。直裰：亦作"直掇"，僧袍。
⑤ 覺胤：覺悟的後代，法王之子。胤：後代，承繼。

柬劉晉川司空

　　古人以學道譬之牧牛，發心修道如尋牛，久之見性如獲牛，以念佛總攝六根如調牛。故經云："譬如牧牛之人執杖視之。"又云："一回入草去，把鼻拽將來。"此捷①徑法門，老檀早深入矣。經云："見性易，學道難。"既得見性，放過即不可。幸老檀二六時中，將本条話頭重加精進，一切處不可放過，念茲在茲，如煉精金，轉加明淨。今時學道之人，只務説禪，説時似悟，對境都迷。只爲不肯信心，一切處放過，被境所轉，不能轉物爲道。山僧在長安市上，與諸宰官居士單提淨土一門，同修念佛三昧。如黃太史慎軒居士夫人去世，發願永斷愛欲，獨處靜室，公務之暇，一心念佛，廻向西方。袁又損昆季及一門眷屬，俱持彌陀佛號并往生神咒，爲西方公據。又劉尚寶、李御史諸上善友，俱以念佛三昧送日月。此諸法友，禪土雙修、福慧兩嚴，真可謂在家菩薩也。今以化諸君念佛公案一百八句，見性成佛秘旨，書寄老檀，熟条熟念，自覺覺他。但念佛有二種：一口頭念報身佛，二心頭念法身佛。未見性人，念口頭佛；已見性人，念心頭佛。以心融十方，故念佛一聲，十方震動。經云："佛身克②滿於法界。"正念佛時，佛即是心；正念心時，心即是佛。心佛不二，法界如如。經云："覺徧十方界，即得成佛道。"惟老檀深心念佛不盡。

---

① 捷：同"捷"。
② 克：同"充"。

柬黃慎軒太史

貧道智聞居士依最上乘發菩提心久，如浮山華嚴遠祖道場，乃居士菩提心中一微塵耳。此箇微塵，量等千界，無量凡聖，盡處其中。智今舉此一塵，請居士以筆端三昧點破，成華藏莊嚴，則十方諸佛無不讚嘆，一切衆生無不歡喜。智望居士座，瞻仰無量。

答蘊璞法師

"牛首别而不别，龍舒逢而不逢，且道不逢不别是何面目？"咄！釋迦以這箇指天指地，達摩以這箇分皮分髓，臨濟喚作金剛王，趙州溜指爲柏樹子，乃至千七百老衲顛拈倒用，俱出不得這箇門頭戶底，都爲他不逢不别，動用百草頭邊，寂滅一微塵裏。令盡大地人推不倒、扶不起。上座到此田地，只得將空合空，以水投水。不免以這個陡馬大師千百年爛不盡的一張木床，以這箇說老瞿曇五十年譚不了的半邊圓覺，以這個剖佛祖心胸，以這箇揭人天眼目。究竟這個，早是空中釘橛，那堪更將埋塵故甎①封作臘月扇子？吐曼浮渡山人，說是鹽官犀角，却被巖前石女看破了也。呵呵！似這等用不著的閒家具，只好分付無手童子，等到驢年，打死東海鯉魚，了一二場懡㦬。揀點將來，金剛王、柏樹子與塵甎、臘扇，總是古今通弊，好與一齊按下，放過三十棒，且看無面目老子與太虛空商量。昨夜把須彌山一摑，驚動南海波斯，捉住西天賊盜，等到今朝日午打三更，叫森羅萬象一齊看，却是東村王大老。咦！然雖如是，似這等說話底，只合提到十字街頭，倩②無舌人痛與一場惡罵。何故？怪他前來錯說了這箇。

---

① 甎：同"磚"。故甎即舊磚。

② 倩（qìng）：請人做某事。

開心法語

震旦瀋邦，有大世主繼成①離欲居士，早受靈山之記，夙植般若之根。以悲願無盡故，示誕王宮；爲覺悟自他故，廻②向佛道。以實相觀身，以如幻涉世，神定三摩，志趣六度，美聲遐布，善信咸依。方外朗目比丘者，以生死故，離世間綱，徧求善友，故歷半天下。聞世主道聲，欲會心要，從浮渡山三十六巖方丈中出，經行過百由旬地，入舍衛城，於十字街頭悲宮智殿中，見其世主坐無畏座，福德具足，智慧洪深。以無我智修一切善法，知一切法皆是佛法，清淨光明如人中月，敬合掌問訊曰："善哉！世主富有國土，貴無等倫，作何勝因，感斯妙果？"爾時，世主即從座起，亦合掌問訊，答曰："我昔曾於無量百千萬億佛所，種諸善根，深信般若，以是善因，成是善果。"又問："諸婬③、怒、癡與戒、定、慧，世出世法，我及我所得性相平等否？"曰："法與非法悉無自性，無性之性，性自平等，無有差別。"又問："此無性之性境界云何？"曰："虛空佛性，境界甚深，須籍開示乃得悟入。"作是語已，即迎比丘入大慈悲殿，焚五分香，禮三世佛。問訊比丘曰："惟善知識開我智眼，入佛知見。"於是，比丘以無聲文名句之智，說一切聲文名句之法，令世主善友發增上善根之心，發深信自信成佛無疑之心，發誓與諸佛同堅固實相不二之心，發廣大如虛空含萬象之心，發隨順世行導利衆生之心，發精進不退轉如金剛不壞之心。發是心已，以普光明智印，普印十方三世萬有一切諸法同一光明智體。正恁麼時，十方諸佛同時現身，天下舌頭一齊坐斷。比丘默然良久，乃謂世主曰："此無相法門，佛之知見，汝今見麼？"世主亦默然長久曰："已見。"曰："若向這裏見得親切，轉過身來便與十方諸佛共一唇牙，百億修羅同一鼻孔。如或未然，須向百尺竿頭

---

① 繼成：繼承先人成業。
② 【校】刻本原爲"廽"，據文意，"廽"系"廻"之誤。
③ 【校】刻本原爲"媱"，據文意，"媱"系"婬"之誤。

更進一步。如華嚴會上大勢德王，勝德王，善光、無厭諸大聖王，皆勤觀察無相之法，不著世間自在王位，惟求諸佛自在法王之位，莫不皆以寂靜之法而爲宮殿，恒住其中。今者大王戒稟菩薩，名稱圓性，欲泛如來大寂滅海，當踐其古聖所履之道，將此無相、無盡、無實、無虛、無依、無住大方廣堅密法界之性，作一句話頭，一念現前，則一念智周法界；念念現前，則念念智周法界。經行坐卧常住其中，此是修無修修，念無念念，行無行行，證無證證。大王應如是知、如是見，如是見、如是信解行證。吾今爲汝保任，此事終不虛也。"

　　謹按是篇尊藏瀋藩策府①，辛亥秋孟②親授。無説律師過百由旬，轉付剞劂③，續于初卷之末，圓滿浮渡黑白著前十帶公案等，攝衆生入大華嚴平等法會，盡未來際熾然無間無説，即微密瀋藩所贈號也。於是廣淪④吳應賓執筆敬紀其事，以垂永永！

---

① 策府：帝王藏書之所。
② 秋孟：即孟秋，指農曆七月。
③ 剞劂（jī jué）：雕板；刻印。
④ 廣淪：吳應賓法號。

诗

七言古

贈覺凡關主

孤峯頂上結茆關，關中深隱無爲客。
三寸面皮冷如冰，一點禪心堅似鐵。
搜空曠刼本來心，戰退目前生死賊。
經行坐臥體如如，見聞知覺無分隔。
千般知解盡拈除，一念萬年無間歇。
猶如鑽木火熾然，只待灰飛與烟滅。
木人持鉢下崆峒，石女懷胎絕言説。
兩度相逢話葛藤，喃喃未盡婆心切。
關中有主主中關，寂照兩忘虚默默。
丈夫志氣等金剛，摧碎魔王心膽裂。
萬象光中獨露身，非俗非僧非行業。
松風流水絕音聲，青山白雲無顏色。
逼得虚空粉碎時，忽然迸出寥天月。
三關九帶了無干，百非四句無交涉。
單單拈箇死猫頭，臭氣潑天俱漏泄。
轉身復我一粗拳，謂云朗漢多饒舌。

五言律

秋日坐白雲巖方丈，爲吳篤之、明之兩居士譚《楞嚴》實相，每禪餘經行峯頂，趺坐巖龕，吟風嘯月，偶成偈語，遂筆以贈之，凡八首。

其一
結社傍禪棲，長松覆石溪。一心祇這是，萬法本來齊。
得旨空身世，忘機出悟迷。目前親指示，煩惱卽菩提。

其二
欲識圓通旨，先須了性空。道超言象外，心應色塵中。
鳥語談真諦，溪聲演妙宗。返聞聞自性，更莫問西東。

其三
稱性開玄旨，隨機闡密因。了心忘我相，觀世轉空輪。
獨照融三諦，和光泯六塵。圓通無內外，法界現全身。

其四
經行烏石頂，長嘯白雲端。夜月山光淨，秋空斗宿寒。
談心揮麈柄，問偈坐蒲團。點破金剛眼，乾坤掌上看。

其五
青華方丈坐，與世自相分。燈掛巖前月，衣沾石上雲。
寒崖翻豹霧，古木篆蟲文。更上孤峯頂，超然思不群。

其六
古洞開青嶂，丹崖挂碧蘿。澗中流水細，峯頂白雲多。
僧坐深巖定，樵歸野路歌。幾多西祖意，寂寞在山阿。

其七
這箇摩尼寶，塵塵盡放光。希聲誰解聽，遍界不曾藏。
返復無歸落，來回不定方。未離些子地，隨處見空王。

其八
今證圓通境，長林入曉風。普門何滯礙，萬法本条同。
月色波紋裏，山光樹影中。圓通不是境，識境卽圓通。

坐木蓮閣

小閣千巖下，幽栖一病禪。燈懸天上月，茶煑谷中泉。
石潤巖飛瀑，林昏樹吐烟。有人來問法，惟指木開蓮。

送僧歸鷄足

孤身遊萬里，一錫振千峯。踏遍曹溪旨，糸窮少室宗。
心花開片片，慧日現重重。禮罷諸方後，歸家扣石鍾。

七言律

登雙峯

短策輕衣信步登，扳蘿直上最高層。
千重雲裏三間屋，萬丈崖前一箇僧。
片石孤峯爲法座，疎星皓月是明燈。
洞中天地忘今古，到此方知最上乘。

鏡心講堂贈瑞光座主

雨花金地湧青蓮，勝會靈山尚儼然。
萬法森羅三昧印，一心清淨六根禪。
劫前寶塔憑誰供，空外燈明只自然。
無垢一生須作佛，莫將遠計賺人天。

浮山解制

千日禪關解制時，秋風吹動紫伽黎。
白雲片片橫金谷，流水潺潺下石溪。
錫杖竟飛天柱北，鉢囊爭出石門西。
因緣聚散由他去，獨向寒山樹影棲。

呈焦弱侯太史

坐到虛空粉碎時，此生心地自平夷。
撥開智眼元無智，打破疑團更不疑。
見離見時名實見，知無知處是良知。
君今剔起眉毛看，大地山河更有誰！

答三龍居士

其一

挂月擔風淮海過，偶逢知己道情多。
人貪愛染投塵網，爾解心空出世波。
竹苑共談黃葉偈，松間聊賦紫芝歌。
個中悟得真消息，成聖成凡總是他。

其二

急向生前識本真，唯心淨土沒關津①。
聲聲不昧元初體，念念單明淨法身。
心外莫尋成道處，目前薦取自家珍。
諦觀蓮國如來子，盡是娑婆念佛人。

其三

百歲春秋一刹那，從心所欲念彌陀。
塵勞門裏光陰少，般若堂中利益多。
萬法泯時珠自照，六根清處鏡重磨。
君今悟入如來藏，不必辭家隱薜蘿。

---

① 關津：水陸交通必經的要道，關口和渡口，泛指設在關口或渡口的關卡。比喻學說的精髓。

七言絕句

春望

黃鸝學語送春歸，爛熳花光到眼時。
物物更無心外法，箇中能有幾人知？

感懷二首

其一

千里路行千里馬，一重山隱一重人。
都然迷却從前底，日夜紛紛混六塵。

其二

世事紛紛日日新，利名誰肯出紅塵。
人人都有休休意，真個休休有幾人？

雪後

括①地風輪輥雪毬，禪關無火冷颼颼。
困來就榻和衣倒，日出三竿未豁眸。

夜坐

花落銀床春爛熳，月沉斗帳夜迢遥。
虛堂寂寞無人共，只把旃檀②任意燒。

齊物

心到平時物我齊，等閒行處自相宜。
但教法性無差別，不問興慈與任威。

---

① 括：此處同"刮"，掃拂之意。
② 旃檀（zhān tán）：檀香。

送僧歸南泉山

得意歸山意了然，此生端不愧前賢。
看他古佛南泉老，不下空山三十年。

幽棲

幽棲泉石暢心懷，鳥自啼兮花自開。
看見山河國土性，眼前何物不如來？

輯　佚

登玉皇閣

拾級登樓接太虛，凭欄一望水山迂。
開襟坐待松風入，萬斛塵勞頃刻除。

（《鷄足山志》卷之十三《七言絕句》）

第八卷　徹庸和尚《谷響集》

妙峯山開山善知識徹庸禪師小傳

　　徹庸，舊號徹融，易融而庸，則自余始。往余讀《禮》，青蓮蘭若，汗漫《華嚴》，大指与吾儒《中庸》義互發而頓顯。彼既徹而復融，政①如儒先家談切而磋，既琢而磨，愈進愈入，終生無我歇脚處。至於至庸而奇，近而遠，小而大，入纏垂手，逈脫凡情，豈淺根劣種一肩擔去？故以庸易之，乃徹於此，深信不疑。世亦遂稱妙峯山德雲比丘徹公云。是時，師已從空觀入定，又從定發慧，知見正而性光朗，疑情勃勃欲動，而話頭時節逼拶上身矣。欲罷不能，佛力加被，密藏印證。讚歎者久之，喜滇中佛法幢在玆，豈誣也哉！比淂②《古庭錄》，心師之，恍若付囑者，語言文字外卓有覷入，淂大自在。一時道風旁暢，門庭聳峻。淂法弟子，則有無住名弘如者，又有法海名弘一者，一淂髓，一淂骨，聲震鷄山。試問老盤當時，門宇有此半个上坐不？一輪皎月，萬行莊嚴，日升川至③，妙峯山之爲少室、爲曹溪，誠不可知。知其爲盤龍、爲歸化寺祖庭，斷不疑矣！

天台葛閩陶珽識

---

① 政：即"正"，《説文》釋曰："政，正也。"
② 淂：同"得"。
③ 日升川至：出自《詩經·小雅·天保》："如月之恒，如日之升。""如川之方至，以莫不增。"

《谷響集》序

　　吾滇自飲光入定，華首門前，天高日午，袈裟石上，花放鳥啼。爾後代有名賢闡揚宗教，冣①著若盤龍、古庭，瞬目揚眉，穿人鼻孔。無那末法沉淪，牽纏義海，雖正法眼藏尚在西南，而拈花公案寥寥絕響，不啻法堂前草深一丈而已。所幸產我徹公，手提正令，善吹無孔笛，直教頑石點頭；吞盡棘栗蓬②，羸③淂木人眨眼。然且不惜婆心，放出辣手，結集《曹溪一滴》，與諸方換却眼睛，爲前人重開生面，功亦偉矣，法莫尚焉！

　　緣公也家世力農，不習儒業，幼歲出家，質鈍語謇④，因禮觀音號，豁然開朗。十八歲見《頓悟要論》《維摩經》，知所用心處。又以空觀習定，大有淂力處。及讀大慧、中峯諸書，乃知用無所用，淂無所淂處，而未敢足也。邂逅密藏和尚印證，四楞始覺帖地。此廿五以後，十年行徑。歲丁巳，余兄弟延爲先君轉經即皈依，恐後不啻針芥⑤投而水乳合也，天緣哉！甲戌秋，家不退小草出山⑥，邀之來南禮普陀、請大藏。時密雲和尚佩祖心印，說法於天童，公徃謁。童一見便問："萬里到此，費却多少草鞋錢？"公曰："某甲乘船而來。"又問："來此作甚麼？"曰："有事借問，淂否？"童曰："你在甚麼處？"曰："和尚還見麼？"童擬取杖，公便喝！童打，公接住，送一送。童曰："你作甚麼？"公曰："和尚要杖便送還。"童大喜，遂許入室。氣吞諸方，咸稱吾道南矣。久留之不

---

① 冣：同"最"。
② 棘栗蓬："棘"同"棘"。即栗棘蓬。
③ 羸：古同"贏"。
④ 謇（jiǎn）：行動遲緩；口吃、結巴。
⑤ 針芥：細針和小草，指極細小的事物。磁石能引針，琥珀能收芥，故以針芥相投比喻性情契合。
⑥ 小草出山：隱者出仕。出自南朝宋劉義慶《世說新語·排調》："此甚易解，處則爲遠志，出則爲小草。"

可，以請藏期迫還金陵。

諸縉紳若今大宗伯增城葉公、總①制修齡楊公、直指二瞻趙公、吾鄉學士昆華王公、給諫敬輿戈公、武部蘭室阮公、國博完璞趙公，皆引爲方外交。而戈公深心信向，即楊大年於廣慧、趙清獻於佛慧不是過②。序公所著《夢語》，喚醒人人。而師在妙峰與諸高足，三三兩兩語東話西，無住上人爲公法子，不愧家風，編次其語，題曰《谷響集》，問序于余，以附《曹溪一滴》後。

夫法不孤起，時亦待人，吾不知飲光再來與否，而臨濟嫡骨血仍還之西南，俾盤龍古庭林林鼎立，從前拈花公案殊不寂寞，何快如之！余自媿佛頂着糞③，公爲我懺悔乃可。

崇禎九年丙子初夏
西南學人陶珙沐手書于水部公署

---

① 總：同"總"。

② 不是過："是"猶"之""此"，用爲代詞。指不超過某人或某事物。《宋史》卷三三七《范鎮傳》論曰："其開陳治道，區別邪正，辨釋事宜，平易明白，洞見底蘊，雖賈誼、陸贄不是過云。"

③ 佛頂着糞：原指佛性慈善，在他頭上放糞也不計較，後比喻不好的東西放在好東西上面，玷污了好東西。

法　語[①]

侍者洪如隨錄

妙峯山升佛上座，師秉拂示衆云："大衆還會麼？釋迦老子來也！若也不會，未免山僧爲汝諸人饒舌去也。祇如教中道：'法性徧在一切處，一切衆生及國土，三世悉在無有餘，亦無形相而可得。'又道：'天上天下無如佛，十方世界亦無比。世間所有我盡見，一切無有如佛者。'既道'無形相而可得'，又謂'一切無有如佛者'，汝等諸人作麼生商量？"良久云："善來世尊，安然而住。"拈拄杖下座。

師曰："上前一步不如退後一步。上前一步死，退後一步亡，只如不進不退，未免死水裏浸殺。諸仁者，作麼生是出身之路？"

師曰："有心思量是賊，無心思量是魔，總不恁麼又是鬼窟裏活計。"以眼顧視大衆，便下座。

示月面禪人法語

我說恐你信不及，你即是佛，莫別思想。這箇會不來，且將眼前事問汝，汝一一答來。"今日是甚麼日？"曰："初一。""怎麼是初一？"衆無對。曰："爾等可從這初一數起，曰初一、初二、初三、初四至初八日，又將這初八作初一數起，數至二十八，又以此二十八作初一轉數回去，如是往返數次。"衆無會者。師曰："月小以二十九日爲三十，以三十爲初一。月大以三十爲二十九，以三十一爲初一。大衆，初一從何處起？爾等會得日子頭落處，便會得佛法。"

月面禪人初不相識，爾在寧州，我居妙峯，雖都在一法中爲僧，而各不相識，亦不知名，況知學道與不學道乎？蓋因漢禪客於去歲問我大

---

① 【校】刻本此部分無具體分類，標題爲整章之標題：《曹溪一滴》卷之八徹庸和尚《谷響集》。爲便於閱讀，根據此部分內容，按前例增加類別"法語"。

事因緣，一語相投，便服膺座下，朝叅暮叅。而月面禪人與漢有道舊①，聞漢之去就，遂駭然驚異，不遠千里來得得訪漢禪客。遭際此時，見此間山僧一衆各究本有，知以爲非常，特發稀有心，捨其舊習，要改觀叅禪。以其心事直白，上妙峯再三懇切，誓捨一生，以死爲期，不悟不歇頭。區區再三請問妙峯，妙峯被他拶逼不過，不得已而將惡水向伊頭上驀澆。舉目前事問伊。因伊向者與我請《華嚴合論》讀，問妙峯："云何是刹那際？"當時只得結角羅紋②向伊道："你問什麽？"而月面不會，決要請我於此日説禪。但禪豈可是説得的？又豈是叅得的？説得的是脣舌牙齒風息鼓播而成音聲，叅得的是意想交加鑽研而成道理，都是戲論，都是法塵。禪豈任麽而然？教中謂："若以思惟心測度如來大寂滅海，如取螢火燒須彌山。"又云："是法非思量分別之所能解。"我又爭説得？説得底是埋沒汝。如今不説，你又不明白，只得以目前俗事對汝説，會得目前便會佛法。你問"云何是刹那際"，你但看既如此數將去，何處是起頭，何處是結尾？莫是二十九前三十後作起頭結尾乎？決定要知下落處，審得出，勘得破，便知刹那際落處。切不可作"三世本空，無時無有在處"一句説過，以爲了當。又不可以"十世古今，始終不離於當念"作憑據，又不得數日子過時光。趙州云："諸人被十二時辰使，老僧使得十二時辰。"雲門云："十五日前不問汝，十五日後道將一句來。"百丈云："日日是好日。"勘得破日子頭，便勘得破數老漢用處，便知使得十二時話，亦勘得破刹那際三昧。善財童子從文殊師利所，至妙峯山見德雲比丘，最後至普賢菩薩處，中間經歷一百一十城五十三員善知識，於諸善知識處所得法門各各不可思議。而於普賢法門中不啻如一滴水投於大海，盡將從前所得法門一一忘却。於普賢身毛孔中行一步，過不可説佛刹。月面禪人會得日子頭落處，便會得此，與古今十方三世諸佛、諸代祖師、十二類生一時成道福城東際，普賢毛孔總不出爾脚跟下。

---

① 有道舊：指道友，久續道交之友。
② 結角羅紋：指佈滿四周角落。《三國志平話》卷上："（董卓）方欲興兵，忽聽得城内大喊聲，閉了城門，急點軍兵數千餘人，前街後巷，羅紋結角，軍兵都把了。"

大衆還會麼？會則直下便是，莫於意根下左思右想，纔落思想，便隔千萬里。若果會不來，雖①將"這日子頭落在何處"大起疑情，一七、二七、三七日，乃至一年、二年梣②定追審推問，務要知其下落。大衆果要敵他生死，莫將此事當兒戲。叅須眞叅，悟須實悟，時不待人，伏惟珍重！

書僈③僧請雲臺山孔雀殿疏

"實際理地不受一塵，事相門中不捨一法。"於此會得，鳧鴈孔雀④，飛舞翱翔。其或未然，寶網光重爲説偈。拈疏云："諸檀越，大家上。"

---

① 雖：通"惟"，獨、只。如《論語·子罕》："譬如平地，雖覆一簣，進，吾往也。"
② 梣：同"揨"。
③ 僈：同"傻"。
④ 【校】刻本原爲"省"，據《妙峰山志》及文意，"省"系"雀"之誤。

讚

苦行佛

謂是夷齊，却不去採薇。

謂是巢許，不洗耳前溪。

疑爲伊尹、呂望，不聞永鎮邦畿。

好象吳泰伯斷髮文身，走入千巖萬壑裏，爲甚的受冷飫饑？

莫不是淨飯太子捨金輪王位，證阿耨菩提？

救苦觀音

曠大劫來從聞思修，娑婆界内施大無畏。

人皆以耳聞，獨我以眼聽。

獲二殊勝、四大思議，十九說法，十四無畏，是故我名爲觀世音。

夜叉惡鬼，毒龍猛獸，生死趣中，聲叫聲應，叫處即應，不離爾近。

你受苦時，正我心病，是心病如何不應？

出入爾邊，説汝不信；爲汝不信，累我成病。

從劫至劫相連綿，要窮除是虛空盡。

圓通觀音

耳裏聞聲，口中食味，者些子不費纖毫氣力。

大海中風吹浪滚，小村裏鷄啼犬吠。

休説從聞思修，謾言入三摩地。

昔日祇洹精舍，二十五人中第一。

達摩大師

一陣腥羶氣，特地往西來。吹到大梁國，平空起骨堆。

打落當門齒，絶江去過魏。自後熊耳峯，日日禍胎起。

毒他毒不死，逐他逐不回。兀坐碧巖前，含嗔不出氣。

遍地一國人，都沒奈何你。霜寒雪飄飄，凍徹你精髓。
不是神光來，看你如何起？送出五乳峯，都盧一張嘴。
最後去活埋，又留一隻履。咦，這隻履千古與人作禍基。

六祖赴舂

唯舂不起，大石墜腰。脚脚踏着，下下實落。
紅穀白米，努力磕磋。十斗一臼五斗窩。
愈舂愈白，轉掃轉多。米熟了未？只欠篩簸。

天台三聖

寒山今已去，拾得不復有。天台空千載，花開還依舊。
拾得真拾得，不是偶然稱。常時把掃箒，無人處噓聲。
豐干何處人？每自乘虎出。到處沒相知，寒拾是心腹。
南無文殊尊，南無普賢父。應供正徧知，如聲叫空谷。

補衲

白雲幾片，清風一線。拈頭作尾，補成一件。
年老眼花，氣衰力倦。更有一縫，虛空那邊。

翻經

讀罷殘經，月將爲落。念爾沙彌，添香則那①。
目不識字，合掌已過。甚深法藏，南無南無。

道高

大海在手，虛空在口。象岡之珠，忽前忽後。
龍虎聞經，挐攫②哮吼。善哉尊者，將何爲咒？

德重

千重山裏，敷草而坐。鬧市街頭，携杖而過。
身似閒雲，意如野鶴。我無道德，何從欽着？

---

① 那（nuó）："奈何"二字的合音，如何、奈何。語出《左傳·宣公二年》"棄甲則那"。
② 挐攫（ná jué）：搏鬥。

偈 頌

讀《華嚴》

大哉至教，不可思議！
此妙法門，曠劫難遇。
我今一見，精神超益，
始終不離，因果同時。
剎海毛端，一念三世，
不去不來，非他非自。
如大圓珠，方方皆是，
渾絕上下，了無彼此。
如琉璃瓶，盛多芥子，
粒粒分明，纖毫不隱。
住一切住，起一切起，
毘盧遮那，法界眾生，
肝膽相連，中間無倚。
是故善財，悟入法界，
五十三人，互換皮袋。
外道天魔，惡王淫女，
劍樹刀山，鑊湯爐炭，
無孔鐵鎚，嘉州大像，
去一就一，轉成戲謗，
取正捨邪，覿面平張。
不用親疎，不分內外，
以少方便，得大自在。
不歷諸地，不論僧祇，

道貴平常，大心凡夫，
一下頓證，十方輕快，
了了圓明，永無罣礙。

靜坐

竟日清閑無一事，心中猶若太虛空。
虛空但空無一物，心內青天數萬重。

觀蟻

閒來徐步謾徑行，拳山枝木可乘陰。
回觀蟻聚叢沙裏，笑我來生三界身。

蒼蠅

鑽頭刺尾實迭忙，面前不透幾多難！
如何不走來時路，却在這裏撞紙窗？

螃蟹

近視旁觀似轉身，定看依舊是橫行。
多少世人觀不足，者箇衆生笑殺人！

螢蟲

螢火之光執幾多，腐草尚不能奈何。
學道不知心地者，看燒須彌着也麼。

上天童密雲和尚報國院小糸

未得個入頭遭毒害了也，旣得個入頭遭毒害了也！
偈云：
當頭一棒破天荒，耀古騰今赤骨寒。
海宇一吞雲外去，癡人猶在是非關。
又
多年六國未寧，今日通身快樂。

明月拿在手，青天覓不着。
活活活，萬象森羅都拂却，誰解當中一點惡？

又

大用堂堂現前，不離聲色語言。
只要直心直行，自然處處方圓。
大用堂堂現前，落落乹①坤兩邊。
挂杖直通上下，打盡此土西天。
大用堂堂現前，城中車馬駢闐②。
都是穿衣吃飯，莫教念佛糸禪。
大用堂堂現前，多年枉費鑽研。
今日當機劈面，擬着依然半天。
大用堂堂現前，丈夫志氣冲天。
遇佛當頭一棒，只教海宇平恬。

又

若人欲識天真佛，只向穿衣吃飯觀。
曠大劫③來無面目，切忌當機喚作禪！
不須端坐與忘情，此事猶來者麼寧。
入水入山隨他去，到處拈土便成金。

同顓愚法師禮德山祖庭

多年嘗慕周金剛，今踐金剛大道場。
進步燎空青龍鈔，回眸便是寶華王。
赤體只教揑白刃，通身那許更商量！
糸罷吾與真面目，山茫茫又水茫茫。

---

① 乹：同"乾"。
② 駢闐（pián tián）：車馬連結，並行而進。
③ 【校】刻本原爲"却"，據《妙峰山志》及文意，"却"系"劫"之誤。

答問如何是徹庸

庸普通通庸普通，徹迫窄窄徹迫窄。
木人夜半火中回，撞著石女笑咳咳。
秤錘飛出井欄來，鐵牛頭上三點血。
個事惟許黧奴①知，胡言漢語難辯別。

戒殺

前世他負人，今生汝殺他。
一般甚慘惡，寃②家對寃家。
猶如雙輪車，展轉③爲高下。
何時得休歇？南無佛菩薩。

獵者獲鳥

隨身生就天然羽，從來高下任吾舉。
而今悞中牢籠計，一踏繩頭飛不起。

來時翩翩逐隊行，去則群歸爾獨殃。
但恨隔江難救汝，此情付在急流湍。

昭靈一物與我同，吾人何不揣心中。
頃刻教他毛羽落，聞聲爭忍下喉嚨？

一陣飛鳥下平川，中間數箇不能還。
只爲饑腸來乞食，那期特地遭他網！

叅禪偈

叅禪如覓仇，無事強添愁。若要心自在，除非死對頭。
叅禪起疑情，如山塞住面。沒處下心思，日在東邊現。

---

① 黧奴：又作狸奴，貓類，系無知之動物，禪宗多用以比喻根機淺薄、不解佛法之人。
② 寃：同"冤"。
③ 展轉：此處"展"同"輾"，即輾轉。

叅禪到罷功，心意自然窮。目前如有法，還是運不通。
叅禪纔攝心，便被心所礙。形影不相離，何時得自在？
叅禪不是習，叅禪不是修。生死不明白，只向本叅求。
叅禪不是止，叅禪不是觀。一箇疑團心，鑽在話頭上。
叅禪只要明，不是專去妄。把這生死心，翻將過來看。
叅禪無智巧，只要妄緣了。心歇即菩提，莫更從頭討。
叅禪叅者箇，舉意處便錯。擬欲問如何，便與劈面唾。
叅禪叅萬法，那吒遇黑殺。夜轉奪命符，兩眼盡突瞎。
叅禪叅狗子，當門便打死。捉敗老趙州，勘破這些子。
叅禪消息通，心意全不會。春信到枝頭，萬物猶如醉。
叅禪莫思多，思多轉迷瞞。多少叅禪客，只向意裏忙。
叅禪何所得？萬里徒跋涉。家住海南西，日出面前黑。
叅禪何所了？中天明月皎。只此妙峯山，德雲何處坐？
叅禪達至理，不離日用間。春夏秋冬佛，東西南北天。
叅禪得佛時，不離五蘊心。不是身變化，只是識性停。
叅禪有法則，全身臥聲色。日出滿江紅，薄暮通天黑。
叅禪叅不着，胡僧亦錯過。堆堆熊耳峯，九年長枯坐。
叅禪有所得，打殺這奴賊。叅禪無所得，打殺這奴賊。
叅禪叅得時，叅禪自不識。叅禪叅得識，辜負諸祖師。

法元洪如禪人

叅禪爲不了，强立一箇叅。若是上上士，直下便承當。
叅禪者件事，冝①要大根器。鄙志狹劣兒，終是望崖退。
叅禪莫求真，求真妄轉生。波停即是水，歇即菩提心。
叅禪莫怕死，只要知道死。我身即虛空，死个甚麼子？

---

① 冝：同"宜"。

法海洪一禪人

叅禪無一能，只要心地平。汝今莫狐疑，密密是家珍。
叅禪這個人，了了亦非真。法法都不是，瞎子睜眼睛。
叅禪湏①決擇，水底看明月。分明在目前，撈起他不得。
叅禪沒安排，休使心意猜。三界無繫縛，那個入母胎？

法明洪聞禪人

叅禪等虛空，一物更莫提。絲毫如不了，萬刼費心機。
叅禪存知見，昧却主人公。一翳在眼時，空中花片片。

彌庵洪漢禪人

叅禪絕疎親，無古亦無今。欲識禪宗旨，泥牛水上行。
叅禪非小可，如與萬人敵。一擊破重圍，處處狼烟息。

德雲洪衆禪人

叅禪叅何物，法界沒依止。縱是張僧繇，難描這些子。
叅禪有別旨，不属見聞知。兀兀似枯椿，聲色如木石。

月面洪所禪人

叅禪無別法，不使念頭雜。魔佛盡皆揮，説甚無生話。
叅禪要決定，步步往前遼。不下死工夫，何時得相應？

道庵洪南禪人

叅禪如覓物，翻過古窠窟。撞破太虛空，還在舊落處。
叅禪勇猛力，勿使有空隙。坐斷命根時，渾身赤歷歷。

普門廣衢禪人

叅禪如上陣，拚此一生命。趕罷心也酸，加上鐵拄棍。
叅禪莫生厭，堅久自成片。默默不移時，賊在家中現。

---

① 湏：此處同"須"。

書

與陶工部（諱珙）

連日坐丈室，而居士欠和，不能瞻對，殊爲念切。來諭雖病，却有不病者。又云：將病魔何處安着？大醫王何處下手？咄！多年學道，俗氣未除。大似有個病者，不病者要去排遣他。能所角立，未離有無。既有見在，自然痛苦。與"八苦交煎總不妨"者，沒交涉在。古德云："如何是清淨法身？"答："濃滴滴地。""還有不病者麼？"答："我常看他有分。"居士要得病中自在，但看此二老用處。此中看破，縱八萬魔軍現前，自然倒戈歸降。不然，經書上着脚，心意上支當①，如油救火，益增其熾。

答戈給諫（諱允禮）

若是真龍得半點水，便能興波皷浪，而蝦蟆②則却被泥潦浸死了也。老居士相別數日，出語甚奇，但此事非言可及。見時，劈脊三十棒再看分曉。

與趙直指（諱志孟）

兩翻相會，衆口嘵嘵③，都無一語。老檀越在甚處見貧僧？若言有語，則辜負貧僧了也；若言無語，則辜負檀越了也。請於是着眼。

---

① 支當：承受，承當。
② 蝦蟆："蟆"同"蟆"，即蛤蟆。
③ 嘵嘵（xiāo xiāo）：爭辯不止之聲。

淨土偈

大夢宅中誰是覺，迷魂陣上孰爲真？
閒來極目頻頻看，得自惺惺有幾人。

三界依依如狹器，四生擾擾若狂蟻。
啾啾亂鳴鼓方寸，不向缾①頭空處飛。

西方慈母號彌陀，憐子心誠劫劫波。
貪玩着珍樂戲處，喚不回頭爭奈何！

人人自有親爺娘，不識輕拋在別方。
一喚便聞携手去，這回不用別商量。

極樂國中諸臺觀，半入空中半入林。
此意初無人作者，悉是如來願力生。

衆寶器中純妙味，意欲食時即現前。
食已不知何處去，天華散落滿林間。

八功德水沐金軀，至頸至膝不相違。
浴已各坐蓮花上，泰然心意樂無爲。

善因惡果自抽芽，生時喜悅死時嗟。
一夢做回形忽異，這番撞入別人家。

恩愛倏焉成離別，送到窮山哭未休。
忍泣不哀含淚處，山河草木也生愁。

---

① 缾：同"瓶"。

爲愛西方祇樹林，萬古千秋不凋凌。
不知何處來春意，晝夜嘗聞説法聲。

一出頭來髮紺青，七寶池内浴金身。
徹體瑩然琉璃色，原是娑婆那處人。

子母相憶要情深，情若不深沒處尋。
試看目前啼哭子，哭聲極處見娘親。

鳥語風聲皆念佛，樓閣花臺盡談經。
音聲相聯無斷續，喚醒閻浮夢裡人。

黄金臺上優鉢枝，根在娑婆華在池。
根若不枯華自茂，根枯便是葉枯時。

寶珠網間玻瓈鏡，玻瓈鏡上有文名。
不是他方諸佛子，便是娑婆國裏人。

七重行樹周匝圍，七寶池中鸚鵡啼。
聲聲只念彌陀佛，天鼓鳴處逐花飛。

清旦盛華供養佛，食時將至便歸來。
經行不離方寸地，從君謾説有徘徊。

兄呼弟應出塵埃，數朶蓮華池内開。
普告十方諸佛子，佛國相攜歸去來。

音樂鏘鏘震空來，接引此方衆善才。
多年枉作沉迷客，而今覺地拂衣回。

脚踏坤維望西程，望見西程路轉深。
李陵雖然居北塞，到底還是漢朝臣。

時時只念安養國，不知何日到華池。
稽首瞻依彌陀佛，惟願慈悲親接之。

界名堪忍實堪忍，衆生忍苦自甘心。
堪笑他家癡兀子，不羨蓮華國裏人。

早辰歡娛暮悲傷，樂未畢而哀繼然。
吾人不識哀樂事，辜負東風一夜涼。

貪嗔癡愛如火聚，一聲佛號似雪團。
一念綿綿常不絕，猛炎勝處白蓮香。

人言舉世皆醉夢，我說醉夢有醒時。
惟飲狂泉水一滴，只至如今迷不知。

娑婆極苦幾人知，奈何衆生一味癡。
百年換去三身世，那似西方一食時。

纔得相逢又離別，百年已經幾別離。
此別不知何處去，莊周蝶夢滿天飛。

一劫劫了又一劫，劫成劫壞無了絕。
只因這念愛離情，生生死死無間歇。

幾根骨頭一段肉，一張皮袋一握筋①。
若將此身來作我，北邙山下許多身。

劫劫只任這乾坤，生生不離此四生。
朝朝只是這般事，哀哉這般沒量人。

---

① 【校】刻本原爲"䈥"，據《妙峰山志》及文意，"䈥"系"筋"之誤。

西方之樂真常樂，天宮之樂五欲樂。
若以五欲比真常，便是丐者同王坐。

可笑道流張平叔，强將極樂比金丹。
海島若爲究竟處，天宮人不往西方。

空處識處皆幻住，非想非想總非真。
縱饒安養與兜率，也如水上一漚生。

劫石成壞數萬秋，滄溟遷變亦難籌。
娑婆幾度須彌改，蓮臺依舊綠水浮。

無量劫又無量劫，無量劫中無數身。
反思無數身中事，今日都成夢幻影。

閻浮極苦并極酸，西方真樂及真常。
願與此土同心者，生生世世樂長安。

位登九二終是幻，功高一品豈逃亡！
説與當局英靈子，莫待臨行一着忙。

漢末三分唐五代，算來已是幾興敗。
於今喬木尚依然，輩輩君臣皆安在？

吁哉吁哉苦娑婆，寒暑交攻患難多。
不似西方安樂國，四時常自處天和。

一朵蓮華一尊佛，不由父母受胞胎。
壽量無邊喻劫海，丈夫何不歸去來。

來生三界無別法，都緣一點貪愛心。
貪愛若除煩惱斷，如鳥飛空任縱橫。

逆水撐船用力多，順浪移舟不由柁。
忽然行到湍流處，拍掌搥胸始覺訛。

殺盜婬如猩猩酒①，又貪其味又知苦。
依稀不覺遭他捉，渾身血肉從頭數。

滿腹文章蓋世才，都送荒郊土裏埋。
恰如鳥跡空中過，一去於今不見來。

潼關明輔今何在，赤壁周郎命不長。
至今九里山前過，令人追憶漢張良。

北邙郊外古松邊，野婦黃昏燒夜錢。
三奠酒漿三叩禮，一聲爺罷一聲天。

愛河波深沒奈何，自家瞞昧自彌陀。
無繩自縛堪忍國，苦到如今出也麼。

刀山劍樹周圍布，濩湯爐炭橫交馳。
念彼一聲彌陀佛，翻然變作八德池。

寶雲徧覆寶國界，無邊樓閣列參差。
寶光隱隱交羅處，鈴鐸徐徐輕動之。

簷蔔②華開滿林枝，便是西方遊樂時。
童子去攀多羅樹，鸚鵡頻伽似不知。

微風習習入華叢，浪靜波澄根已萌。
也自得他輕動力，玉胞胎裏碧芙蓉。

---

① 猩猩酒：相傳猩猩喝酒，故獵人以酒誘捕。
② 簷蔔（zhān bǔ）：梵語音譯，佛經中記載的一種花，意譯爲郁金花或梔子花。

七寶莊嚴黃金地，黃金地間八德池。
寶光忽飛香忽發，池底又開華幾枝。

西方生地果奇哉，塵心淨處覺華開。
不似此中情欲本，臭皮囊裏出頭來。

再無愛欲與貪嗔，其國尚無惡道名。
坐臥盡皆純真境，往來都是菩薩人。

其國人民身長大，不知幾千萬由旬。
處處皆有寶衣服，珍饈寶座自然成。

每日焚香祝上蒼，不求仙界及天堂。
不羨王位并宰輔，惟願臨終往西方。

不須分作十六觀，不須更作三等乘。
但觀一尊彌陀佛，百千三昧一時成。

初觀彌陀是一丈，一丈轉作十由旬。
及至觀滿虛空際，彌陀與我同現身。

觀法不熟成妄想，妄想破則成真諦。
真亦不留妄不立，便是當頭作觀人。

欲向彼中登上品，先從此處識一心。
識得一心無剩法，便是蓮華國裏人。

心是彌陀身是國，耳爲蓮畔眼爲池。
佛亦不來我不去，生不生時獨自知。

彌陀之願我之心，若水投水冰合冰。
願滿心圓垂接處，瑠璃盆中寶月明。

情一斷處極樂客，念不清時娑婆人。
欲得我處生他處，先須我心合佛心。

愛河瀾量萬由旬，漂沒閻浮世上人。
波濤洶湧幾千丈，不知何日得澄清。

毒名愛欲與貪瞋，誤服而今久失心。
不信此方良藥好，縱他扁鵲也無能！

一重清念一重波，佛爲衆生沒奈何。
拽斷念頭不復續，西方歸去禮彌陀。

曾見老猿生二子，子聲叫處母聲隨。
一旦子遭人毒手，連母之命總成非。

又聞昔日呂丘亮，移舟每濟窮途人。
寶刀不受沉江死，殺身成人蘆丈人。

佛爲衆生起大悲，衆生受苦箭入心。
塵點劫來不疲厭，寧有幾箇知恩人！

人生聚散都不知，稱此光陰未謝時。
乘空偷閑且念佛，火坑種下白蓮池。

彌陀元是自家身，枉費工夫向外尋。
識得自家真面目，快哉拍手笑吟吟。

蓮華都從心內開，彌陀不自性外來。
驀然鼻孔繩索斷，滿目輝輝七寶臺。

眼見眼爲真淨土，耳聞耳是活彌陀。
父母本生明歷歷，不識何緣隔住他。

歸去來兮歸去來，寶池優鉢羅華開。
擡頭猛省從前事，佛國一去不復回。

曾見輥彈之螳螂，一片精神裏面藏。
皮肉頓消功業就，一翅飛起作金蟬。

又曾見箇蜾蠃蟲，唧箇螟兒在窩中。
似我一聲下一懇，叫來叫去與彼同。

若人欲知今時佛，今佛還是古人成。
今人欲到古人地，須如二蟲之用心。

天真父子別多時，轉覓轉逢轉見遲。
爲何屢喚屢不應，無他只爲一念癡。

萬慮齊氷意坦然，惟有一箇念心專。
念得念頭無處着，壺中別有一花香。

大地都作瑠璃色，虛空亦是七寶成。
彌陀不知何處住，蓮華却向此中生。

逢人勸念阿彌陀，自利利他功行多。
勸得十人生淨土，我身自證六波羅。

父教子勤脩淨土，夫勸妻急念彌陀。
大家團圓歸佛國，休使流落在娑婆。

陽惡陰險幾萬端，鐵人聞見也辛酸。
堪歎娑婆癡業子，屢遭刑憲不知傷。

造十習因成地獄，脩十善業樂諸天。
苦樂二途都不到，華池又綻一枝蓮。

淨土永無三惡道，亦無善惡及陰陽。
受用勝過天萬種，故曰極樂無有上。

丁蘭未足稱全孝，王祥難盡報脂甘。
雖然臥冰並刻木，不知魂魄在那方。

世間若有真孝子，度脫父母生西方。
此是至孝無過上，幽顯兩地獲清涼。

人生大似蠶吐絲，愛繩牽裏沒回時。
吐得絲成無事後，連身共繭下烹池。

苦海重波渺茫茫，問予何是救急方。
只須一句彌陀佛，念得通身徹骨涼。

十方諸佛廣長舌，讚歎西方淨土人。
釋迦折服彌陀攝，幾番勞碎老婆心。

瑠璃地上莊七寶，樓閣花臺勝妙好。
光光交羅無暫歇，如夜暗中燃炬火。

寶樹林中握手間，一步行時一步蓮。
忽聽丁丁音樂至，元來又是散花天。

八功德水嚮①潺潺，流聲急處讚空王。
洄漩便有菩薩現，一一菩薩放寶光。

衆寶樹下瑠璃殿，瑠璃殿中獅子王。
獅子放光照一切，但蒙光者獲吉祥。

---

① 嚮：通"響"，回聲、聲音。《易·繫辭上》曰："其受命也如嚮。"陸德明釋文："嚮，又作響。"

一朵紅蓮浮水面，光輝映奪諸人天。
瑪瑙池邊呈瑞彩，照見父母未生前。

十方諸佛廣長舌，誠言共讚阿彌陀。
彌陀又讚此土佛，堪忍久住在娑婆。

八萬四千白毫光，宛轉猶若五峯山。
寶蓮目如四海水，故稱諸佛中無上。

無量無邊之劫海，無量無邊之行願。
劫海有盡願無窮，故我稽首無量光。

南無十方法界佛，南無本師釋迦尊。
我今發願亦如是，願我當來證後身。

　　作此偈時，予禮佛已，稍倦伏案，半夢半醒中，見蓮池和尚與我數語，覺而都不復記，却自喜曰："將欲著偈。"有此境界，吾與西方亦少有因緣乎！遂援毛信手寫去，自辰至午，不二三時，而紙都盡滿，不覺有百十偈矣。噫！蓮池和尚出於杭州，予生雲南，沙彌時即聞遷化矣，且素不識面，而今夢之，豈非彌陀世尊托意以慰喻我歟？時天啟元年蘭盆齋日也。

詩

中秋寄陶紫闆居士

三月三日翫月時，半箇銀鈎掛天上。
是日與公相聚首，爭奈人圓月未圓。
八月十五翫月時，一輪明鏡秋江上。
是日與公隔地遠，又見月圓人未圓。
人離已是分兩地，月缺依舊不離天。
月缺不知可①有意，人離心內大不然。
此時此夜中秋節，千門萬户對樽前。
宇宙山河同一色，嬋娥一夜不曾眠。
團團遍照四神洲，不在天上在指間。
與公相去萬里遠，萬里同看一月圓。

夜坐水邊

一榻蒲團一篆烟，孤孤相對兩閒閒。
忽然覷破水中影，廓爾身如碧落天。
何處蟬聲鳴唧唧，隔林石咽冷涓涓。
明月不隨流水去，夢回高臥白雲間。

與徒行脚

一番別子一番驚，是非榮辱不由人。
累重始知身是苦，貧來方覺道爲眞。
心性相投纔是友，語言不合總非倫。
此日分攜無別囑，獅兒莫戀野狐羣。

---

① 【校】《鷄足山志》卷之十二《七言古》中，"可"作"曾"。

答陶不退居士閱《華嚴合論》（并叙）

《合論》有"無時無念，眾生無明，即不動智佛。十方一如，古今一智。即凡即聖，無此無彼。識盡情忘，當下超越，不假修證，不貴神通，不勞轉變"之句，似乎最切近。奈何讀者承當不下，於覺時、夢時、逆順境緣交集時，未免打作兩撅。

老居士日用成片否？夢覺一如否？千萬劫性命大事，自家得失，如魚飲水，不能語人。十二時中毋無輕易放過，可也。和曰：

隨順世緣住大方，目前無法得真良。
婆須無厭憑淫怒，龍女善財作梯航。
時時相應天花墜，日日清閒寶藏將。
不忮不求無怨欲，衲僧何處不清涼？

睡起

無事山房門不開，碧垓香草夜抽臺。
此時身在雲山裏，猶夢雲山坐天台。
困臥蒲團綠陰低，孤孤一鳩枝上啼。
夢中家在萬里遠，聲聲直喚到滇西。

行住坐臥①

遊遍三峯五嶽，歸來屋裏洞天。
縱饒上方物色，何如此地心田？

孤峯頂上草廬，不屬中間內外。
身似白雲縹緲，心如流水自在。

盤石三生心念，菴頭萬古雲烟。
野性懶從人世，都由此物留連。

---

① 【校】《鷄足山志》中，以下四首分屬行住坐臥，各單列一字標題。

山色重重夢裏，溪聲泒泒①枕邊。
欲識玄玄公案，黃粱未熟已前。

漁樵耕牧武陵舟中爲俗士作

持魚上岸，賣錢沽酒。波浪生涯，日日皆有。
入嶺歸來，身心憔悴。日圖三飡，夜間一睡。
墾土掘地，種瓜得瓜。百般手藝，不如莊家。
不解生理，祗會牧牛。今日者邊，明朝那頭。

採芝歌

巖居已久，日愛打眠，
拖白練飛來宿在簷前，
笑山猿池中捉月，林外指天。
空樹爲家，半片籬笆，
每日裏吃些巖麥山蔬，
說②甚麼皇宮快樂，人世榮華。
肩鋤樹下，掘土坡前，
猛擡頭忽見紅日半天，
歸家去漫熬松栢，細煑清泉。
盤桓峯頂，蹴踏懸巖，
望溪邊童兒不見回來，
莫不是東村托鉢，西市赴齋。
鬱密林深，水石幽清，
茅庵中惟我師弟兩人，
悶來時山頭摘蕨，澗下採芹。
蟾鳴樹杪，鶴唳巖邊，

---

① 泒：同"派"。
② 【校】刻本原爲"况"，據《妙峰山志》及文意，"况"系"説"之誤。

閒道人不掛些兒世緣,

山中樂松花半嶺,茅屋兩間。

寂寂禪關,密密雲烟,

庵門外只聞鴉雀爭喧,

閒無事饑來吃飯,困時打眠。

不交公卿,不結王侯,

白晝中自有猿鹿來遊,

到晚來清風作伴,明月爲儔①。

福慧箴

息小人之口是不言,調大衆之心惟以寬厚。事每悅己者不如,謀多遂心者而非福。知止、知足、無恥、無辱,此之謂大福。

養道德之機非靜難成,求世間之事不謀難遂。善反於心者皆良,欲役於物者不利。知安、知榮、識進、識退,此之謂大慧。

工夫問答

有禪客問:叅禪做工夫,如何是俗念起時莫與作對?如何是墮無事甲?如何是舉起處承當?如何是意根上卜度?如何是光影門頭領略?如何是以古人公案作憑據?如何是落斷常?

答曰:此事如人上長安,路上縱遇惡人,莫與作對,但走過便了。莫同惡伴侶行,休認省分郡邑爲家,休因勞苦而生止息想,切忌把他人口説的京師光景當是而不親到。雖然如是,欲行千里,貴在初步。於此會得,不涉途程。其或未然,聽吾偈云:

脩行若問叅話頭,須如失物去尋求。

疑而莫怨莫停息,得見原琜②始可休。

叅禪如人出遠路,舉頭常自望家邦。

歇處不停關隘透,不須百日到長安。

---

① 儔(chóu):伴侶,同輩。

② 琜:同"珍"。

話頭初紶不上時，多因雜念障所知。
札住兩頭中莫放，目前勿論見功遲。
疑來疑去轉疑難，晝夜相妨如泰山。
個中疑處輕磕碎，一味柔時便勝剛。
疑情不起急須提，如卿寃人皺兩眉。
幾番欲見寃仇面，得見寃家却又迷。
話頭着緊無雜念，工夫纔放又涉緣。
十二時中無縫隙，直透威音那畔前。
悟心若在疑心先，佛氣不全魔氣堅。
學人不破此關棙，工夫歷劫總徒然。
紶禪要勇又要謀，謀而不勇志氣柔。
多勇少謀必墮失，智勇兼到始收功。
工夫到底不虧人，鉄壁無方強入門。
縱饒刼火燒三界，當下清涼如片冰。
師家只説紶話頭，其中消息難舉示。
雄哉丈夫須自強，莫討他人口裏是。
與君一會卽忘緣，須似當初未識前。
相逢不用相問互，祇在輕輕不着間。
萬里歸來家最近，到底還如在客邊。
逢人休話程途事，説起途程甚可憐。

祝　延①

（上堂祝國，經咒、儀文還依舊本；下堂禱聖，祝白：因本山學人所習不一，或增或減，不無欣厭之嘆，故新更數詞以教家門，非意流傳也。）

祝韋陀

（或誦咒或念誥，其最後一句宜高舉使音韻相接，此中不用稱號。）

手捧降魔杵，萬劫作金湯，虛空法界盡，此願卒難量。（上來）諷經功德，專伸仰祝：南無三洲護法韋馱尊天普眼菩薩侍從天等（座下），惟願：

受佛付囑，現天神身。被堅固甲，護法衛僧。魔障永息，萬衆歸欽。惟其普眼，德無不寧。

童真寶體，海量天心。手擎寶杵伏魔軍，示現作天神，助佛護僧，水月印無垠。

南無普眼菩薩摩訶薩！

祝伽藍

首有三明，心具六通。身有六臂，妙用無窮。感無不應，格無不聰。以誓願力，掌護宗風。（上來）諷經功德，專伸仰祝：南無當山護教五通明王菩薩（座下），惟願：

保持僧衆，殄息塵氛。仰仗神威，梵刹興隆。

自在天上，閻浮提間。不動本處徧三千，攝毒除魔冤。誓願無邊，常在僧堂前。

南無神通藏菩薩摩訶薩！

---

① 祝延：本爲吉慶辭語，意思是消災吉祥、祝福延壽，後來以此命爲梵唄名稱。

祈禱祖師

靈山傳來，二十八代。大海一源，千流萬派。惟吾祖師，茲土永賴。代代兒孫，面目斯在。

法傳東土，花五葉開。廓然無聖絕安排，明鏡本非臺。性無塵埃，箇箇證如來。

南無法身海會佛菩薩！

祝監齋

一句子禪，百味具足。鉢飯桶水，千勞萬碌。眼中耳中，上下照顧。仰彼神功，終日化度。

水有八德，火性無方。性空真智妙難量，魔外盡皆降。六根清涼，萬彙悉安然。

南無緊那羅王菩薩摩訶薩！

祝龍王

泉從地湧，雨在天上。龍居水中，妙用無量。（上來）諷經功德，專伸仰祝：南無五通自在護法龍王菩薩（座下），惟願：

五通自在，一性離塵。護持佛法，妙悟無生。

出沒隱顯，風捲沙颺。霽雲和月耀祥光，海濶與天寬。佛法無疆，處處盡稱揚。

南無龍樹王菩薩摩訶薩！

囑孤魂

（文長者，謂幽魂獨識，非誠以淺近俗白之言，恐彼未易曉了。故不用短句隱辭，讀者勿生厭云。）

識心不破，六根裏亂起狂花。見習不明，情境上瞥生異相。（上來）諷經功德，專伸至囑：本寺僧俗覺靈、三途衆生、十類孤魂，既已沉迷日久，安能自識覺路？幸得觀音大士化爲鬼趣主者，地藏菩薩誓作地府慈父。但聽其言，可以永離諸苦。若得見面，自然當處解脫。吾願：

諸鬼神等，若遇苦時，當稱佛名，莫隨物轉，覺察自心。

三途八難，九有四生，未離三界總迷心，聞法得超升。頓破無明，萬劫常惺惺。

南無救苦地藏菩薩摩訶薩！

（囑孤魂，須主意重在孤魂上。鬼王乃觀音大士，不待有祝而度生也。其後隨稱救苦觀世音菩薩，或地藏菩薩，不必念"願往生脫苦輪"等俗語，不惟本無出處，且不當其位。）

祈禱聖僧

明月一輪，天上天下。菩提妙心，孰能識價？（上來）諷經功德，專伸祈禱：南無大德阿若憍陳如尊（座下），伏惟：

尊者不般涅槃，何常入定，以此妙法，廣度眾生。

浮雲野鶴，空舉高飛。千江一月，類非齊度。世運慈悲，赴感羣機，虛空裏照眉。

南無阿若憍陳①如菩薩摩訶薩！

（在祖師聖僧，則稱祈禱；韋陀、伽藍、監齋、龍王可稱仰祝；至於孤魂，則曰謹囑。故祝與囑不同，雖皆一寺之當位，然不無優劣，而于觀音至聖，不宜妄加言以祝之。若可祝，則三世諸佛亦應祝也。且禱與祝，白與囑，不可一槩無分云。）

楞嚴咒

七徵八辯，三續起緣真勝義。性廣無邊，魔外與業冤，頓悟心田，萬行悉皆圓。

雲山發願文

稽首十方三世佛，甚深發藏修多羅。
大乘菩薩賢聖僧，有學辟支阿羅漢。
權衡三界護眾生，八部龍天威神眾。

---

① 【校】刻本原無"陳"，據前文"南無大德阿若憍陳如尊"補之。

我今懺悔諸惡業，不捨慈悲垂憐憫。
五逆十惡盡消滅，身心障難息水清。
我今欲發弘誓願，願借威光作證盟。
盡未來刼度眾生，捨身命財無窮數。
法性虛空眾生界，大地須彌並大海。
日月輪及鐵圍山，摩尼寶王伽陀藥。
十種世間最難盡，我所發願亦如是。
願我速悟菩提心，永淨六根入聖倫。
親蒙諸佛得授記，分身塵剎度眾生。
奉事一切諸如來，摧滅一切眾魔軍。
三十二應而說法，十類生中普現身。
或作國王或大臣，或為醫士婆羅門。
或為長者與居士，或作外道或僊人。
或天或龍或鬼神，乃至蜎飛蠕動身。
但有形質氣血者，靡不以身同彼生。
人間八苦不暫停，天上五衰常共惱。
三禪四禪水風災，乃至非想亦有盡。
願與此界及他方，等類現形無窮應。
地獄眾生受苦多，餓鬼眾生餓渴惱。
畜生苦更難勘忍，盡未來刼恒救護。
眾生冤憎交會時，償命償身無避處。
惡神惡賊與惡獸，饑饉刀兵兼疾疫。
盡百千劫捨身形，此苦難處作依怙。
過去諸佛願無邊，現在菩薩無數億。
願諸眾生得安樂，如觀世音施無畏。
地藏願空諸惡趣，普賢行願更無極。
文殊世世法王子，常精進行不休息。
願我行願亦同等，不等其行終不息。

願我盡諸惡道苦，惡道不休心不退。
不憚苦惱同其事，不惜身命拔其苦。
行等菩薩德齊佛，衆生界盡方休息。
願我當來作佛時，三成正覺度衆生。
第一願如釋迦佛，第二類如彌陀尊。
第三成佛如文殊，十方佛刹爲一土。
依正行願光明等，一一願如三世尊。
不得是願不作佛，惟願世尊作證盟。
捨身愛身不忘失，從劫至劫不迷心。
生生常願值諸佛，世世恒作淨戒人。
不值惡王生惡國，不生邊地並雜形。
不作下役不醜陋，黃門二根與女人。
生生不食衆生肉，生生不行殺盜淫。
寧生苦惱三惡趣，不願不聞三寶名。
所生必在善人家，童真出家知宿命。
佛佛出世永法中，願具威神護正法。
他方無有佛名處，願向其中而開化。
諸佛初生及涅槃，願我常設先後供。
當機先請轉法輪，乃至聲聞一如是。
願我普現刹塵身，刹塵佛所皆承事。
中間無有一如來，不以深心而供養。
一切衆寶隨念至，持以供養諸如來。
并供無邊諸聖衆，及施一切諸衆生。
願諸衆生見我形，乃至得聞我之名。
決定不生諸惡道，只至成就菩提身。
願我隨處現身時，福得[①]智慧超彼倫。

---

① 得：此處同"德"。如《鹽鐵論·擊之》："地廣而不得者國危，兵强而淩敵者身亡。"

身相圓滿第一淨，但見我者皆歡喜。
我今發此大願心，普施一切衆生樂。
此時十方世界中，無邊受苦並受樂。
我若當來度生時，處處願得常相遇。
皆向我生歡喜心，一聞我名衆苦息。
願今共發菩提心，世世相逢諸佛會。
我若當來入地獄，一切地獄成淨土。
我若當來入餓鬼，一切餓鬼皆飽滿。
我若當來入畜生，一切畜生悟無生。
多劫積業一念消，猶如明燈破暗室。
隨所生處破苦輪，開示涅槃第一義。
同其所好度彼倫，三惡道盡方止行。
我今未證菩提道，先運菩提大願輪。
依法界性度衆生，法界不盡行不停。
稽首十方三寶衆，惟願證盟①我願心。

輯　佚

徹庸見道偈

轉身磕着屋頭墻，天根迸出一輪月。

徹庸辭世偈

生亦如此，死亦如此。夢幻空花，隨順常如此。

（《雞足山志》卷之十一《偈》）

---

① 盟：通"明"。如《詩·小雅·黃鳥》："此邦之人，不可與明。"

第九卷　雲山夢語摘要

夢語引

予半生虛度，無論情封境閉，不得出頭，日顛倒於夢中。即視聖太高，視作聖太難，亦迷惑於夢中。更苦懵懵懂懂，喚醒無人，尤淪沒於夢中。幸而機緣未斷，崇禎丙子大士誕日，遇吾滇徹庸禪師於金陵之興善寺，謂予生死事大，須求菩提。歸而胡猜亂度，展轉弗寧，更憧擾於夢中。求師指示，但推椅頓足曰"再商量"，益雲霧於夢中，至無可奈何田地。徹公出所説《夢語》示予。紫閬陶公聞之，亦出海門周先生①《證學錄》見贈。猛力憤發，細讀沉思。戉②十日，昧爽在枕，豁然有悟：咦！原來今日即昨日，新人是故人。這推椅頓足的徹老漢③絲毫瞞不得，有甚麽再去商量？且説師門良知，極見成的，不待致；極完全的，不必致；物自沾他不上，格無可格。不知陽明夫子從何處下手來？頓覺通身靈活，本體工夫，一齊俱了。今而後，讀無書書，應無事事。且可説無説法，如是饑飡渴飲，晝起夜眠，何夢覺之關不了，何聖賢之道不成耶？於戲！予自夢自喚，微獨徹公、紫閬不能喚予，即諸佛菩薩與周先生不

---

① 周先生：即周汝登。
② 戉：同"越"。
③ 【校】刻本原爲"僕"，據文意，"僕"系"漢"之誤。

能喚予。然非徹公、紫闇把我筌蹄①，何繇得此魚兔？恐活佛出世，周孔再生，所接引我者，亦不過是別無奧妙可傳也。然後知徹公、紫闇之善用棒喝，具大慈悲心，有大功德力，起而頓首謝之。書《夢語》之首。

賜進士第光祿寺寺丞前南京吏科給事中
古滇戈允禮履卿父識

---

① 筌蹄：亦作"筌蹏"。見《莊子·外物》："筌者所以在魚，得魚而忘筌；蹄者所以在兔，得兔而忘蹄。"筌，捕魚竹器；蹄，捕兔網。後以"筌蹄"比喻達到目的的手段或工具。

雲山夢語摘要　上

明妙峯山夢庵釋周理　撰

武陵脩齡楊鶴　閱

元起章

自生民以來，有人必有事，有晝必有夜，有寤必有寐，有覺必有迷，如是乃至夢想顛倒，相待而起。

天地以晝爲闢，以夜爲闔，晝爲陽，夜爲陰。陽是人之覺時，陰是人之睡時。睡而形合，覺而形開。大則天地，細則微塵，乃至虛空有頂，不能超於氣數之外。

夢體無來處，無去處，不於心生，不於身生，不從想生，不從意識所生。非世間，非離世間，非欲界，非色界，非無色界，非染非淨，非生非滅，而有示現。一切世間悉同如夢，如夢無變異故，如夢自性故，如夢執着故，如夢性離故，如夢所現故，如夢無差別故，如夢想分別故，如夢覺時故。一切是夢，夢無起處故。

至人無夢，非有無之無夢也，乃無無之無夢也。謂夢覺恒一，念想俱忘，猶如晴天無雲，萬象昭朗，物物頭頭，纖毫不昧。魚之遊，鳥之語，皆是本色天然，圓明虛活。

夢有返①夢、正夢，順夢、逆夢，深夢、淺夢，延夢、促夢，借夢、倚夢、傳神夢、托意夢，想夢、非想夢。是自心靈明之所作，非假神明主宰，非假人力安排。

夢非有非無，非亦有非亦無，非生非滅，一切俱非。離於一切拘礙執着之心，脫爾無思，名曰真夢。

夢事有如波中月印，有如暗中樹影，有如空中鳥跡，有如鷺鷥立雪，

---

① 返：通"反"。

有如錦上添花，有如迅雷疾風，有如倒影轉形，有如圓珠繫彩，有如窓外月白。半明半暗之中，似有非有之地，恍焉惚焉，一點精神，出沒萬狀。夢之一事，最微最妙，鮮有能徹其底蘊者，縱三教秘典亦說不盡。饒他至神至聖，也只說得一邊，不能全口道了。蓋非不全口道了，只是無下口處，言思路絕，語默難容。

世人日間擾擾，夜夢沉沉，只隨無明業識漂流，如人在夢，不知是夢。既不知是夢，安能明夢？既不明夢，安能悟夢？既不悟夢，安能了夢？所以從劫至劫，常在夢中。

我以念頭起處是夢，亦是塵情邊事，而實不能言夢之真。所以然者，前人說夢從想生者，從意識起者，從第八含藏識中流注者，從內根外塵偶合處而有者，從遊魂引識神而有者，皆是不得已而鑽龜①打瓦②。心思動而六塵現，眉睫交而妄影生。生前尚不識身中之主，死後安能明夢裏之人？

三界外者，身若琉璃，心似虛空。在劫火而不焚，居阿鼻而無苦，動徹光明，舉措自在。心頭受盡，眼底情空。達法性以無為，悟涅槃而常樂。思欲不生於三界，依正高超於四生，無名而人，其為聖乎？

晝必作，夜必寐。作要心寧，寐要神守。作而心不寧，如有氣之死人。寐而神不守，如不附屍之遊魂。

當夢者不知其夢，譬如悟人不見空，魚不見水，牛不見雨，人不見風。

其性情治者，其夢寐不亂；其心識融者，其習氣不流。娑婆世界、土石諸山，穢惡充滿，人身卑小受用粗澀③，情沉貪慾積血氣以成身；心沒愛河，報分段而為質。山澤障故，目不能遠視；虛空渺故，耳不聞天聲。壽命無過百年，知識不逾隔日。如一器中，佇④百蚊蚋，啾啾亂鳴，鼓發狂鬧，不出方寸。

---

① 鑽龜：古代一種占卜術。鑽刺龜裏甲，並以火灼，視其裂紋以斷吉凶，典出唐白居易《放言五首（其三）》："贈君一法決狐疑，不用鑽龜與祝蓍。"

② 打瓦：即瓦茍，古代一種占卜方法，擊瓦而視其裂紋以定吉凶。

③ 澁：同"澀"。

④ 佇（zhù）：積聚。

世界中間，天地日月、山河國土、春夏秋冬，此爲最大者。曰："亦有窮乎？"曰："有。"日月能照本須彌，而不能照外世界；山河國土能充此四海，而不能徧外乾坤；春夏秋冬能消長此方萬物，而不能致極樂世界。有盈虛，故亦有窮也。

世以砒霜、鴆糞、草烏爲毒，苟誤投之即殺人無疑，然善醫之者，以之而瘥①人疾。此何也？蓋得其用之法而已矣！善知識用六情治衆生病，亦復如是。大智慧海中，不可捨却此物而不用。故善於醫者能用毒爲藥，善於智者能轉識爲性。

通乎晝夜之道，質諸鬼神而無疑，在意識清明耳。意識清明，自然前塵不能惑。前塵不能惑，一切時不昧，此神明活計，非大圓鏡智宗吉。

耳有所聽，心有所念，有念有心，皆名外物，與己不相似，不能合體。縱得合體，不能忘機，皆名障礙。

心與境相觕②立時，正如兩軍相持，此處大不容易放過。背境譚心，誰人不快？學者工夫，須從者裏查考。

萬境不來念時，心似明了，此非道也，虛明妄想之根本；睡着不作夢時，心上無一物，此非道也，幽隱妄想之根本；夢覺清寧六塵不擾時，此非道也，堅固妄想之根本。

夢中昏沉擾惑不能由人，千牽萬引，紛飛莫緒，而省時似覺了無根，纔睡依然百出。縱端座以待之不來，然終不能頓淨。經云："諸修行人，如澄濁水，澄之雖清，未去濁脚，攪之復濁。"須知此外有上頭關，夢覺不能入，萬境不能惑者。

人心必私，神心必正，天心必公。以去其所私，存其所正，故廓然太③公。

人心見有可欲，多被境轉；神心直其所屈，正如執物；聖心空其所

---

① 瘥（chài）：治好病。
② 觕（cū）：同"粗"，疏離意。
③ 太：大也。《廣雅・釋詁一》段曰："後世還言，而認爲形容未盡，則作太。如大宰俗作太宰。大子俗作太子，周大王俗作太王是也。"

有，無私無欲，應化無物。

心如明鏡，心如大海，心如虛空。心卽天地，在天地先，天地從出，皆名言也。又曰"無心"。無心則庶幾矣，而果無心者，卽謗也！雖然卽心卽佛，最切近矣，奈何眼中着屑者，難免形影之疑。吾意凡落音、聲、相貌者，皆無心也。噫！安得其無心之人，與之言心乎哉？

今人以情性爲心者，以六塵緣影爲心者，以昭昭靈靈、應用不缺爲心者，以肉團爲心者，又以心配離配火者，又以心喻猿喻蛇者，如盲捫象，各說一端。

平時工夫十分，于生死際只得一二。平時之心持，到睡中又移換了。平時做夢甚是明白，到病中又改變了。病中四大改常，妖邪百出。非見思惑、塵沙惑、無明惑盡淨者，不能於忙中長往。

個中一靈物，萬古無增減。只因迷於事，所以有推遷。道人工夫成片，世間心斷十二時中。無一法可當情，惟①是虛閒寂靜，"山河夢裏覺，世界影中圓"而已矣。

元神無擾，衆念俱定。當境無法者，心之虛也。心虛故前塵無礙，所以見地非地，見水非水。夫夢覺齊觀，身界混入者，聖人也。聖人之心空故，夢亦空。

世上有最好的事，都被忙者錯過了也；聖賢有極妙之理，都被愚者闇昧了也。故絕天下之學，無過一愚；昧世間之通，無過忙亂。

孔子曰："發憤忘食。"予謂急於道者，如饑人得食而不着味。夫人有饑而食者，有不饑而食者。不饑而食者，志在味也。饑而食者，意在飽也。在饑則一飽有餘，在味則千方不足。

又曰："樂以忘憂。"此樂非遂耳目口鼻之欲爲然也。夫憂從愛生，愛自欲來。佛言"愛盡則苦盡"，故知生死貪愛爲本。世人之樂樂於情，孔子之樂樂於心。樂心者常，樂情者亡。

道家以情爲性，授受之際，只要七情不動。觀張道陵傳趙昇，雲房

---

① 【校】刻本原字右邊模糊不清，據字形及文意，當爲"惟"。

授呂巖，皆可見矣。蓋老氏之道法自然，而七情屬意根，意根不起，無識無知便是淪虛，乃第六識主持，未到第八阿賴耶識，何況大圓鏡智！

儒者愽①文約禮，便近佛之義性，爲佛在了世，儒專治世。而昧者，目寂滅爲斷滅，錯認了也。佛所説寂滅，如謂萬物本閒，而人自鬧是也。佛又説治世語言、資生業等，皆是佛法。如此觀之，自是治世者不了，而出世間法統攝盡故。

常能安分守己，自然諸惡不生。常能虛閒寂靜，自然洞達古今。觀三界如傳舍②，了萬物如漚生，明生死如寤寐，齊身世如光影。

惟識章

神識無依，遇物便寄，如種子落地，隨處生芽。三界四生，修羅外道，皆所流處。其生之時也，若火燃泉達，不可止遏。隨所生處，習業隨有。諸天正樂，脩羅戰爭，三途苦楚，人道無明，因集而生，因散而滅。是故我説，諸法惟心，諸法惟識。

凡物遇火則焚，遇水則溺，遇土則埋，遇金則斷。云何心識入火不焚、入水不溺、入土不埋、入金不斷？所以此物最堅最硬，世無過者。

賢者之夢，爲智作。愚者之夢，乃識作。故智作之夢，雖夢猶覺也。識作之夢，雖覺亦夢也。智夢如杲日，識夢若螢光，夫相去遠矣！

智人之夢如澄水，雖流而未嘗濁，蓋本清也；愚人之夢如渾潭，雖停而未嘗淨，蓋本垢也。

凡分垢分淨，畏生畏死者，皆識也。夫造善業者皆識，而受苦報者亦識。其有踐蛇虺③而不加恐，飲鴆毒而不生畏者，蓋由識未發也。識發由心生，心生故有生死。生死者，乃識受，非性。

無造作，無損益，無垢淨，無增減，無恐懼，無欣厭，隨緣飲啄，一味平常。斯性攝也，非識達此者，似人而天，不見其淵。

---

① 愽：同"博"。
② 傳舍：古時供行人休息住宿的處所，古驛舍。
③ 虺（huǐ）：毒蛇，俗稱土虺蛇。泛指蛇類。

若能轉物，卽同如來。夫物其孰能轉乎哉？皆物轉者也。是故轉物則昌，物轉則亡。非聰明睿智，其孰能當？今稱釋迦，誰不欲爲之？今稱堯舜，誰不欲齊之？然雖欲爲而不能齊者，蓋由無明也。無明卽識，識卽欲，欲卽凡情，凡情非天理，非天理故不齊。

萬象平平，太虛寥寂。不了惟心，强自啾唧。凡物起者，我招也。我惑者，物役也。物無自物，我物之也。我無自我，物我之也。是故智者役物，而愚者物役。

禽中之大者，惟鷗惟鵬；獸中之大者，惟魚惟龍；人中之大者，惟王惟臣；世間之大者，惟山惟海。夫此皆未足爲大也矣，其最莫大者，無過道。故人達則大，不達則小。

世之明者，燈與燭也；次更明者，火與炬也；其大明者，日與月也。故螢火之光，不及燈燭之光；燈燭之光，不及日月之光；日月之光，千萬億倍不及佛光。佛放光時，無邊世界諸日月光明皆如聚墨，世界中間幽暗之處，日月光明所不能照，而皆大明。

世之善能者，皆能於物也，未能於心。夫能於心，則無不能矣。能於物，則非能也。嘗聞由基紀昌之射，百步貫虱而不移，蓋技也，心猶未喻；伊尹呂望之師，千載遺風而不墜，蓋道也，德無不侔①。故心能卽道，技能卽物，能於道者通，能於物者塞。噫，物於心也甚矣夫！

身榮而心未榮，未足爲榮；心榮而身未榮，斯榮也。世以及耳目、悅口體爲榮，夫斯情也乃業，大害莫若是。守清貧，甘淡泊，苦心節志爲榮，夫此道也乃智，大貴莫若是。是故榮於心者壽，榮於情者夭，榮於業者窮，榮於道者通。

勿謂得，於我何所益？勿謂失，於我何所損？但增其欣厭之情耳。是以至人，不望德，恒守貧，抱其虛，見得如失，終日惟損，損其所損，復歸無極。

處世如駕虛舟，過而不留，到而不住，此至人之境也。至人之心與

---

① 侔（móu）：等同；齊等；相等。

天地合，故天如，萬物如，我心如。一切如夢焉，夫夢無心歟！

處大不得意之境，其心晏如。居甚榮遇之地，其心淡如。非平素操守到家，物不能遷者，不與也。

凡事覺於未然者寡，悔於已然者衆。昔季文子貴三思，孔子云再斯，愚云更加思。上智者一思有重，在季文則以三思，予則十思猶不足。

自古英雄得志，皆從困厄中來；自古聖賢得道，皆從怕苦中來。是故困不極，志不發；苦不極，道不成。不憤不啟①，不悱不發，其爲如予何？

無心者道之本也，有念者識之根也。識能生欲，欲能亡我。我既亡矣，安能入道？故善造道者，在得無心。無心則百非不生，萬機齊備。

愛慾生於心，如醍醐罐裏著鴆毒；嗔怒發於念，如清冷雲中霹靂火；癡想萌於懷，如太虛空中起黑雲。

宇宙中，有最大利，雖日親之，而不能見者，心也；有最大害，雖日避之，而不能遠者，慾也。心本於象帝②已前，慾根於形色之初。故象起於心，身生於慾。其源遠流長，非聰明睿智不能當，非英雄豪傑不能斷。噫，甚矣夫！雖猛虎熱鐵交橫於前，猶甘心投焉，故曰無敵。

心體原虛，喪於實。識性原有，喪於無。譬之火性從上，水性自下，識性喪而心珠圓，心體實而識神勝。是以聖人虛處令實，實處還虛，顛倒目前，怡神曠刼。

有我受故，憎愛從之而生，毀譽自此而發，做了個常慼慼之人；無我所故，生死無繇而作，是非無地而興，纔是坦蕩蕩之士。噫，我之難忘者久矣！非神悟於機先者，不能當境無事。

意生章

若要知死從何處去，先須知生向何處來。知夢覺底源，便知生死去

---

① 【校】刻本原字爲"起"。據《論語·述而》："不憤不啟，不悱不發。舉一隅不以三隅反，則不復也。""起"當爲"啟"之誤，改之。

② 象帝：指天帝，典出《道德經》四章："吾不知誰之子，象帝之先。"河上公注："道自在天帝之前。此言道乃先天地生也。"王弼注："不亦似帝之先乎！帝，天帝也。"

處。知生死去處,便永脫生死。

人只知閉眼夢,而不知開眼亦夢。只知形亡而死,而不知身存亦死。蓋生死是念也,非關其形。有形亡而神不亡者,有神亡而形不亡者,有神形都亡者,有神形都不亡者。是則形依神而有,神假真心而有。圓明真心中,無夢無覺,無生無死,無生無不生。雖終日生死,而不見有生死之相,是爲神明,是爲徧知,是爲大覺,覺破世間大夢故。

予每寢時,嘗查考這夢從何處起,正思慮間,忽然睡着,卽不繇我。夢中昏昏惚惚,似明白,似不明白,但一味只隨妄境牽引去者多矣。若夢魂引不去,白晝惑不得,此人於道有少分相應。

學者工夫,得力不得力,須從夢中查考。我初時作夢,如以黑屋入黑屋;後來作夢,如走月下燈影中;而今做夢,如太虛空飛片浮雲。

工夫到一分,夢境清一分;世情重一分,心境濁一分。欲得夢覺無惑,須大放下世情,做到語不干之工夫。欲得夢覺無惑,須得一水清珠,能清濁水。然此珠非歷盡辛勤,則大不容易。

予嘗以睡覺後,或清晨時,或至晚臨睡時,却自打點此一夜所做的好夢歹夢,此一日所爲之惡事善事,有功無功。及一日、兩日,一月、兩月,所做之夢,所爲之事,成甚邊事;從幼至壯,這半生前,及無數生前所作所爲,成甚邊事;近取諸身,遠取諸物,古今成敗盛衰,欣悲苦樂,成甚邊事;後來無數刼①,無數生事,又成甚邊事。

每到睡時,將身心世界,閑非雜擾,一切放下。外境不侵,內心自淨,如水溶月,如山住雲,無一毫思議于其間,則知天地如寄,物我如化。自家一個身心,亦如夢中人也。

人之欲睡,而竟睡不着者,都是塵打擾。睡着而夢境昏惚者,亦是塵打擾。

人有生必有死,生如寄客,死如轉車。父母妻兒,如逆旅中人。捨此就彼,就彼捨此,凡千百年中,不知幾多捨而幾多取,而不覺之;晝

---

① 刼:同"劫"。

必作，夜必寐，寐而復作，自古及今而不覺之；春之生物也，必夏長，夏長後秋收，秋收又冬藏，又復春生，自古及今而不覺之；世界之初成也，而後住，住而後壞，壞而後空，空又復成，自古及今而不覺之。

人說至人無夢，予謂不謂無夢，謂至人知夢。知夢，則無夢也；不知，則夢也。昔者空生夜夢說六波羅密①，信相夢金鼓②，堯夢攀天而上③，湯夢及天而餂④，黃帝夢遊華胥⑤，孔子夢奠於兩楹⑥，皆無夢也。

法身無夢，漏身有夢；意生身無夢，分段身有夢；圓覺無夢，緣覺有夢；佛無夢，菩薩有夢。

有囿夢者，有知夢者，有無夢者，有了夢者。囿夢者，迷於夢也；知夢者，夢皆覺也；無夢者，覺亦夢也；了夢者，無覺覺夢，無夢夢覺也。

古人言：學道須識夢中人。予謂：會得一夢字，學道之能事畢矣！

善人行善，所夢皆善。不善人行不善，所夢亦不善。生者夢生，而死者夢死，皆念頭起也。

---

① 空生夜夢說六波羅密："空生"乃須菩提的別稱，釋迦牟尼佛十大弟子之一，善解真空之義。"六波羅密"是指菩薩欲成佛道應當修行的六種行持，分別爲布施、持戒、忍辱、精進、禪定、般若波羅蜜。

② 信相夢金鼓：典出《金光明經·懺悔品》："爾時信相菩薩，即于其夜夢見金鼓。其狀姝大其明普照喻如日光。複於光中得見十方無量無邊諸佛世尊，眾寶樹下坐琉璃座，與無量百千眷屬圍繞而爲說法。見有一人似婆羅門，以枹擊鼓出大音聲，其聲演說懺悔偈頌。"

③ 堯夢攀天而上：傳說堯曾夢攀天，占夢者認爲這是他登上聖王之位的先兆。《東觀漢記》記載："堯夢攀天而上，湯夢及天舐之，此皆聖王之夢。"《宋書·志·符瑞上》載："帝堯之母曰慶都，生於鬥維之野，常有黃雲覆護其上。及長，觀於三河，常有龍隨之。一旦龍負圖而至，其文要曰：'亦受天佑。'眉八彩，鬢髮長七尺二寸，面銳上豐下，足履翼宿。既而陰風四合，赤龍感之。孕十四月而生堯於丹陵，其狀如圖。及長，身長十尺，有聖德，封於唐。夢攀天而上。高辛氏衰，天下歸之。"

④ 湯夢及天而餂：成湯夢舐天，占夢者認爲這是他登聖王之位的徵兆。《宋書·志·符瑞上》載："主癸之妃曰扶都，見白氣貫月，意感，以乙日生湯，號天乙。豐上銳下，晳而有髯，句身而揚聲，身長九尺，臂有四肘，是曰殷湯。湯在亳，能修其德。……又有黑鼃，並赤文成字，言夏桀無道，湯當代之。……湯將奉天命放桀，夢及天而舐之，遂有天下。商人後改天下之號曰殷。"

⑤ 黃帝夢遊華胥：典出《列子·黃帝》："（黃帝）晝寢而夢，遊於華胥氏之國。華胥氏之國在弇州之西，臺州之北，不知斯齊國幾千萬里，蓋非舟車足力之所及，神遊而已。其國無師長，自然而已。其民無嗜欲，自然而已。不知樂生，不知惡死，故無夭殤；不知親己，不知疏物，故無愛憎；不知背逆，不知向順，故無利害……又二十有八年，天下大治，幾若華胥氏之國。"後以華胥夢喻指心目中的理想境界。

⑥ 孔子夢奠於兩楹：典出《禮記注疏》卷七《檀弓》："予疇昔之夜，夢坐奠於兩楹之間。夫明王不興，而天下其孰能宗予？予殆將死也。蓋寢疾七日而沒。"孔子夢見自己坐在兩楹之間而見饋食，知道自己不久人世，寢疾七日而沒。後以"兩楹夢"借指孔子之死。

夢本無體，隨心轉變。有兩人同一夢，而各事不同；有人人異夢，而其事一體。有夢中雖吉，而返兆於凶；有最險之象，而多應乎吉。有一夢而十人所成，各得一節；有一人夢十事，而全體備焉。復有爲此夢，而轉及於彼。或籍言指象，而垂影露形；或詫物比興，而隔越踈親。大段①"窗外月明窗内白，池邊花發水中紅"是也。心無三世，夢有古今。有夢十年者，百年者，有卽夢卽應者。有夢一生二生無數生者，有一刼二刼無數刼者。所謂盡無邊刼，總在一夢。

　　吉人做凶夢，凶夢皆吉。凶人做吉夢，吉夢成凶。故鄭獮夢頭生角爲狀元，魏延夢頭生角爲刀下用。甘羅占凶夢爲吉，周宣以妄夢符真，伯懿妄以凶原吉而終成凶。鄭人解龍着衣爲人襲國，林環夢文淵送犬肉，石頭夢與大鑑乘龜身，提多伽尊者母夢日而生祖，章懿皇後夢日而生帝。劉幽求夢妻於寺，兩夢符同。宋理宗夢胡僧取殿，二十年卒驗。梁武帝夢獼猴升御榻，果符其人。六一居士夢石馬一耳，張無垢侍郎夢咸陽景象，婆羅門一睡夢經十生。善慧五緣，果證多劫。事乃漸應，夢以頓成。一心之念，變幻多方，一夕之夢，應於累刼。

　　夢從想生，境由心異。念有誠妄，夢有真假；念如陽熖，夢如空花；念如飄風，夢如舞葉；念如晴空，夢如湛水。思出于位，神現于境。心不住内，魂從外流。忽幻忽真，乍有乍無，倐哀倐樂，忽悲忽喜。神無有方，夢無有體。心本無住，境不定所。有以外神交集内心而豫禍福者；有内心昭明如水映物鏡寫形者；有遊魂外逬，而先兆後應者；有陰陽不和，而妄興妄見者；有逃影避形，而愈逐愈狂者；有疑杌②爲鬼，認繩作蛇者；有妖假怪異，遊先陰傳者；有虛幻無記，昏昏不實者；有純真聖境，授神授道者。然則夢原不一，變有多方。念若不生，夢本無寄。原夢之心，會夢之神，知夢之人，入夢之化。

　　夢體不流，夢用遷變。隨其變處皆真，非守真而不化。譬如太極生

---

① 大段：大略、大體之意。
② 杌（wù）：樹椿子，沒有枝椏的樹幹。

兩儀，而四象八卦。無中發有，轉生轉變，愈出愈多。宮宮混入，爻爻交糸，一卦之中，渾圓太①極，一爻之內，通攝諸卦。

夢有圓得者、圓不得者。世有云："有頭無尾，有尾無頭，有中間無前後者，皆不可圓。"予謂更有從天中來生人者，及八部三途中遞相出沒者，所夢生前，所夢生後，皆不可解。古以得惡夢即向東咒曰："惡夢桃李，好夢珠玉。"又以逐日地支所屬符禳②之。其惟周公解者，太得其詳耳。孫真人曰："欲無惡夢，莫食本命所屬肉，莫起惡念，莫啖五辛。睡常以首觸東，莫面壁。"予謂善惡皆從心生，知心則無惡夢。欲無惡夢，睡時大歇身心，莫思前，莫索後，安心於無事，遊神於無有。當內外安隱，側身吉祥而寢，首不在東向西向，意莫東想西想，制心一處，諸夢自然不生。夢是念起，不關形骸。當禳於心，莫禳於境。心就是夢，心就是符。知心則知夢覺，知夢覺則知禍福，知生死，知世間，知出世間，則知三界，皆大夢也矣。

東萊以形接爲事，神遊爲夢。浮虛則夢陽，沉實則夢溺，寢籍則夢蛇，寢衣則夢馬，啣髮③則夢飛④，將陰則夢水，將晴則夢火，將病則夢食，將憂則夢舞。⑤古論亦如是說，皆以陰陽五行定夢之吉凶，都不理會心識變幻，遊魂使然者。蓋五行乃心識所附之塵，心識是主五行之神。心肝脾肺腎者，陰陽造化所成之形也。見聞覺知者，本來所具之神也。神能用於形，形不能用神。譬如機關木人，有牽抽即動，否則不能。一切作用，夢覺生死，皆心識遷變而形色隨之，論者須以心識形色圓和而說卽當，不然，無因也，邪因也。

陳希夷言："先睡心，後睡眼。"夢菴曰："六根以心爲主，先放心

---

① 【校】刻本原爲"大"，據《妙峰山志》及文意，"大"係"太"之誤。
② 禳（ráng）：祈禱消除災殃、去邪除惡。"符禳"謂以符咒禳解。
③ 啣髮：即"銜發"。古人以爲人發爲飛鳥所銜，則於夢中飛翔。引《列子·周穆王》："籍帶而寢則夢蛇，飛鳥銜髮則夢飛。"後遂以"銜髮"爲做夢之典。唐賈餗《莊周夢爲蝴蝶賦》："夢也者，不期而會；飛也者，以息相吹。豈銜之能診，蓋忘蹄之可知。"
④ 【校】刻本原爲"馬"，"馬"係"飛"之誤。《列子·周穆王》載："籍帶而寢則夢蛇，飛鳥銜髮則夢飛。"《東萊類說》亦云："寢帶則夢蛇，寢巾則夢鳥，銜發則夢飛。"
⑤ 《東萊類說》云："形接而爲事，神遇而爲夢，浮虛則夢揚，沉實則夢溺，寢帶則夢蛇，寢巾則夢鳥，銜發則夢飛，將陰則夢水，將晴則夢火，將病則夢食，將憂則夢歌舞。"

睡，則目自寧。"此意雖是，但根本不寧者，説個先睡心，益見紛擾。

衛玠形神不接夢，問樂令，令答"是想"。① 陽明睡着不做夢時，云血氣障蔽。夢菴曰："形神不接夢，非想也。睡着不做夢，非血氣障蔽也。"李卓説："一切皆是夢。"鄧豁渠説："夢是遊魂把識神到處引將去了。"此二人，一得體，一得用。

夢有異者，謂或凶轉吉，或吉成凶。男夢作女，女夢爲男。沙門夢加冠，士夫夢鶴氅。帝王夢着公卿衣，公卿夢爲帝王服，乃至玉瓶耳碎，木杖擊天。又有夢入天宫、龍宫、鬼神宫、地獄餓鬼之處，禍福受授，境變神遷，纖毫不失。

---

① 典出《世説新語·衛玠年少好學》：衛玠總角時，問樂令夢，樂云是想。衛曰："形神所不接而夢，豈是想邪？"樂云："因也。未嘗夢乘車入鼠穴，搗虀啖鐵杵，皆無想無因故也。"衛思因，經日不得，遂成病。樂聞，故命駕爲剖析之。衛既小差，樂歎曰："此兒胸中當必無膏肓之疾！"

雲山夢語摘要　下

明妙峯山夢庵釋周理　著
武陵修齡楊鶴　閱

問答章（十四門）

無夢

問：人嘗説"至人無夢"，而佛又夢，周公、孔子、莊周、武王又夢，何也？

答：不謂無夢，只謂不知夢。知夢者，夢即覺也；不知夢者，覺即夢也。夢固夢也，夢覺一也。若得無夢，亦無有覺，無覺無夢。至人嘗夢，故曰却來觀世間，猶如夢中事，不是無夢。

問：何緣睡中有夢，而又言至人無夢？

答：有我故，必有我之事。晝作夜夢，固然之理，何得無耶？然晝中所應作者當作之，夜中所夢者亦夢之，二皆不可止遏，故曰夢即覺也。

問：夢即覺，何故晝中曾①所不聞不見的事，夢中皆見之？及至醒來，有符驗者，有不符驗者，何也？

答：夢與覺只是一人，非有二義。只爲覺屬形用事，故有偏礙阻滯②，形到處見之，形不到處不見之。夢是神用事，故神無方而夢無體，能遠涉近遊，見善見惡，先世後因，皆得知之。刹那而生，刹那而滅者，總是念頭代識神起滅耳。

問：我所作夢，有驗不驗者何也？

答：夢有三世，又有百世，謂現在、過去、未來。有今生作往世夢者，有今生作今生夢者，有今生作來世夢者；有夢十年者，有夢百年者，

---

① 曾：同"曾"。
② 【校】刻本原爲"帶"，據《妙峰山志》及文意，"帶"系"滯"之誤。

有夢一日一夜者；有一人爲十人夢者，有十人爲一人乃至千百人夢者；有人爲畜夢者，畜爲人夢者，乃至四生六道遞相爲夢者。或近或遠，或前或後，情量卜度，難盡知之。凡有事必有夢，有夢必有事。先因後果，後果先因。如鏡現形，纖毫不失。

問：夢亦有不駼①者否？

答：若人妄心太甚，念念不停，見前所作，得前忘後，身心總若揚塵，這等人，夢與覺渾是箇妄心主持。因妄極故，皆無着落，多有不駼。

問：如古人言，"不夢不覺時，血氣障蔽"，是否？

答：如眼有不見明不見闇時，是本色光明，不勞心力，不可喚作血氣障蔽，天地收歛。他説血氣，只在形神上言，指後天生滅法耳。且如人死爲鬼，鬼亦有睡着不作夢者，彼無血氣，何不明了？

問：夢中我形神作我之事，理固宜之，何有素不識面之人事亦入我境？我爲彼作夢者何也？

答：有三義，爲有我故。我之心體，虛靈不昧，如明鏡當臺，諸所有物隨照隨見，不可説言非我之事。又有遊魂引識神到處去故，又與彼往昔稍有因故，如轉輪聖王夢中作蟻、莊周夢蝶等意亦爾。

問：夢覺是一，云何覺時諸事皆實，而夢中諸事皆虛，乍幻親疎，恍惚不定耶？

答：汝只知夢中之事虛，而不知覺時諸事亦虛。汝當細審，自生以來所作種種事業，如今回心一照，平生所得所失處，盡成幻影，無一可實，何謂實耶？

問：晝中作事有頭緒，有始終，一件了，又一件。云何夢中無根，或有頭無尾，或有中無兩邊，幽幽隱隱，不能自主者何也？

答：晝中所作，因有身故，一切作用總係乎身，八識一時具足。夢中惟識神用事，識隨念頭轉，念頭起處即夢，念頭滅處則無。葢爲念頭無根緒，而夢亦無根，夢乃第六獨頭意識所起，前之五識不能致夢。

---

① 駼：同"驗"。

問：睡着不做夢時，此心鶻鶻突突不能明了。做夢之後，能知之心在夢中明。此二者中間，何以我自不知去做夢？及乎做出夢來，纔有知識，有善惡。雖然有知識、善惡，而又何自不知我在夢中？

答：睡着不做夢時，是四大休息，精神閉合，無明與識性混作一團，所以無知識，無境界，一味蒙昧不覺耳。做夢後，從體起用先因意識牽引，然後內根外塵一齊發動，即有能見所見之境。在夢而自不知夢者，因外境界風飄蕩心海，念念遷流，神用于外。譬如眼光，只見其前不見其後，由無始妄想、虛偽習氣之所流轉。故在夢而不知是夢，生生滅滅，無有窮已。

問：將作夢時，又不由身，又不由心，及諸靈覺主宰，云何是中忽然抽出便成了夢事？

答：此意如水生波、空出雲、石出火、鐘出聲，遍身是、通身是。出與不出，其性無二。一擊動處即火生時，一念起處即夢生時，不可說言何時抽出火光，何時成了夢事。

問：古人指睡着不作夢時，為心之本體，是否？

答：睡着不做夢，乃無明裏識情，昏昧不辨耳。東坡云："若以頹然無知為佛地，則猫兒狗兒得食飽睡，腹搖鼻息，無一毫思慮。豈為猫兒狗兒亦佛耶？"人又以"赤子之心，不識不知為道"，予謂此時更喚不得為道，是情塵結伏於內，不發泄耳。《涅槃》云："劫初時衆生煩惱未發故。"僧問古德云："初生之兒，還有六識也無？"曰："如急水上打毬。"言其念不停也。以此觀之，睡着不做夢與赤子之心，皆不是道。

人問李卓吾曰："人之睡而夢也，而視、而聽、而持、而行、而喜、而怒，何其不屬於我之目、之耳、之手、之足、之心乎？"卓吾曰："夢中之人，元不屬我之身矣。古人有言曰'生寄也'，蓋言人之神特寄於我之身耳。惟其以身為寄，故其謂死為歸。"客問予曰："若依此言，生為寄，死為歸，則凡人都要死而後已？"夫人未嘗不死，只要死得有頭向。李氏所言"死為歸"及"夢中之人不屬我之身者"，此意不然。若作夢時人，不屬我之身，則其識已離軀殼，必如死而已矣！何其境雖在萬里外，而齁齂之息猶綿綿不絕耶？然既有不絕者，不可喚作全不屬我身矣。又若以生爲寄、死爲歸，則必不樂于生，而樂于死，此生誠無用也。大慧云："生也只恁麼，死也只恁麼。"經云："是法住法位，世間相常住。"何嘗以死爲樂耶？或曰人之睡中有夢，自然之理，但不須擬①着他，則吉亦不知，凶亦不知，道無許多疑忌。而今說夢皆有事無不驗者，使人有種種憂慮。若得善夢，必疑有好事；不善，必疑不祥。而又多有不驗者，則此疑心皆因是說而起。曰：余說此語，特欲解人疑，而汝反生疑耶？夫夢與不夢，俱不可得；疑與不疑，皆是自起，豈關我說與不說乎？且人之福與禍，皆是自心所作，苟知自心，福來亦不欣，禍至亦不懼。故仲尼困於陳蔡而彈琴自若，菩薩天龍恭敬而不以爲喜。若不知自心爲不疑者，爲愚頑寘癡，一味懵然度日，不惟不知夢覺生死，至於世事亦不知者也。古德云："大疑大悟，小疑小悟，不疑不悟。"只可知而不疑，不可不知不疑。悟而不疑，無可疑者；不知不疑，昏昧不識。

問：夢是眼做耶？耳做耶？乃至鼻舌身意做耶？心做耶？做夢時，有我耶？無我耶？若無我，而誰做？若有我，而胡不由我之身之心之意？

答：夢是念起，非關形、關神，非關鼻舌身意，亦非關有我無我。念起即夢，念滅即無。

問：若如是者，全不關身形作用，原來都是念頭。既是念頭，云何世間瞽者、聾者、啞者、跛者亦皆有念也，胡不能視，不能聽，不能言，不能履耶？

答：此業報於身者也，雖色身有病，而真性不壞。是故瞽人多聰明，啞人多念慮，此蓋塞於四體而明在一根也。

問：某嘗好打瞌睡，昏沉比人重，是何也？

答：飲食多、油鹽重、思慮過、身疲勞、神不全故爾。若節飲食、薄滋味、歇妄想、安神魂，自然不昏濁也。

問：人有夜夢飲酒而覺哭泣，夢哭泣而飲酒，夢糞得財，夢棺得官，

---

① 擬（nǐ）：揣度；推測；猜想。

夢歌舞則有憂事者；又有夢糞不應財，夢棺不主官而別主者；又有夢飲酒卽得飲酒，夢哭泣卽得哭泣。如是種種變幻，何以夢同而事別耶？

答：夢生于識，情惑于計，情所感處夢便相投。情想雜均，夢隨偏計，故有應於此者、彼者、同者、別者。佛言"三界惟心，萬法惟識"耳。

問：晝所見物，若山若海，若人若物，歷歷分明，無纖毫過患，云何夢中所見，以有爲無、虛爲實，乍幻踈親、恍惚不定，何言夢與覺同一機軸耶？

答：我說一機者，謂境雖有夢覺而心本一靈，葢因心隨境轉，被物所眩，遂以有爲無，以虛爲實。然雖被物眩，而眞性亦不失壞。《楞嚴》云："如重睡人眠熟床枕，其家有人於彼夢時，搗練舂米。其人夢中聞舂搗聲，別作他物，或爲擊鼓，或爲撞鐘，自怪其鐘爲木石嚮。於時忽寤，遄①知杵音。自告家人，我正睡時，惑此舂音將爲鼓響。阿難，是人夢中，豈憶靜搖、開閉、通塞？其形雖寐，聞性不昏。縱汝形銷，命光遷後。此性云何，爲汝銷滅？以諸衆生從無始來，循諸聲色，逐念流轉。若去生滅，守于眞常，常光現前，根塵識心應時銷落，云何不成無上知覺？"

問：人言佛亦有夢，今說佛無夢，豈不相違乎？

答：佛無夢，非强言也。夫地位菩薩且起煩惱、滅煩惱二心了不可得，況如來乎！如來今者得妙空明覺，山河大地，有爲習漏，何當復生！若言如來有夢者，乃謗佛毀法也。

問：佛作善慧童子時，于普光佛所得五種奇夢，如是種種，經有明文，何得言無？

答：比皆因中也，或爲菩薩時，示同凡夫作夢，亦有之。而果德中，誠無夢。夢乃想陰所作，經云："想陰盡者，寤寐恒一。"雖聲聞小聖，亦破想陰，況如來乎！佛實無夢。

---

① 遄（chuán）：快，迅速。

问：梦中有被人或打或辱之境，将受未受之际，恐惧交慌与白昼无殊。及其受时，十分①不见有疼痛之象，而又自知其事。倏尔之顷，或转为欢、为笑。今观梦中光景，与白昼全不相同，何言梦觉一耶？

答：一者心也，由汝心念不一，所以境有千差。俄尔人辱我，俄尔我辱人。倏哀倏乐，倏忧倏喜，都由白昼心思所致见之於梦。只是昼中有了形质室，梦中惟思量执我之念，所以不多觉疼痛者，是无血躯也。

问：鬼无血躯，何故有镬汤、炉炭、寒冰等苦？

答：鬼神虽无肉身，而有业身，所以有业故即有苦，不得脱去。

问：尝闻人死后，清气归天，浊气归地，一灵真性，还乎太虚。譬如一块土，把来作器用，物坏之後依旧还土，其理如何？

答：此外道断灭之见也。彼因不知身从业生，业从心起，三世循环，轮转不息。若无轮迴报应，则作善者为徒劳，作恶者反得计。何以故？以"性归太虚，善恶无徵处"故，彼乱臣贼子任肆恶於君父，期一死几於澌灭，便同圣人之乐，岂不便宜！何贵学为也？孔子云："游魂为变。"此正谓死而不亡者，轮迴报应之理昭然也。而世人不察，沦为断灭，肤见如此，深为可笑。

客曰：本是一幻梦，却如说幻说与人，添出许多知见来也。如我则不信梦。

曰：在汝为不信，是梦有乎？

曰：有无都不信。

曰：有无都不信，是汝不信，非关梦有无也。而由汝不信，必欲使尽天下人皆无梦，可乎？此义譬如孩稚自闭其目，而怪日月无光。若言虽有而为幻，则幻本自幻也，非幻而幻也；然幻幻元幻，非假幻而後幻。幻性不有，不可作无；幻性不无，不可作有。故幻幻幻也，非幻幻幻幻也。有无且置，即以目前言之，凡有昼必有夜，有寤必有寐，胡为不信？君不信者，不信有昼作夜寐等事乎？不信有天地日月乎？不信有四时行、

---

① 十分：总是。

百物生乎？不信有父母兄弟六親乎？穿衣吃飯亦不信有乎？自家一箇身心塊然行宇宙間亦不信乎？且此等事業森然在目，朝朝夕夕，日用所爲，去不得一毛。若果不信此等皆有之，則不信亦得矣。苟離不得，則覺與夢必然有之，烏得不信？如云穿衣吃飯一切都不信，則與土木瓦石無異也，何來對我語夢？

客不能加對而退。

問：當持何念，於生死長夜中不被夢寐所惑？

答：若悟我心無我，一切如夢，無一真實，卽不被其惑。以如夢解脫心，十二時中觀照，妄念不起，卽得也。

問：四生六道遞相致夢何也？

答：從因緣所生。一切衆生從無始以來，皆有父母六親，自受識捨識後，改形易報，人死爲畜，畜死爲人，不復相知，以熟習因緣故相致夢。蓋夢爲神遊，能見先世後因而無障礙。

問：所言六道互能入夢，但能託夢于人者，神人也。人尚不能致夢，況畜生乎？

答：凡有生，必有神。神者無有不交通之理，且無論六道，卽如畜生，致夢人者亦多。如宋元君之靈龜、梁武帝之牲豕，蛇啣珠而感夢、鳥披素以求解，奚謂不能？

問：古人謂萬物之中，惟人最靈，此靈知之性畜生得之偏，人得之正。今能相致夢，又言人死爲畜，畜死爲人，則無偏正之説也。

答：天上天下，四生六道，有情無情，皆具此靈知性。只爲業習有輕重故，所感之報亦不等，俱一性所生也，何言有偏正耶？且佛説十類三途，人爲十類中之一也。十類者，謂天、龍、夜叉、乾闥婆、阿修羅、迦樓羅、緊那羅、摩睺羅伽、人、非人。此數種類，各各有王臣眷屬，各各飲食男女，依報正報，苦樂等事，與人無別。若以福壽快樂論之，則吾人不如彼者猶多。彼具神通光明，飛行自在，壽命萬歲，衣食自然，此之種類得正耶？偏耶？人死爲畜，畜死爲人，是彼衆生，由妄習故，迷失本明，隨業灣環，受諸苦報。畜業滿而成人，人業重而作畜。如人被罪然，罪畢則脫，無一定之人，亦無一定之畜。且死此生彼之法，如人乘車，下一就一。又如行客寄宿旅亭，天明卽速裝前途，無久住理。是故畜生與人，皆報之優劣也，非謂性地得偏得正。

問：諸法皆因緣所生，夢亦是因緣否？

答：若無因緣卽不成夢。然夢有多種，緣晝所作見之於夜，緣識神、緣心思、緣意想、緣五蘊、六入、十二處、十八界、二十五有，皆是夢緣。

問：夢有幾種？

答：惟二種爲根，其餘皆是分枝列派所成。

問：云何是二種？

答：夢時夢，醒時夢。

問：睡着不做夢①時，主人在甚麼處？

曰：還是做夢。只是迷之太重耳，所以昏昏惚惚不能明了。

曰：若是做夢，何不與醒時、夢時同？蓋醒時，主人在醒時知；夢時，在夢中覺。睡着不作夢，何以懵然不辨耶？或曰：此亦迷也。若素有守持者，決不至此。

曰：意識尚不分，守持個甚麼？其人無對。

余曰：睡着不作夢，與忽然睡着不由我同是一機軸。蓋神機轉動②處，不容心意守持耳，全在妙悟。悟則自知，不消問人。

問：生與死皆是一夢，未至生死之時亦有夢，云何夢中去又復來？至於死時，此識何以一去卽不回？

答：業未滿故，識不盡去，所以去了又來。若業已滿，別報一身，識移彼身，而不來此。如人住屋，屋若不壞，此人雖遠涉近遊，還來歸家；屋壞則別尋屋住，不來歸也。此理亦然。

問：以何因緣，能感後有？

---

① 【校】刻本原無"夢"，"夢"乃據文意補。
② 【校】刻本原爲"功"，"功"系"動"之誤。《增刪蔔易》之《動散章》云："神兆機於動，動必有因。"

答：佛説有三因：無明未斷故，愛未棄故，業未息故，能感後有。所以者何？業爲良田，識爲種子，愛爲溉灌，無名無智、無了無見之所覆蔽，識便安住。

問：人謂凡受胎時，便是氣血，無神識入中，識在臨出胎時囚地一聲始命之耳，其理何如？

答：若無神識，則彼竭羅蘭①、遏蒲曇②成死物也，何以成胎而能運動生長乎？囚地一聲始來者，乃外道邪因論。喻如穀種，若無穀性在中，則出地時便蘇麥也。經云：有福衆生處胎，其樂或如天上，或如人間，其母安隱，夢寐吉祥；無福者在胎，如受沸湯寒冰地獄；菩薩人住胎，如居淨土；佛世尊住胎，胎中悉能容受諸天神王所奉宮殿，爲諸菩薩説無量法門，成熟無量衆生。摩耶夫人謂"我此腹中，悉能容受三千大千世界而不迫礙"。言囚地一聲始受識者，有是理乎？或者謂識有"去後來先作主翁"③之説，有前主者，有後主者，其理或然。若謂後附者，真無因也。

問：中有形狀如何？

答：如想夢者，因晝所想見之於夢，彼于無形中見諸形狀。中有之身，亦復如是。當生地獄者，彼中有身，即如地獄，乃至天道、人道皆然。又若以人道生天者，其頭向上；若生地獄、餓鬼中者，向下；若畜生中生畜者，如鳥橫飛。

問：論中謂"頂聖眼生天，人心餓鬼腹"之語，言人之捨識之際，熱向某處，即生某道之義是乎？

答：若論識，則不求諸孔而出。但熱向者，乃衆生善惡業緣所感故。

---

① 竭羅蘭：梵語音譯，又作"羯羅蘭"，指父母之兩精初和合凝結者，相當於現代醫學所稱尚在胚胎狀態的受精卵。

② 遏蒲曇：梵語音譯，云皰，指受胎後之二七日，此時其形如瘡皰，爲胎卵漸分之相。

③ 去後來先作主翁：指第八識阿賴耶識。人有八識：眼識、耳識、鼻識、舌識、身識、意識、末那識、阿賴耶識。前七識都有死亡、毀壞的時候。玄奘大師形容阿賴耶識是"去後來先作主翁"。意思是説，人到世間上來，阿賴耶識比眼耳鼻舌身意先進入母胎；人死之後，阿賴耶識是最後離開的識，它是生命的主體。

捨識之時，神從彼出有是義耳。

客問：道家專以神自頂出，使臨終之人，端坐拱神是乎？

答：鄧隱峯禪師臨終倒卓而化，其神入地耶？

客無對。

予曰：只要見得真，用得熟，則逆順皆自在，豈可任定頂門爲事耶？

問：圓澤見汲婦而托胎，未死之身，如何先有坐胎者，非是偷胎奪舍乎？

曰：若言奪舍，則自不謂"此孕懷三年等我"也。

問：若然，甚麼在中作主？

曰：因緣也，識神也。

曰：他身未死，豈有識神入彼中乎？

曰：識有"去後來先作主翁"，若非彼之因，則不先知也。

曰：如是則一身有二主矣！誰先誰後？

答：經云"三界惟心，萬法惟識"，爭説得身在身亡、識在不在、二主三主？

問：修行人臨終不得力何也？

答：若真正修行者，臨終未有不得力之理。只恐認影子做活計，與夫力量有所不充耳。然非具道眼者，莫能窺其涯涘。有身即有苦，豈可以呻吟疾病爲不得道哉？

問①：然則何以辯之？

曰：病則病，死則死，在不亂耳！

問：然則以不亂爲得道可乎？

曰：亦未必然。予嘗見一屠人，臨終分付②家事，別妻孥而逝。故古德有云：老僧後來自縊而死。所謂非道眼，莫能窺其涯涘。

問：夢是佛法不？

---

① 【校】刻本原無"問"，"問"乃據文意補之。

② 分付：同"吩咐"。

答：夢即佛法。

問：經中雖說夢，只將以喻法，使人明了。今言即夢是法，全以虛幻不實之理以爲佛法可乎？

答：經云：念念中，以夢自在法門，開悟世界海微塵數衆生，豈不是夢即法乎？以執着目前境界爲實故，以夢爲虛幻。殊不知，目前有爲之物全體不實，而夢者當體覺性也，豈可反謂虛妄不實乎？

問：夢中多另是一山川者何耶？

答：心性無依，世界廣大，夢中無形質窒礙，隨其去來。故從來不到處到之，不見之境見之。

問：夢又多是舊景界者何故？

答：良由貪着目前，念念不捨故。神識結縛此中，不能遠離耳。

問：夢即①佛法如何修持？

答：大慧教人先以目前景界都作夢觀，然後以夢中光景移來覺時，如此會得，自然夢覺恒一。

問：一切是夢，則地獄天宮亦夢也，善趣惡趣亦夢也，心與識法亦夢也，云何衆生於舍識受識之際，不知不覺被所流轉？雖入於地獄天堂，亦不能自主者何也？

答：愛欲所醉，業力所牽，顛倒所迷。如醉酒人酒力所持，不知爲醉，既不知是醉，亦不知爲醒，長夜昏迷不覺爾。

問：經言"此三千大千世界，咸釋迦所化之土"，而中何亦有非佛所化者？如西域之六師、此方之孔老及諸子皆不秉佛教。

答：有二義：一者謂法久成弊，附佛法而各成異見；二者謂隨方設教，化儀不同。諸大聖人殊形異相、真俗雙融而度衆生。論曰：太昊乃應身大士，仲尼即儒童菩薩，皆佛化儀也。

問：佛及老子皆有神通，云何堯舜周孔不具神通？

答：堯舜周孔乃應化聖人，隨此方機宜，故神通雖有而不論，非不

---

① 【校】刻本原爲"既"，"既"系"即"之誤。

具也。當時舜若無神通,被象填於井而不能出;孔子若無神通,秦始皇伐塚而不豫①知之。蓋神通乃聖賢之餘事耳,龍鬼妖魅皆悉具之。佛法中只尚義勝,不貴神通。

問:夢是何物作用?

答:黃檗云:一切衆生,意緣走作於六道。以天身入人身,地獄身入餘身亦爾。又如捨人屋入畜屋,於畜屋入人屋亦爾。生時性亦不來,死時性亦不去,皆虛妄想相之所流轉耳。

紀　業

予初叅禪時用功甚銳,一夕忽夢于幽澗中,乘最大白象出平川,後有百十人各執長鎗利器刺吾。但其象高大,不知幾十丈,彼惟至膝耳,竟不能奈何。後至一門,廣博無表,予乘象入,彼皆齊門而退。入已不知象之爲我,我之爲象,非覺非夢而醒。

予作此《夢語》未及半,而是夕稍倦就枕寢,恍惚間夢遊一處,若渚宮仙境然,有小村落,景物甚麗。四顧不見人,惟一病夫圍爐而坐,貌甚憔悴,若忍饑寒之狀。予憐之,就坐與語,復與食,其人不納,有傲然不忿之貌。倏忽,翻然成一壯士,與人相歐而勝。或聞傍語曰:此人仙都客也,因赴龍王請及此,這愚夫不料其力,與爭乃敗。須臾又見一王者至,從者極多,壯士復若大臣然輔於左右,王後又不知所之。時予在夢中,亦知其爲夢也。攜拄杖而往,又見其人獨坐於水濱巖穴之下,若羽士形,欠身要予同坐。乃問曰:"欲與師少論夢意,得否?"予曰:"喏!""若然,師立義。"曰:"我與公俱在夢中也,就以夢爲題。"其人聯出數聯對,意以屈予。予答之無滯,皆徵《夢語》也,然不復記。最後曰:"師出我對。"予曰:"公立義。"曰:"就以師所坐石磴爲題,是夢不是夢?速道,速道!"予應聲曰:"是夢不是夢,于無有無中,一點精靈,出神出鬼。"其人良久不能答而退。

---

① 豫:此處同"預"。

予童時，語音謇澁不明。有老尊宿激勸禮觀世音菩薩，從教處禮三載。夢一人報云："接娘娘，接娘娘。"二童女執香花于白衣婦人前，有若將軍者擎方蓋于上，入堂坐已，授一六方沉香色小盒與予。其內有藥三丸，皆六稜而鬱金色。予初嘗一丸，始及唇齒，通身如灌酥酪，其香味遠徹，非世所有。覺已，毛孔發香，精涎如蜜，自後發言無瘖塞之患也。菩薩如此靈應，故書以記之。

予生來多病，病中作夢，多是平昔作事忽慢、不加檢點去處。有神人持一方簿云："此是錄誦經雜念者罪過。"余接已，檢之，果書誦經攙雜俗念人等姓字并罪過也，然予亦在末篇，讀已甚凜然。其人謂予曰："若一卷經攙雜兩箇念頭，試思這一生來所誦經皆攙雜多少念頭？"忽然夢醒，汗流浹背。至此誦經必務至誠不妄矣。

予嘗有慳習，自爲僧，雖不作院主長老，不蓄利養財物，然微細習氣，不覺不知處，奚無惧犯？忽夢遊曠野處，其地多荊棘黑石，見數十人形貌醜惡，臥身于糞壤中，大半有相識者。一人高叫曰："我因罪入此久矣，師可爲我寄一信？"予曰："汝家何處？"曰："我與師同鄉，住在施家庄。"夢覺已，自思曰："此非餓鬼乎？與我同鄉，則皆人也，住施家庄，則不布施而生彼中也。"自此發破慳習心。

如禪人有弟，數詢予出家，然斯人氣度非沙門種也。予遮之以在家吃齋念佛卽出家也，不必在剃頭。而禪人以爲不然，云："和尚發願度盡衆生，何爲此人而閉却願門耶？"遂度。是夜，其人自夢有三人立於殿堂，相謂云："又出家一人也，此人沒一點善根，怎麼吃得常住？"一人云："不消，我不與他吃便了。"乃以鍼逆刺其咽。次日果患疾，腹饑不下食。自說其夢，回俗則疾愈，入則復作。又一人求度，入行者寮習彌陀經至七重行樹處，夢有赤髮者以硃筆打一叉，自後其人盡日不能記一偈而止。

予嘗以怕死作念。忽夜夢將死，前有數十僧曰："某師不在，望和尚待一日。"予問曰："今日是甚麼日？"曰："十四。"其次日衆又集。身坐禪几，一足橫跏，一足垂下，漸覺其身自下冷上，見見麻木。因衆苦索作辭世偈，予舉筆云："諸法從心生，是故說因緣。因緣無所得，故說心如幻。"遂有一人手執玉瓶曰："此是甘露，食之不迷。"予抗聲曰："以何迷我？"自覺彼中氣絕。此處夢回，其間光景，古木叢巖，大寺在中，寺下卽大路，路下有小菴，宛然在目。是何説耶？或謂是過去事，或云未來。予曰："非也，因我有待心故，有待事來惑我。"

姚州了然公，予初會時長者也，純誠好學，問狗子因緣稍有省。再三求①列名爲弟子，予謝而不允。負笈雞山，從徧和尚雉髮，旣而派列予上。每見必推尊，公避遜不已，禮謝而言曰："今生不克執巾瓶於和尚座下矣，願盡此朽骨，作栽松道者故事！"由是携潤②。一月後，聞公訃至。先一夜夢公遊西南城郭，有人曰："久候了然師到此赴齋，不期一到，卽去松陰法會。"此不知何説也，記之以待後云。

予於病中夢偕數人行，漸漸至窮巖削壁，仰上視之，不知幾萬丈，於下亦然，四面皆無路。偶見一橋大如繩，架於大山之巔，下面波濤沸湧萬狀。同伴咸懼而推予前。予忻然過至半，忽見山連橋澗一時播動，吾亦忽生憂懼，尋覺曰："何有是幻妄之境？"忽然夢回，還坐舊榻。然惑不盡之所致也。

夢中見書，名曰《源流》，所載有老僧見赤蠖蟲死，爲誦觀音咒，云"咄咄咄咄"。頃而見其蟲作人形，入夢謝僧云："某已轉爲五臺山火頭四十年。"言畢沖霄而去。夢中見蟲爲人，蟲謝僧于夢，歷歷如鏡像水月，重重分明。予與老僧似非爲兩人，復見其書末有云："佛法靈應，上度三界，下救四生。惟其心肯，無不從願。"

予姊爲尼，號覺妙，卽亡矣，予因疾不能往，但存心焉。醫者治藥，用少許酒爲引，一夕夢曰："爾欲爲功德，何遽忘戒乎？"自思己行無虧③，或藥引一事耳？從是誓志，凡服藥寧死不用犯戒引子。然亦見覺妙生平真實，于淨土一念誠切堅久，故有此感。嗚呼！爲僧者，于戒得不謹乎？

---

① 【校】刻本原爲"來"，據《妙峰山志》及文意，"來"系"求"之誤。
② 携潤：意同"契闊"，分離，相隔。
③ 虧：同"虧"。

天啟初，予住水雲，嘗蓄一雞司晨。每飼①食，則以佛號呼之，雖遠必至。見僧誦經坐禪，經行論道，則環立左右而聽，喈喈作聲，若有所解者。時余有妙峯之役相去數年。一日復過其地，衆僧迎余，雞亦隨至，啄啄有言，如親故相適者。及予禮佛，還環遶之，侍者以杖逐而不去。予遽止之曰："彼必有意，何用爾驅？"時有客至，予對客坐，雞忽近其前，大皷兩翼，鳴一聲而化，尸亦不踣。衆大異之曰："雞亦有是哉！"是日，予止不行，以亡僧例送之。及過妙峯，守菴僧傳言，雞塚生靈芝，大如盤，有異色。未幾復夢謝云，已生淨土矣！

予生來業重，咸蒙聖賢默祐，故得消其瘖謇②，除其夙障。今稍識字明經理者，皆所賜之力也。故以八大菩薩爲依仗，有盡於來刼，誓度衆生之願。一夕，因夢坐於次，諸聖形儀整肅，動止安詳③，不自得而稱也。然予雖坐其次，而諸聖自相語言，予皆不聞，因啟曰："旣値聖座，何以使我卽斷煩惱，而獲聖果乎？"有二聖以目顧我而微笑，餘皆默然。遂怳焉夢覺。

姚安知府李公，諱自蕃，初遊妙峯，見奇巒疊秀，林木森陰，乃喜之曰："眞佛國仙都也！"及問予出世旨，大有歸嚮。未幾，公疾作，邀予歸公署，謂曰："一生爲人，全無半點着落，今幸逢師，得霑法誨。若此病不起，願爲山門護法。"予曰："公生平剛正，嫉惡鋤强，護法固是常分。但世間如幻，生緣如風，勿作此念，宜善安隱。"俄而公卒。寺僧數夢李知府來謁，入佛殿指揮衆事，遂立位事之，響應如生。

崇禎辛未庭午，妙峯雷電大作，水勢滔天，山嶽爲之撼動，一衆驚駭。時洪衆禪人持鉢杖立予前，予問奚爲，曰："龍作孽④耳。"予打一掌曰："你見甚麼？"須臾水沒几案，予端坐不顧。至暝雨霽，前後五十里，壞山拔木，不可甚計，然唯寺宇及予之靜室毫無損焉，衆異之。是夜，

---

① 【校】刻本原爲"呬"，據《妙峯山志》及文意，"呬"系"飼"之誤。
② 瘖謇（yīn jiǎn）：瘖指不能言也。謇指口吃、言辭不利。
③ 【校】刻本原爲"庠"，據《妙峯山志》及文意，"庠"系"詳"之誤。
④ 孽：同"孽"。

夢一王者乘空而至，爲予求書，書曰"善德祠"。又夢一老姬引女子，形儀妖冶，將習近人。予呵之曰："業障，汝前生作孽，今尚如此，當斷汝頭！"言畢，手中忽有一劍。而老姬與女子咸跪於前，因爲授戒而去。自此境物清晏，無後擾焉。

金陵友人邀予遊天童，然余雖聞天童久矣，初不願見，友人強以同行。一夕夢與天童老人并一童子共舟，游於泳深之池。舟疾如風，忽過一樓，瞬夕百里。又夢授一錫瓶插兩蓮花，光色耀人，下有無數小花。及至天童，景色人物，宛如夢中無異。

予遊天台日，夜宿餘杭，夢一偉男子訴云："弟子因貪慾過分，行於猥褻，今報以醜形，乞師懺悔。"言已慘然泣淚。走入大石間，見有黑繩，縛此人於石上，前後火燒。覺已大異。明日入城，見錢塘門一人，陰藏大過於身，去住爲之妨礙，觀之則仿佛夢中人也。因憶夢事，乃語之曰："汝前身以愛形故，今感此形；今以厭形故，乃脫此形。前後皆心也，心何所之？"其人大悅，以首觸地，予亦捨去。數日再過此地，聞其人斃矣。

附　　錄

皖城浮山大華嚴寺中興住山朗目禪師智公傳

（明）憨山德清　撰

　　公諱本智，初號慧光，曲靖李氏子。先爲金陵人，後徙居滇南。生而倜儻不群，負出塵之志。曲城之陽，有朗目山，公之父出家居此，號白齋和尚。公年十二，即往依出家，遂薙發爲驅烏。後行腳，遇黃道月舍人，與語投機，爲更其號，曰朗目云。白齋以《華嚴》爲業，公以聞熏發起，即從事焉。居常以生死大事爲懷，切志向上，年十九受具。白齋將順世，公請益。齋曰："是惡知不旦暮爲人塿也。"公發憤，即決志操方，北游中原，遍歷名山，參訪知識，足跡半天下，氣吞諸方八九矣。南北法門諸大老，若伏牛之大方、印宗，南嶽之無盡，廬山之大安，薊門之遍融、月心，皆一時教禪師匠，咸及其門。經爐冶鉗錘，故若宗若教，得其指歸。第於參究己躬一著，以未悟爲切。於是立禪一十二載，始得心光透露。由是機辯自在，行腳北遊，過六安，大夫劉公，爲新中峰華嚴蘭若居之。未幾去白下，給諫宇淳鐘公，爲人傲物，素少法門，無攖其鋒者。一日至天界寺，問主者曰："善世法門，可有禪者麽？"主者推公出見。請問禪師，天界寺還在心內心外？公曰："寺且置，借問爾把甚麽當作心？"鐘默然。公曰："莫道天界，即三千諸佛，只在山僧拂子頭上。"鐘良久作禮，自是始知法門有人矣。陶公允宜宦比部，相與莫逆。陶左遷廬州別駕，署篆六安，創鏡心精舍以待公。皖之東九十裡，曰浮山，昔遠公與歐陽公因棋説法處，有華嚴道場古刹，爲一闡提所破廢。太史觀我吳公每慨之，欲興而未能也。公自沘水，飄然一錫而來。吳公一見與語，相印契，再拜而啟曰："浮度固爲九帶宗乘，近爲古亭和尚演化地，華嚴道場，即重豎刹竿也。今爲有力者負之而趨，其如茲山何。古亭爲滇南人，師豈後身適來，豈非理前願耶？"公聞而愕然曰："予少時，每對古亭肉身，瞻戀無已。抑聞開法浮度，不知即此山也。"因思華嚴，乃出家本始，皆若宿契，遂欣然心許之。於是拈香禱於護法善神，遂腰包而去，太史猶未知所嚮往也。公至淮陰，沁水劉中丞東星，建節於淮，夙慕方外友，邂逅于龍興寺，覩公機警，喜愜素心，乃館之公舍。暇與語，間及浮度因緣，劉公欣然曰："此彈指之力耳。"即檄下郡邑，令一行，闡提慴伏，盡歸我汶陽之田。百五十年之廢墜，一言而興起之，豈非願力耶？寺既復，遂北入京師，會神廟爲慈聖皇太后勅頒印施《大藏》尊經。公乃奉璽書，持《大藏》，歸浮山。始自戊戌，迄於壬寅，五年之間，而浮山護國大華嚴寺，巍然如從地湧，豈人力也哉？叢林就緒，即付囑其徒圓某，感劉公護法之恩，走沁水致吊焉。

沈王爲佛法金湯，刹利中最，聞公入國，欲致一見。公語使者曰："佛法付囑國王，久向賢王，深心外護法門。若以世法相見，則不敢辱王之明德。"使者覆王曰："願聞法要也。"詰朝王坐中殿，延公入。長揖問王曰："善哉世主，富有國土，貴無等倫，作何勝因，感斯妙果？"王曰："從三寶中修來。"公曰："既從三寶中修來，因何見僧不禮，生大我慢？"王悚然下座，請入存心殿，設香作禮，請問法要。因問《華嚴梵行品》云："身語意業，佛法僧寶，俱非梵行，畢竟何者是梵行？"公曰："一切俱非處，正是清淨梵行。"王聞歡喜，遂執弟子禮。所供種種，獨受一紫伽黎，及水晶念珠，留鎮浮度山門，王亦竟爲華嚴檀越。公雖往來都門，與紫柏老人未接面。于癸卯冬，老人示遭王難，惑者驚眩。公歎曰："紫柏不唯逆行方便超脫生死，甚爲稀有，即以一死，酬世主四十年崇教之恩。法門無此老，豈不盡埋沒於一缽中耶？"識者謂公親見紫柏，吳太史曰："知師者，何必在弟子耶？自法門一變，京師叢林震驚，人人自危。即素稱師匠者，皆鳥驚魚散，獨公晏坐金剛地，爲魔陣之殿。然竟無知公微意者，詎非代紫柏一轉語耶？"

居二年，乙巳冬，慈聖聖母週三百六十甲子，建法會于都南之廣慈。爲增上祝延懿旨請公講演《楞嚴》，公初不應命，強之及講二軸未終，至同別妄見處，忽告眾曰："生死去來，皆目眚所見耳。吾行矣，華藏莊嚴，吾所圖也，今歸矣。"踞座端然而逝，時萬曆乙巳十二月二十四日也。公得力俗弟子，唯墨池居士王舜鼎，官兵部職方郎中。先三日前，公以書報別，云行圖一晤，了此寥廓，且托以後事。王答書有云："滴水滴凍時，目下如何？"逾日而化。訃聞聖母，悼恤有加，賜金若干，返靈骨於浮度妙高峰之南麓，從公志也，始末因緣具載吳太史《塔銘》。予居嶺外，聞公名動一時，往來衲子喧傳，悉公人品魁梧奇偉，胸中無物，目中無人。自少行腳，橫趣諸方，如脫索獅子，豈矩矩腰包箬笠者比？觀其機辯迅捷，葢夙根慧種，亦秉願輪而來耶？以遠公開浮山，百餘年而墜，久則古亭振起之。古亭振百年，而公適中興之。由是觀之，古亭非遠公之後身，公非古亭之影響耶？觀公之行事，若幻化人，太史公云："古亭歸路爲來路，遠錄宗乘入教來。"此實錄也。然公雖未匡徒，即末後一著而舌根不壞矣。

贊曰：

聞之諸佛不舍眾生界，菩薩不斷生死根。故孤調解脫，受焦敗之呵，豈以守斷滅爲真修耶？況善財所參知識，皆毗盧遮那眉光所現。是以華嚴法界，草芥塵毛，皆菩薩行。是知從上佛祖，出沒三有之海，以一滴而見百川之味也。以是觀公始終，以華嚴爲究竟，能幻化死生，是則從緣無性以達無生者，公實有焉。

參考文獻

1. 《萬曆版大藏經（嘉興藏/徑山藏）》第146帙，明刻本，日本東京大學總合圖書館藏。

2. 《明版嘉興大藏經》第25冊，台灣新文豐出版社1981年版。

3. 《嘉興藏》第231函，民族出版社2008年版。

4. 《徑山藏》第143冊，國家圖書館出版社2016年版。

5. 藍吉富主編：《禪宗全書》第53冊，北京圖書館出版社2004年版。

6. （宋）普濟著，蘇淵雷點校：《五燈會元》（上中下冊），中華書局1984年版。

7. （宋）道元輯，朱俊紅點校：《景德傳燈錄》（上下冊），海南出版社2011年版。

8. （宋）賾藏主編集，蕭萐父等點校：《古尊宿語錄》，中華書局1994年版。

9. （明）如惺撰：《明高僧傳》，收於《大正藏》第五十冊，影印本，電子版。

10. （清）段玉裁：《說文解字註》，浙江古籍出版社1998年版。

11. （清）范承勳纂修：《雞足山志》清康熙三十一年（1692）刻本，雲南省圖書館藏。

12. （清）趙藩、李根源輯：《雞足山志補》民國二年（1913）鉛印本，雲南省圖書館藏。

13. （清）高奣映著，侯沖、段曉林點校：《雞足山志點校》，中國書籍出版社2005年版。

14. 釋印嚴主編：《妙峰山志》，雲南人民出版社2008年版。

15. 丁福保編：《佛學大辭典》，中國書店2011年版。

後　　記

　　一切都是自動發生的，包括這本書的出版。儘管我長期從事中國古代文學的研究，但從未想過要去點校一部古籍，可是事情就這麼發生了。2017年，我正處在學術轉型期，糾結於是否要申報課題，以及申報什麼主題的課題。此時，朋友王顥博士建議關注明代高僧徹庸周理的作品，於是我抱著試試看的心理申報了題爲"明代雲南高僧徹庸周理詩歌整理及研究"的課題。非常幸運的是，這個雲南省哲社課題獲得了立項。幾乎是在糊裡糊塗的狀態下，我開始了這樣的一段文獻整理之旅。

　　回顧這六年，數易其稿，實爲不易。坦率地説，在點校之初，我便心生怯意。對於非古典文獻專業的人來説，這部《曹溪一滴》無異於天書，《大藏經》中沒有標點且密密麻麻的繁體字，令人望而生畏。然而，在王顥博士的指導下，在我的先生謝青松教授"這是真正有價值的學問"的鼓勵下，我只能硬着頭皮迎難而上。隨着點校工作的逐步深入，我慢慢地意識到，《曹溪一滴》確實是一部非常偉大的經典。這部書彙集了明代幾位高僧大德的詩文、偈語等，在雲南佛教史上具有里程碑式的意義。當我越來越意識到這本書的重要性之後，内心的惶恐也與日俱增——擔心糟蹋了這樣一部經典。於是，我一遍又一遍地修改，總是爲一句話的標點斷句而反復斟酌，爲一個典故而查閱大量資料，爲一個字是否有錯訛而反復推敲⋯⋯

　　衆所周知，今天的學者都熱衷於炮製看似高深的學術論文，構建各式各樣的理論體系，他們把這個當作學術創新。其中固然不乏殫精竭慮之作、真知灼見之言，然而更多的是故弄玄虚的文字遊戲、不知所云的学术垃圾，其贡献远不如点校一部真正有价值的古代经典。尽管这是一部点校作品，但它耗费的时间和精力，却是我所有的学术出版物当中最多的。我只有一个想法，不要辜负了古圣先贤，不要糟蹋了古代经典。尽管点校的过程枯燥而乏味，让我切实体验到了"板凳要坐十年冷"的艰辛，但现在回想起来，一切都是最恰当的安排。这部书的点校工作，不仅是一个学术训练的过程，同时也是一个修养心性的过程。正是随着这本书的点校，我对于云南的禅宗文化，开始有了逐渐明朗的了解，对于古代禅宗所蕴含的精微义理，也有了一些模糊的体会。这些收获是意料之外的，也是极其宝贵的。

在此，要衷心感谢王颢博士的大力支持和悉心指点，这本书的点校和研究工作就是在他的建议下开始的。从最初的心生怯意，到现在的坦然面对，历时六年之久。直至今日，书稿即将付梓，才意识到王颢博士的良苦用心。还要感谢王颢博士用心撰写的序言，这篇序言文字简洁，但义理深邃，对于读者阅读这部经典具有拨云见日的启示意义。对此，我心存感恩。

在本书的点校过程中，非常有幸得到了我的好友马莉和牟尼的大力支持。课题组成员马莉做了大量的前期整理工作，是她将《曹溪一滴》的各章从《大藏经》中整理出来，这是非常重要的环节，使得本项工作得以顺利开展。在点校过程中，学识渊博的牟尼细心通读了全书，提出了大量切实可行的修改意见和建议。正是在他们的帮助支持下，本书得以逐步完善。

同时，也要诚挚感谢中国社会科学出版社的韩国茹女士。正是她的仔细编校，精心排版，让这部古代经典得以形式和内容兼顾，再现它的独特魅力。

最后，要感谢我的先生谢青松教授。每当我遇到困难心生退意的时候，是他一直鼓励着我，支持着我，让我有了继续前行的动力。

这是我第一部点校的作品，尽管已经尽心尽力了，但由于学识、精力有限，它必定还存在某些瑕疵，希望得到有识之士的批评指正。

後　記

　　這部偉大的經典沉寂了數百年之久，今天它又重新回到了人們的視野當中。我惟恐自己的點校辜負了這部偉大的禪宗經典，也希望讀者朋友不要錯過這部經典所傳達的微言大義。

趙　娟

二〇二三年五月八日於雲南昆明